Abram de Swaan
Gegen die Frauen

Abram de Swaan

Gegen die Frauen

Der weltweite Kampf gegen die Emanzipation

Aus dem Niederländischen
von Bärbel Jänicke

WALLSTEIN VERLAG

Diese Veröffentlichung wurde durch die finanzielle Unterstützung des Nederlands Letterenfonds ermöglicht

Nederlands letterenfonds dutch foundation for literature

Die erste Ausgabe dieses Buches erschien 2019 unter dem Titel *Tegen de vrouwen – De wereldwijde strijd van rechtsisten en jihadisten tegen de emancipatie* bei Prometheus (Amsterdam, Niederlande). Die Nutzung der niederländischen Originalausgabe wurde mit Einverständnis des Verlags Prometheus vereinbart.

Die französische Ausgabe erschien 2021 unter dem Titel *Contre les femmes – La montée d'une haine mondiale* bei Éditions du Seuil (Paris, Frankreich).

Bibliografische Information der Deutschen Nationalbibliothek
Die Deutsche Nationalbibliothek verzeichnet diese Publikation in der Deutschen Nationalbibliografie; detaillierte bibliografische Daten sind im Internet über http://dnb.d-nb.de abrufbar.

www.wallstein-verlag.de
Vom Verlag gesetzt aus der Adobe Garamond und der Myriad Pro
Umschlaggestaltung: Marion Wiebel, Wallstein Verlag

Lektorat: Ursula Kömen, Göttingen
Druck und Verarbeitung: Hubert und Co, Göttingen
ISBN 978-3-8353-5411-1

Inhalt

Für Cindy Kerseborn (1956-2019)

Vorwort

Dieses Buch handelt von der weltweiten Gegenwehr orthodoxer Gläubiger und Rechtsextremisten gegen die Frauenbewegung. Es zeichnet den Terror des Patriarchats im Laufe der Jahrhunderte nach (Teil I) und erörtert den fast überall zu beobachtenden stetigen Aufstieg der Frauen in den vergangenen anderthalb Jahrhunderten (Teil II). Gleichwohl sieht sich die Emanzipation der Frau mit einer fast ebenso weit verbreitet und hartnäckigen Gegenbewegung konfrontiert (Teil III).

Langfristig und in globaler Perspektive betrachtet ist unübersehbar, dass das Patriarchat auch heute noch, fast überall in Auflösung begriffen ist – aufgrund der demografischen und technologischen Entwicklung, vor allem aber aufgrund der Verbreitung von Bildung. Dieselben Entwicklungen haben den Aufstieg der Frauen fast überall befördert. Dennoch ließen und lassen die Befürworter der Männerherrschaft jahrein, jahraus mit neuerlichem Einsatz nichts unversucht, um die männliche Vorrangstellung zu erhalten.

Seit der ersten Veröffentlichung von *Tegen de vrouwen* in den Niederlanden im Jahr 2019 hat die Emanzipation der Frauen einige schwere Rückschläge hinnehmen müssen. Am 24. Juni 2022 hob der Oberste Gerichtshof der USA das Urteil Roe versus Wade aus dem Jahr 1973 auf, das besagte, dass ein Schwangerschaftsabbruch bis zur 24. Woche ein Grundrecht ist, das sich aus der US-Verfassung ableitet.

Das Gericht entschied nun, dass der Kongress der Vereinigten Staaten oder die einzelnen Bundesstaaten die Befugnis haben, den Schwangerschaftsabbruch gesetzlich zu regeln. Prompt erließen konservative Bundesstaaten Gesetze, die die Wahlmöglichkeiten der Frauen radikal einschränkten oder sogar fast jede Form des Schwangerschaftsabbruchs unter Strafe stellten. Ungeachtet dessen ist der Schwangerschaftsabbruch mittels (Selbst-)Medikation inzwischen sehr viel effektiver geworden, und die Verfügbarkeit dieser Pillen (z. B. über das Internet) lässt sich kaum noch unterbinden.

Mit dem Abzug der USA aus Afghanistan sahen die Taliban die Chance, die Macht zu übernehmen und ihre radikal repressive Politik im ganzen Land durchzusetzen. Frauen wurden erneut von weiterführender Schulbildung ausgeschlossen, von den Universitäten vertrieben, daran gehindert, außer Haus zu arbeiten, und praktisch aus dem öffentlichen Leben verbannt. Alle Fortschritte hinsichtlich der Stellung der Frauen wurden damit zunichte gemacht.

Im September 2022 gingen die Frauen im Iran in Massen auf die Straße, um gegen die willkürliche und gewaltsame Unterdrückung zu demonstrieren. Bald schlossen sich ihnen Männer in nicht minder großer Zahl an. Die Bewegung hielt die Straßenproteste über ein halbes Jahr lang aufrecht, trotz der Schreckensherrschaft der Ajatollahs, das Tausende von Oppositionellen inhaftierte und viele Hunderte mittels Straßengewalt und Hinrichtungen ums Leben brachte.

Die Gegenwehr gegen die Emanzipation der Frau hat nicht nachgelassen. Dennoch setzen die Frauen und jene Männer, die sich auf ihre Seite stellen, ihren Kampf für die Befreiung vom Patriarchat fort. Alles in allem erzielen die Frauen in fast jeder Hinsicht Fortschritte. Das belegen auch die Statistiken. Allerdings ist eine Veränderung der Daten über einen kurzen Zeitraum nicht signifikant genug, um daraus Rückschlüsse auf strukturelle Veränderungen zu ziehen. Langfristig und auf globaler Ebene setzt sich die Emanzipation der Frauen durch, doch dieser Fortschritt erfordert noch immer ein weitgespanntes und hartnäckiges Engagement.

Abram de Swaan,
Amsterdam, März 2023

Einleitung

Das ist, noch immer, das Zeitalter der Emanzipation. Dieses Zeitalter währt schon anderthalb Jahrhunderte. Es begann im Westen mit der Abschaffung der Sklaverei, Mitte des 19. Jahrhunderts. Nicht viel später kam in den westlichen Ländern die Arbeiterbewegung auf, der es nach vielen Kämpfen gelang, für die Lohnabhängigen eine menschenwürdige Existenz zu erringen. Gegen Ende dieses Jahrhunderts kündigte sich die Frauenbewegung mit Kampagnen für das Frauenwahlrecht an. Mitte des vergangenen Jahrhunderts kam es nahezu überall in Asien und Afrika zur Befreiung von der westlichen Kolonialherrschaft. Und vor etwa 50 Jahren manifestierte sich eine neue Welle von Emanzipationsbestrebungen: Frauen, aber auch Schwarze und Homosexuelle nahmen den Kampf für gleiche Rechte und gleiche Würde auf. Das vollzog sich nicht nur im Westen, sondern auch in der außerwestlichen Welt. Natürlich sind Gleichberechtigung und Autonomie noch längst nicht verwirklicht, nicht überall, nicht für alle und nicht in allen Hinsichten.

Das vergangene Jahrhundert war auch eine Epoche der Weltkriege, der Genozide und der Tyrannei. Auch heute noch leiden hunderte Millionen von Menschen unter Kriegen, Massenmorden und Diktaturen. Und dennoch ist die Emanzipation von Milliarden von Menschen weiter vorangeschritten. Ein Jahrhundert, anderthalb Jahrhunderte sind in der Geschichte der Menschheit eine sehr kurze Zeitspanne, gemessen an einem Menschenleben aber eine sehr lange Zeit. Die Einführung des Frauenwahlrechts, in den meisten westlichen Ländern ungefähr vor einem Jahrhundert, ist für die Jugend von heute eine Wegmarke, die ihre Ururgroßmutter wohl in jungen Jahren passiert hat.

In der zweiten feministischen Welle ging es um Gleichbehandlung am Arbeitsplatz und vor dem Gesetz, um das Recht auf Verhütung und Schwangerschaftsabbruch. Das ist ein halbes Jahrhundert her und liegt somit unserer heutigen Realität schon ein gutes Stück näher. Dafür kämpften die Großmütter jener Menschen, die heute studieren oder ihren ersten Job angetreten haben. Diese aufeinander folgenden Emanzipationswellen bilden also einen Teil der Familiengeschichte der jungen Leute von heute.

Die Frauenemanzipation fügt sich in die breitere Emanzipationsgeschichte der vergangenen anderthalb Jahrhunderte ein. Es war keineswegs so, dass diese kämpferischen Frauen auch immer für andere Benachteiligte – für Arbeiter, Kolonialisierte, Schwarze oder Homosexuelle – Partei ergriffen hätten. Und umgekehrt verhielten sich diese anderen Gruppen gewiss nicht immer solidarisch mit den kämpferischen Frauen. Und doch ist all diesen Emanzipationsbewegungen etwas gemeinsam. Sie haben sich allesamt an demselben Funken entfacht: dem revolutionären Gedanken, dass alle Menschen im Prinzip gleichwertig sind. Alle Menschen können demnach auf die gleichen Grundrechte Anspruch erheben; jeder und jede kann – so weit wie möglich – über das eigene Leben verfügen.

All diese Emanzipationsbewegungen weisen noch weitere gemeinsame Züge auf. Sie beginnen stets mit einer Phase allgemeiner Unterdrückung. Schließlich beginnt sich eine kleine Vorhut zu widersetzen. Mit der Zeit gewinnen sie Anhänger und Einfluss, bis sich die Gruppe nach und nach zu einer breiten Bewegung ausweitet. Dieser Vormarsch der Emanzipationsbewegung stößt sodann in der Regel auf den Widerstand all jener, die ihre ererbten Privilegien plötzlich angegriffen sehen. Das wird selten widerstandslos akzeptiert.

Von dieser unnachgiebigen Gegenwehr gegen die Frauenemanzipation, die vorrangig von fundamentalistischen Gläubigen ausgeht,[1] handelt dieses Buch. Dabei spielt es nur eine untergeordnete Rolle, um welchen Glauben es sich handelt. Die zweite Widerstandsfront bilden die Rechtsextremen in der Politik.

Das gesellschaftliche System zur Unterdrückung der Frauen wird meistens als Patriarchat bezeichnet, eine Gesellschaft unter der Herrschaft – vor allem älterer – wohlwollender Männer mit grauen Bärten, die mit füg- und sorgsamen Frauen (ohne Bärte) nur das Beste im Sinn hatten. Aber dem war beileibe nicht so. Mit einem Wort ausgedrückt handelte es sich, schlimmstenfalls, um ein Terrorregime: eine Schreckensherrschaft, in der Frauen von einer despotischen Religion, einer alles erstickenden Kultur und notfalls mit brutaler Gewalt geknechtet wurden. Um diese gewaltsame Unterdrückung geht es im ersten Teil dieses Buches.

Im zweiten Teil geht es um die großen Errungenschaften der Frauen in dieser Zeit. Sie verdanken sich größtenteils der weltweiten Frauenbewegung. Frauen engagieren sich für Selbstbestimmung und Gleichheit im Bildungsbereich, am Arbeitsplatz und in der Politik. Das geschieht heute überall. Der dritte Teil widmet sich einem Thema, das überall dort aufkommt, wo Frauen auf dem Vormarsch sind. Orthodoxe Gläubige, Dschihadisten oder Rechtsextreme: Sie alle wollen die Frauen als Hausfrauen und Mütter im Haus sehen und ihnen ihre Rechte außerhalb des Hauses vorenthalten.

Gegenwärtig geht es dabei nur noch selten um das Frauenwahlrecht, aber immer noch, wie schon seit einem Dreivierteljahrhundert, ist das Recht auf Schwangerschaftsabbruch umstritten. Auch dieses Recht ist eine Form der Selbstbestimmung – über den eigenen Körper: »Mein Bauch gehört mir«, lautete die Losung der niederländischen Gruppe Dolle Mina in den siebziger Jahren, die sich für den Zugang zu Möglichkeiten der Geburtenregelung und zur Beendigung einer Schwangerschaft sowie um Gleichbehandlung und Chancengleichheit für Frauen, die arbeiten und studieren wollten, einsetzte. Eine dritte feministische Bewegung schlägt heute hohe Wellen. Die #MeToo-Kampagnen proklamieren den Anspruch auf Schutz vor unerwünschten Annäherungsversuchen, vor Übergriffen, Vergewaltigungen und allen anderen Formen sexuellen Missbrauchs. Dabei geht es nicht an erster Stelle um Sitte und Moral, sondern um die Möglichkeit für Frauen, sich frei und sicher an all jenen Orten zu bewegen, die bis vor kurzem noch zur Männerwelt gehörten.

Je mehr Frauen den Männern gleichgestellt werden, desto weniger gleichen sie sich untereinander. Wenn Frauen gleichwertig sind und daher dieselben Rechte genießen wie Männer, können sie selbst freier über ihr Leben verfügen. Wenn sie selbst besser entscheiden können, wie sie leben wollen, wird jede von ihnen für sich andere Entscheidungen treffen. Größere Gleichheit zwischen den Geschlechtern bedeutet daher eine größere Verschiedenheit zwischen den Frauen; und sie bedeutet auch größere Verschiedenheit zwischen den Männern.

Noch vor zwei oder drei Generationen war man fest davon überzeugt, zu wissen, was das Wesen einer Frau ausmache, was weiblich und was unweiblich sei, was Frauen konnten und wozu sie niemals in der Lage sein würden. Weil diejenigen, die das Sagen hatten, und das waren fast ausschließlich Männer, sich dessen so sicher waren, sorgten sie auch dafür, dass Frauen keine unweiblichen Dinge taten, die dem Wesen einer Frau zuwiderliefen. Daher durften sie in ihrem Leben nichts tun, was ihrer weiblichen »Natur« entgegenstand. In der Folge entsprach der größte Teil der Frauen tatsächlich den Vorstellungen, die man sich von ihnen gemacht hatte. Das herrschende Vorurteil erwirkt so seine eigene Bestätigung. Darüber ist man sich in der Soziologie und im Feminismus völlig einig.

Um seine Vormachtstellung aufrechtzuerhalten, bedarf das Vorurteil über die Frau eines Vorurteils über den Mann, das einen ebenso starken Zugriff auf die Wirklichkeit hat. Männer und Frauen, die sich ein festes Bild von »der Frau« gemacht haben, müssen dem ein Gegenbild des Mannes gegenüberstellen. Auch dieses männliche Gegenbild formt die Männer nach seinem Ebenbild. Das gefestigte Vorurteil erwirkt auch hier seine eigene Bestätigung: Der Mann ist darin in jeder Hinsicht das Gegenteil der Frau, er ist nicht weibisch, nicht mädchenhaft, nicht schwach oder ängstlich – sondern stark und mutig. Und so wünscht sich die Frau den Mann auch. Also muss dieser Mann genau so sein, in seiner eigenen Wahrnehmung und in der aller anderen.

Eine erstaunliche Konsequenz ungleicher Machtverhältnisse besteht darin, dass diejenigen, die Macht über andere ausüben können, gerade dadurch gezwungen sind, sich auch selbst diesen ungleichen Verhältnissen zu fügen, zumindest in der Öffentlichkeit. Gerade sie müssen sich unzählige Restriktionen auferlegen, die mit ihrer Machtposition verbunden sind und die bestätigen sollen, dass sie tatsächlich und zu Recht die Machthaber sind. Mit anderen Worten, auch Männer sind unter ungleichen Verhältnissen zwischen den Geschlechtern Einschränkungen unterworfen. Sie müssen »Männer« sein und den damit einhergehenden Mustern entsprechen. Schon daraus folgt, dass sich die Befreiung der Frauen auch für Männer befreiend auswirken kann. Sie dürfen dann die Art Mann sein, die am besten zu ihnen passt.

Ich fasse hier in meinen eigenen Worten den Kern eines knappen Jahrhunderts feministischer Theoriebildung zusammen. Das ist im Grunde gar nicht so schwer, denn dieser Kern stimmt größtenteils mit den Grundgedanken der Sozialwissenschaft überein. Gleichwohl handelt es sich, noch immer, um eine radikale Idee.

Vor ein paar Jahren fragte mich eine Studentin, was nun eigentlich der Unterschied zwischen Männern und Frauen sei. Ich bin der

Letzte, den man das fragen sollte. Fast alles, was ich vor 60 Jahren über die Natur von Männern und Frauen zu wissen glaubte, ist seither von den Fakten widerlegt worden. Immer wieder zeigt sich, dass Frauen sehr wohl zu Dingen in der Lage sind, von denen wir – Männer wie Frauen – damals sicher zu wissen glaubten, dass sie keiner Frau je gelingen würden. Kurzum, wir wissen immer weniger über die Frau, und daher auch immer weniger über den Mann. Auf der Habenseite lässt sich jedoch verbuchen, dass wir einen immer schärferen Blick für das Besondere bestimmter Menschen – Männern wie Frauen – bekommen, denen wir begegnen. Das hoffe ich zumindest.

Und das freut mich. Ich lebe lieber in einer Welt, in der ich die Menschen, denen ich begegne, wegen ihrer eigenen Verdienste, ihrer besonderen Eigenschaften, ihrer komplizierten, nie völlig ergründbaren, nie völlig vorhersehbaren, innerlich widersprüchlichen, einzigartigen Persönlichkeit wertschätzen kann. Das ist mir lieber, als in einer Welt zu leben, in der von vorneherein feststeht, was für eine Art von Mensch man vor sich hat, sobald man weiß, welcher Gruppe er angehört. Ich will Menschen wertschätzen, weil sie sind, *wer* sie sind, und nicht aufgrund dessen, *was* sie sind. Das ist nicht nur eine Frage der Ethik, sondern auch der Freude an meinen Mitmenschen. Ich werde einer Frau viel eher gerecht, wenn ich sie ganz individuell, wenn es einen Grund dafür gibt, als »dumme Nuss« oder Sprücheklopferin bezeichne, als wenn ich sie lapidar mit der Bemerkung »so sind Frauen nun einmal« als »Frau« abtue.

Damit habe ich gleich das ehrenwerteste Motiv angeführt, um ein Buch über die Emanzipation der Frau und den Widerstand dagegen zu schreiben. Ich freue mich über die Emanzipation der Frau, weil Frauen dadurch mehr Raum bekommen, ihr besonderes Ich zu sein. Und das Gleiche gilt für die Männer. So habe ich Gelegenheit, mehr ungewöhnlichen, individuellen Menschen zu begegnen, die darüber hinaus eben auch noch Frauen (oder Männer) sind. Und ich selbst bin auch etwas freier, in dem Labyrinth der Geschlechter meinen eigenen Weg zu finden. Kurzum, die Emanzipation macht mir Freude, auch die Emanzipation der Kolonialisierten, der Schwarzen, der Homosexuellen. Sie befreit mich vom Gruppendenken, verringert den Gruppendruck und versetzt mich in die Lage, mehr Menschen unter ihren eigenen, individuellen Bedingungen begegnen zu können.

Und schon erhebt sich ein skeptischer Einwand: »Schön gesagt. Aber es gibt doch sicher noch andere Gründe, warum du als Mann ein Buch über die Emanzipation der Frau und den Widerstand dagegen schreibst.« Zunächst einmal: Ich schreibe dieses Buch nicht als »Mann«, sondern als »ich«. Darum ging es ja gerade in dem zuvor Gesagten. Dasselbe »Ich« ist unter anderem auch ein Mann, was das in diesem Kontext auch immer genau besagen mag. Und ja, diese Person hat noch alle möglichen anderen Motive, dieses Buch zu schreiben, manche weniger ehrenwert und manche auch ihr selbst unbekannt; manche wurden einst einem berufsmäßigen Zuhörer anvertraut, der sie unter dem Eid professioneller Verschwiegenheit mit ins Grab genommen hat (hier ein Gruß zu seinem Gedenken).

> Es hat unbestreitbar etwas Demonstratives, wenn ein Mann für Frauen in die Bresche springt. Oft führt das zur schlimmsten Form von *mansplaining*: Ein Mann, der den Frauen nicht nur erklärt, wie die Welt aussieht, sondern es dabei auch noch gut mit ihnen meint. Auf der anderen Seite: Wenn man's drauf anlegt, gibt es immer etwas zu bekritteln.[2]

Diesen Worten von Marja Pruis habe ich nicht viel hinzuzufügen. Jede Befreiungsbewegung kann Unterstützung aus dem anderen Lager gebrauchen. Solange die Überläufer nicht den Ton angeben wollen und die Macht übernehmen, tragen sie zur guten Sache bei. Aber Pruis hat natürlich recht: Man sollte nicht herumkritteln, aber man sollte sie im Auge behalten.

2005 hielt ich einen Vortrag über den Siegeszug der Frauen und den Widerstand, den er in fundamentalistischen Kreisen hervorrief. Dieser Text wurde zu einem leichten Essay über ein gewichtiges Thema.[3] Danach wollte ich mich weiter mit dem Thema auseinandersetzen, und daraus ist dieses Buch entstanden. Ich habe einige Passagen aus dem früheren Essay hier wörtlich oder in überarbeiteter Form übernommen, aber der überwiegende Teil ist neu.

Es gibt Menschen, von denen ich vieles gelernt habe, was mir beim Schreiben dieses Buches hilfreich war, auch wenn ich nicht immer benennen kann, was es genau war. Die erste und wichtigste Person war sicher meine Mutter, Hennie de Swaan-Roos, Tochter der Suffragette Sophie Roos-Vos und selbst schon in jungen Jahren Feministin. In fortgeschrittenem Alter entwickelte sich Hennie in der Aktionsgruppe Dolle Mina zu einer kämpferischen Feministin und setzte sich auch später für die Emanzipation der Frauen ein. Das macht mich also in direkter weiblicher Linie zu einem Nachkommen bedeutender Kämpferinnen für die Frauenrechte. Sollte es also jemals dazu kommen, kann ich mich mit Fug und Recht als Mitglied des niederländischen Matriziats bezeichnen. Als junger Mann war ich über den Aktivismus meiner Mutter für die Sache der Frauen nicht wirklich begeistert. Ich begriff die Notwendigkeit nicht. Dennoch konnte sie mich unerwartet anrühren. Einer Mitstreiterin, die etwas an meinem Lebenswandel auszusetzen hatte, fuhr sie sofort über den Mund: »Das ist mein Sohn, das ist etwas ganz anderes.« Meine Mutter Hennie war eine glühende Aktivistin, aber sie war nicht dogmatisch. Ihr ging es mehr um die Menschen, um Frauen und Männer, als um politische Prinzipien oder theoretische Grundsätze. Sie hatte ein intuitives und treffsicheres Gespür für Unrecht. Wenn ihr ein solches begegnete, konnte sie sich darüber leidenschaftlich – und mitunter auch etwas maßlos – entrüsten.

Ich widme dieses Buch meiner verstorbenen Frau Cindy Kerseborn, die vier Emanzipationskämpfe gleichzeitig ausgefochten hat: als Schwarze, als Immigrantin aus der früheren Kolonie Suriname, als Arbeiterkind und in der Tat als Frau. Eigenwillig, freimütig, kämpferisch und loyal stand sie im Leben.

Die Schriftstellerin, Direktorin und Agronomin Louise Fresco kommentierte den ersten Vortrag, den ich zum Thema dieses Buches gehalten habe. Ihr verdanke ich den Hinweis auf die Bedeutung der Klassenverhältnisse, auch in den Beziehungen zwischen Männern und Frauen.

Job Lisman, Lektor bei Prometheus, war der erste Leser des Manuskripts. Ich habe eine Reihe von Frauen gebeten, die vorletzte Fassung dieses Buches zu lesen und zu kommentieren: Sarah van der Lely, eine angehende Ärztin, Ronit Palache, Autorin und Lektorin, und die Kulturanalytikerin und Videokünstlerin Mieke Bal, die das Manuskript mit sehr feinem Bleistift durchging. Der Theologe und Religionssoziologe David Bos hat den Abschnitt über evangelikale Bewegungen gelesen. Sie alle haben mich genötigt, etliches umzuschreiben. Wofür ich ihnen auch noch dankbar sein soll. Und das bin ich.

Das Patriarchat als Schreckensherrschaft

Wir sollten zur Kenntnis nehmen, dass Gewalt gegen Frauen wie geschlechtsselektiver Abtreibung, Infantiziden weiblicher Neugeborener, Suizide, vermeidbare Sterbefälle im Wochenbett und anderen geschlechtsbezogenen Ursachen mehr Menschenleben zum Opfer gefallen sind als allen Kriegen und Bürgerkriegen des 20. Jahrhunderts.[4]

Frauen werden seit Tausenden von Jahren unterdrückt – von Männern.[5] Das ist Teil des sogenannten »Allgemein Menschlichen Musters«, von dem es jedoch Ausnahmen gibt.[6] Die Ungleichheit war zu manchen Zeiten geringer als zu anderen, und in manchen Gesellschaften größer als in anderen. Vor allem aber ist es Frauen überall und zu allen Zeiten immer wieder gelungen, ihre Talente und Fähigkeiten gegen ihre Unterdrückung einzusetzen, um ihre Chancen zu steigern und ihre Lage zu verbessern. Sie taten dies zum Teil aus eigener Kraft, aber häufiger in Zusammenarbeit mit ihren Schicksalsgenossinnen. Entsprechend gab es zu vielen Zeiten und an vielen Orten auch Frauen, die innerhalb der Familie oder der Gemeinschaft eine viel bedeutsamere Position einnahmen, als es das »allgemeine Muster« hätte vermuten lassen. Davon sind wenige Spuren erhalten geblieben: In der Geschichte sind bis zum 19. Jahrhundert nur wenige Werke von Malerinnen, Komponistinnen, Philosophinnen oder Dichterinnen, Chronistinnen, Erzählerinnen, Theologinnen, Alchemistinnen, Mathematikerinnen, Geschichts- oder Naturforscherinnen überliefert. Fast all diese Talente sind – falls sie überhaupt je die Möglichkeit hatten, sich zu entfalten – für die Nachwelt unwiederbringlich verloren. Was sich dennoch erhalten hat, war natürlich an die strengen Anschauungen der Zeitläufte angepasst. Von wenigen brillanten, eigensinnigen Ausnahmen abgesehen, zeichneten sich Schriften von Frauen aus früheren Zeiten vor allem durch Bigotterie und Süßholzgeraspel aus, wie übrigens auch die allermeisten Werke von Männern in jener Zeit.[7]

Anscheinend war es vollkommen selbstverständlich, dass nahezu alle Frauen in so gut wie jeder Hinsicht, fast immer und überall, den Männern unterlegen waren. Und für sehr viele Menschen, Männer *wie* Frauen, scheint das auch hier und heute noch zwingend so zu sein: »Reg dich doch nicht auf, Mädchen. So war es immer schon. So wird es immer bleiben. Das ist nun einmal der Lauf der Welt.«

Erst heute, in unserer Gegenwart, zeigt sich, dass Frauen zu allem imstande sind. Es gibt keinen Beruf, den sie nicht ausüben, kein Amt, das sie nicht innehaben, keine Position, die sie nicht erreichen können – außer im Sport und in der Religion. Bis vor 50, vielleicht 100 Jahren hatte man denken können, dass Frauen keine Schweißerinnen, keine Bauarbeiterinnen, keine Parlamentarierinnen, keine Pilotinnen von Düsenjägern, keine Physikerinnen, Schiffskapitäninnen, Professorinnen, oberste Richterinnen, Feuerwehrfrauen oder Frontsoldatinnen werden können. Immer stellte sich heraus, dass sie zu alldem sehr wohl in der Lage sind. Und jedes Mal, wenn eine Frau als Erste eine solche Leistung vollbrachte oder einen Beruf ausübte, der bis dahin den Männern vorbehalten war, wurde eine dieser Überzeugungen endgültig widerlegt. Eine Ansicht, die bis dahin allgemein für wahr gehalten und aufgrund derer Frauen der Zugang zu dieser oder jener Funktion verwehrt wurde, erwies sich wieder und wieder als unhaltbar: »Eine Frau kann doch sicher niemals …« Was immer man hier ergänzen mag, es hat sich gezeigt, dass sie es doch konnten. Damit war zwar noch nicht bewiesen, dass alle anderen Frauen dazu ebenfalls in der Lage waren (wobei das für Männer natürlich genauso gilt), aber die Beweislast hatte sich umgekehrt. *Eine* Frau hatte nun bewiesen, dass sie es konnte, also würden es andere Frauen im Prinzip auch können. Nun muss man jeder Frau, die etwas erreichen will, erst einmal nachweisen, dass sie es *nicht* kann.

Wenn Frauen zu allem imstande sind – nicht nur im positiven, sondern auch im negativen Sinne –, wie kann es sein, dass sie das alles nicht schon früher zuwege gebracht haben? Warum waren Frauen früher keine Schmiedinnen, Ritterinnen, Priesterinnen, Wagenlenkerinnen, Piratinnen oder was auch immer? Wenn sie, wie wir heute sehen, zu fast allem in der Lage sind, müssten sie dann nicht auch früher dazu fähig gewesen sein? Ja, bestimmt, aber sie wussten es nicht, und alle anderen auch nicht, denn Frauen bekamen einfach nicht die Chance dazu.

Ähnliches trifft auch auf Sklaven, Hörige, Landarbeiter, »Unberührbare« in einem Kastensystem und die indigene Bevölkerung in einer kolonialisierten Gesellschaft zu. Ihre Enkel können heute Positionen bekleiden, die zwei oder drei Generationen zuvor noch unerreichbar erschienen. Zu jener Zeit hatte sich kaum jemand vorstellen können, dass diese Unscheinbaren über diese Fähigkeiten verfügen sollten. Wahrscheinlich nicht einmal sie selbst. In den vergangenen anderthalb Jahrhunderten haben sich die Benachteiligten aus der Unterdrückung befreit. Wir leben in einer Spätphase des Zeitaltes der Emanzipation: der Arbeiterklasse und der kolonialisierten Völker, der Farbigen und der Homosexuellen. Und es ist auch die Zeit der Emanzipation dieser einen Hälfte der gesamten Weltbevölkerung: der Frauen.

Wie war es möglich, so viele Menschen kleinzuhalten? Wie war es möglich, sie daran zu hindern, die gleichen Rechte zu beanspruchen und die gleichen Chancen zu ergreifen, wie sie weiße, heterosexuelle, wohlgeborene und wohlhabende Männer immer schon hatten? Wenn all diese ausgegrenzten Menschen faktisch, im Prinzip und der Anlage nach, ebenso begabt waren wie diese Herren, muss es doch enorme Energie gekostet haben, diese Mitmenschen an der Verwirklichung ihrer Potenziale zu hindern? Die Unterdrückung all dieser Menschen, und der Frauen im Besonderen, erforderte in der Tat enorme Anstrengungen; dennoch verlief sie fast unbemerkt.

Um damit zu beginnen: Es ging, wenn es sein musste, mit roher Gewalt. Bis auf den heutigen Tag ist häusliche Gewalt ganz gewiss keine Ausnahme. An dieser Gewalt ist nichts *Heim*eliges. Ein Mann fällt über seine Frau her und verprügelt sie, mit bloßen Fäusten, mit Fußtritten oder mit dem, was er gerade zu fassen bekommt. Das wird in vielen Gesellschaften auch heute noch als das gute Recht des Ehemannes akzeptiert. Und selbst in Kulturen, in denen diese »intime Gewalt« allgemein verurteilt wird, kommt sie noch häufig vor. Wie die WHO, die Weltgesundheitsorganisation, berichtet, waren etwa 30 Prozent der Frauen weltweit in einer Beziehung körperlicher oder sexueller Gewalt ausgesetzt.[8] Die Agentur der Europäischen Union für Grundrechte stellte fest, dass ein Drittel der

Befragten schon einmal Opfer körperlicher oder sexueller Übergriffe waren.[9] In den Vereinigten Staaten gab ein Viertel der befragten Frauen an, dass ihr Partner ihnen *schwere* körperliche Gewalt angetan hatte; aber auch 14 Prozent der Männer hatten solche schwere Gewalt von ihrer Frau erlitten.[10] Das sind also die Zahlen für den westlichen Teil der Welt.

Außenstehende bekommen von dieser intimen Partnergewalt selten etwas mit, weil sich die Frau schämt, und der Mann häufig auch. Sie hat Angst, etwas zu sagen, denn das könnte ihren Mann zu noch mehr Gewalt provozieren. Daher kommt es auch nur in extremen Fällen zu Verfolgung und Bestrafung. Der umgekehrte Fall, dass Frauen Männern gewaltsam zu Leibe rücken, kommt nicht so oft, wenngleich durchaus regelmäßig vor. Auch diese Gewalt bleibt meist im Verborgenen und wird nur selten strafrechtlich verfolgt.

Es war und ist gar nicht nötig, jede Frau zu jedem Moment hart anzugehen. Es reicht aus, eine einzige Frau, die nach Ansicht des Mannes eine Grenze überschritten hat, zu bedrohen und einzuschüchtern. Er muss sie nur daran erinnern, was anderen Frauen für eine solche Übertretung angetan wurde und was ihr daher möglicherweise bevorsteht. Gelegentliche gewaltsame Bestrafungen einzelner Frauen üben somit eine abschreckende Wirkung auf alle Frauen aus. Um effektiv als abschreckendes Beispiel wirken zu können, muss erstens die Gewalttat weithin bekannt werden und zweitens der Täter straflos ausgehen. Kommt beides zusammen, signalisiert das allen anderen Männern, dass sie kein Risiko eingehen, wenn sie eine Frau aus ihrem eigenen Umfeld gewaltsam bestrafen. Die Frauen begreifen, dass *ihnen* Gefahr droht, den Männern jedoch nicht. Und wenn alle Frauen (und Männer) in der weiteren Umgebung von der folgenlos verübten Gewalttat erfahren, wird dies auch als Warnung für alle Frauen verstanden, die Beschränkungen, die ihnen unter der Männerherrschaft auferlegt wurden, nicht zu überschreiten.

Gelegentliche Gewalttaten, die weithin bekannt werden und ungesühnt bleiben, stehen nie nur für sich. Diese Vorfälle bilden gemeinsam ein System, ein System der Einschüchterung und des Terrors. Und dazu bedarf es nicht einmal einer Regierung oder einer Armee, oder gar einer gewalttätigen Bande. Es sind einzelne

Männer, allein oder in einer kleinen Gruppe, die ab und zu eine Frau in ihrer Reichweite zusammenschlagen, verstümmeln, niederstechen, blenden, vergewaltigen, verbrennen. Sie halten das Terrorsystem aufrecht. Der Vorfall muss nur zu einem öffentlichen Geheimnis werden und straffrei bleiben.

Aber es braucht noch mehr, um Frauen und Mädchen – und all die anderen Benachteiligten – im Zaum zu halten. Männer und Frauen leben in der gleichen Vorstellungswelt. In ihr wird der Mann als überlegen und kompetent, die Frau als minderwertig und unfähig betrachtet. Schließlich hat Gott selbst das – mehr oder weniger – so gewollt, so steht es in der Bibel und im Koran, das lehren uns die Erzväter, die Propheten, die Kalifen und seine Heiligkeit, der Papst. Das ist nun einmal der Lauf der Dinge. Das war schon immer so, seit Anbeginn aller Zeiten.

Ob Gott das tatsächlich so gewollt hat, bleibt unklar. Das göttliche Wesen selbst sagt nicht viel dazu. Was in den heiligen Schriften geschrieben steht und was die heiligen Männer allesamt gepredigt haben, unterstreicht tatsächlich die Herrschaft der Männer über die Frauen, aber es beschränkt diese Herrschaft auch. Unter den heidnischen Vorfahren war die Lage noch schlimmer; mit dem Aufkommen der neuen Religion wurde der Herrschaftsanspruch immerhin eingeschränkt.

Doch es braucht gar keinen Gott: »Schau dir nur die Evolution an, dort verhält es sich mit den Männchen und Weibchen doch nicht anders. Nimm nur mal den Pavian oder den Gorilla. Oder das Glühwürmchen. Da hast du's. So war es schon bei den Höhlenbewohnern. Es liegt in den Genen«.

Wenn in der Natur tatsächlich Ungleichheit zwischen den Geschlechtern vorkommt, heißt das jedoch noch lange nicht, dass wir uns gerade an dieses Muster halten müssten. In fast allen anderen Fällen wollen wir uns doch gerade von den Tieren unterscheiden, wir wollen nicht so sein wie sie. Aber das ist schon eine ziemlich gewitzte Widerrede, so gewitzt, dass sie gern als unverschämt aufgefasst wird. Damit sollte man der frommen Gedankenwelt der männlichen Vorherrschaft besser nicht kommen. Die gesamte Artillerie der Religion wird dann aufgefahren, um die Untergebenen auf ihren Platz zu verweisen. Und wenn es sein muss, wird auch noch das schwere Geschütz der Biologie, der Psychologie, der Neurologie, der Psychiatrie und der Hirnforschung auf unverschämte Mädchen (und besserwisserische Kerle) abgefeuert. So funktioniert patriarchalische Ideologie. Ich kann das hier so entspannt und furchtlos erzählen, weil der massive Widerstand bereits von Generationen mutiger Feministinnen und anständiger Männer geleistet wurde, die alle Argumente für die Überlegenheit der Männer und die Minderwertigkeit der Frauen Punkt für Punkt widerlegt haben. Was für eine Arbeit. Aber sie musste getan werden.

Auf den folgenden Seiten geht es um die Unterdrückung der Frau als »Allgemein Menschliches Muster«, um die männliche Herrschaft unter patriarchalischen Machtverhältnissen. In den westlichen Gesellschaften, in denen dieses Buch vor allem gelesen werden wird, sind die Beziehungen zwischen Männern und Frauen schon lange nicht mehr so extrem ungleich. Seit mehr als einem Jahrhundert ist hier der Emanzipationskampf der Frauen im Gange und hat mit der Zeit zu großen Erfolgen und tiefgreifenden Veränderungen geführt. Die patriarchalische Gesellschaft erscheint aus Sicht des Westens eigenartig und weit weg, wie aus längst vergangenen Zeiten. Doch völlig wesensfremd und unbekannt kommt uns dieses Patriarchat auch wiederum nicht vor. Es ist vage erkennbar geblieben, als ob in einem absurden Scherz oder einem chaotischen Traum etwas anklänge, das man irgendwann einmal gekannt oder erfahren haben muss, etwas, das man schon vergessen hatte, aber doch noch als etwas wiedererkennt, das auch zu einem selbst gehört, auch wenn man glaubte, ihm für immer abgeschworen und es gänzlich verworfen zu haben. Wenn es hier um diese archaischen, diese uralten patriarchalischen Verhältnisse geht, dann bilden diese auch einen fortwährenden Kommentar zu den Verhältnissen, in denen wir heute leben – wie ein dunkler Spiegel.

Die männliche Vorherrschaft ist noch nicht vorbei. Um zu verstehen, wie das tausendjährige Reich des Mannes funktioniert, muss man die Geschichte nicht vom Anfang bis zur Gegenwart aufrollen. Fast alle gewalttätigen Formen der Unterdrückung von Frauen, die früher eingesetzt wurden, funktionieren auch heute noch in großen Teilen der Welt. Ja, mehr noch, die Tatsache, dass diese Gewaltpraktiken schon so lange gang und gäbe sind, dient heute als Argument dafür, sie aufechtzuerhalten: Es seien jahrhundertealte und *daher* ehrwürdige Traditionen. Sie gehören angeblich zum kulturellen Erbe: Kinderehen, Genitalverstümmelung, Ehrenverbrechen – sie fallen allesamt unter das »gute Recht« der Männer. Die Frauen sollten sie dabei eigentlich unterstützen, aus Respekt vor Religion und Tradition.

Das Patriarchat existiert heute in Form einer »unabgeschlossenen Vergangenheit«, seine Gegenwart ist geronnene Geschichte. Machen wir uns also auf die Suche nach den heutigen Gewaltmitteln, die das System der männlichen Vorherrschaft aufrechterhalten. Eine Frage geht dem allerdings noch voraus: Worin liegt der Ursprung des Vorsprungs der Männer gegenüber den Frauen? Was hat Männer in die Lage versetzt, eine Gewaltherrschaft über Frauen auszuüben?

Der kleine Unterschied und seine großen Folgen (oder: die Unterschiede in den Unterschieden)

Sie dramatisieren den Unterschied, währendes um das Gegenteil geht: die Bedrohung durch die Übereinstimmungen.[11]

Worin besteht der Unterschied zwischen Mann und Frau? So wird die Frage fast immer gestellt und meistens mit einem Kichern oder Erröten beantwortet. Denn der Hauptunterschied liegt in den Geschlechtsteilen, die verborgen bleiben müssen und von jeher auch nicht benannt werden durften. Das Wesensmerkmal des Mannes und das Wesensmerkmal der Frau waren also weder vorzeigbar noch beschreibbar. Und auf diesem einen geheimen Unterschied beruhte und beruht weitgehend die männliche Vorherrschaft und die damit einhergehende weibliche Untergebenheit. An diesem Punkt beginnt nicht das Mysterium. An diesem Punkt beginnt die Mystifikation.

Fast alle Menschen haben zum Unterschied zwischen den Geschlechtern eine dezidierte Meinung, die in der Regel auf Erfahrungen basiert und darauf, was sie als gesunden Menschenverstand verstehen. Aber ein solches Laienwissen variiert je nach Ort und Zeitpunkt und ist oft in sich widersprüchlich. In den Medien werden regelmäßig Ansichten und Beobachtungen von Wissenschaftlern und anderen Experten über die Unterschiede zwischen Männern und Frauen präsentiert. Solche akademischen Erkenntnisse sind vielfach einseitig und in fast allen Fällen durch die vorherrschenden Auffassungen über die Geschlechterdifferenz verzerrt. In den Medien wird das gerne noch zusätzlich aufgebauscht. Die australische Soziologin Raewyn Connell kommt daher zu dem Schluss, dass es noch am besten sei, von veränderlichen sozialen Beziehungen zwischen Männern und Frauen auszugehen.[12]

Die Frage lässt sich auch anders stellen: In welchen Hinsichten unterscheiden sich viele Männer von vielen Frauen? Und in welchem Maße? Aber damit geht es schon um Mehrzahl und Vielfalt, um Abstufung und Verteilung, um individuelle Entwicklungen im Laufe eines Menschenlebens, um langfristige Gruppenentwicklungen und auch um die Geschlechtsunterschiede, die zwischen der einen und der anderen Gesellschaft bestehen. Die Geschichtswissenschaften und die Anthropologie haben darauf hingewiesen, wie unterschiedlich diese Unterschiede in verschiedenen Epochen und Kulturen sind. Die Psychologie habt gezeigt, wie unterschiedlich die Unterschiede zwischen einzelnen Männern und zwischen individuellen Frauen sein können, sogar im selben Zeitraum und in derselben Gesellschaft. Die Soziologie hat derartige auseinanderdriftende Unterschiede zwischen höheren und niedrigeren sozialen Schichten, zwischen Etablierten und Außenstehenden festgestellt. Die Embryologie konstatiert, dass sich ein früher minimaler Unterschied im Mutterleib zu unverkennbaren Unterschieden zwischen den meisten Jungen und den meisten Mädchen entwickelt; die Physiologie kommt zu dem Schluss, dass diese Unterschiede graduell sind, eine Sache von mehr oder weniger.

Bei den leicht messbaren Unterschieden wie Körpergröße oder Körpergewicht lässt sich ein deutlicher Unterschied zwischen den meisten Männern und den meisten Frauen feststellen: Männer sind in der Regel größer und schwerer als Frauen. Dennoch verhalten sich diese Unterschiede für eine ganze Reihe von Männern und Frauen umgekehrt: Es gibt Frauen, die größer oder schwerer sind als viele Männer. Eine beträchtliche Anzahl von weiteren Merkmalen, nach denen sich Männer und Frauen unterscheiden sollen, sind nicht so leicht zu bestimmen. Was ist das Maß für Fürsorglichkeit, wie kann man Einfühlungsvermögen messen? Es gibt sehr viele solcher oft sehr positiver Eigenschaften, die Frauen zugeschrieben werden, ohne dass je erwiesen werden konnte, dass sich Frauen darin von Männern unterscheiden. Und selbst wenn es gelungen wäre, einen solchen Unterschied zwischen den Geschlechtern zu bemessen, würde man sich immer noch fragen, ob es sich dabei tatsächlich um angeborene Unterschiede handelt. Es ist durchaus möglich, dass sich die typisch weiblichen Eigenschaften in einer typisch weiblichen Erziehung entwickelt haben und die typisch männlichen Eigenschaften in einer typisch männlichen Erziehung. Wenn sich das soziale Umfeld, in dem Kinder aufgezogen werden, verändert, verändern sich auch die Eigenschaften, die Mädchen und Jungen in ihrer Kindheit entwickeln und in ihrem Erwachsenenalter beibehalten.

Die Unterschiede zwischen Jungen und Mädchen scheinen zum Teil so universell, auch so zeitlos zu sein, dass an ihnen doch etwas Ererbtes sein muss: Etwas davon muss doch genetisch weitergegeben werden. Das kann sehr wohl der Fall sein. Auch die Primaten, die ja am engsten mit den Menschen verwandt sind, weisen große Verhaltensunterschiede zwischen den Geschlechtern auf.

Das heißt aber nicht, dass diese genetischen Unterschiede in der Geschichte der Menschheit konstant waren. Allein durch die Partnerwahl können sich neue Eigenschaften, die das andere Geschlecht attraktiv findet, recht schnell genetisch in einer Population ausbreiten: Der Träger oder die Trägerin einer solchen Eigenschaft findet leichter einen Partner für die Fortpflanzung und kriegt mehr Nachkommen, die alle ebenfalls diese erwünschte vererbte Eigenschaft tragen. Die genetische Vererbung schließt Variationen nicht aus: Das menschliche Kopfhaar zeigt Variationen von blond bis schwarz, von glatt bis lockig. Ererbte Merkmale können sich im Laufe eines Lebens verändern. So nehmen Locken mit den Jahren manchmal ab, das Haar wird bei Männern und Frauen ab einem bestimmten Alter grau und bei Männern fällt es oft ganz aus. Das genetische Erbe ist nur *eine* Komponente des Verhaltens oder des Aussehens: Die Frisur etwa setzt sich aus einer Kombination von angeborenem Kopfhaar, Veränderungen des Haarwuchses im Laufe des Lebens und sozial erwünschter Gestaltung zusammen: »dem Haarstyling«.

Es könnte also gut sein, dass es genetisch vererbte Verhaltenstendenzen gibt, die zu den Unterschieden zwischen Jungen und Mädchen beitragen. Aber das schließt nicht aus, dass sich im Laufe der Zeit Veränderungen zwischen Generationen und innerhalb *eines* Menschenlebens ausbilden, und auch Variationen zwischen Individuen. Es ist nicht wahr, dass Menschen *entweder* männlich *oder* weiblich geboren werden und ihr Verhalten und ihr Aussehen damit das ganze Leben lang festgelegt sind. Der weitverbreitete Slogan »Männer sind vom Mars, Frauen von der Venus« ist daher auch eine kapitale Bêtise. Das Klischee gibt allerdings Aufschluss darüber, wie unbehaglich sich viele Menschen im Umgang mit dem anderen Geschlecht immer noch fühlen: als handele es sich um außerirdische Wesen.

Es ist auch nicht wahr, dass Menschenkinder erst *nach* der Geburt, allein durch den Druck kultureller Konventionen, zu Frauen oder Männern geformt werden. Erbliche Kontinuität, Variation und Veränderung greifen bei der Entwicklung von Kindern im Laufe des Lebens untrennbar ineinander, und das übrigens nicht nur bei Menschen, sondern auch bei anderen Lebewesen, den Tieren. Manchmal gelingt es, einen genaueren Einblick in den Beitrag, den Vererbung und Umwelt leisten, zu gewinnen, aber in den meisten Fällen sind wir nach wie vor auf Vermutungen angewiesen.

Selbst wenn sich herausstellen sollte, dass Mädchen und Frauen von Natur aus für eine bestimmte Tätigkeit weniger geeignet sind als Jungen oder Männer oder umgekehrt, bedeutet das nicht, dass sie diese Tätigkeit nicht ausüben sollten. Wenn Menschen für etwas weniger begabt sind – zum Beispiel für das Rechnen – verwendet man doch gerade umso mehr Mühe darauf, sie darin zu fördern. Es könnte durchaus der Fall sein, dass die Männer von heute bei der Betreuung von Säuglingen und Kleinkindern etwas weniger geschickt sind als die Frauen. Ihr mangelndes Geschick könnte sogar eine erbliche Komponente haben (»seit der Steinzeit keinen Säugling mehr auf dem Arm gehalten …«), aber so leicht kommen sie nicht davon. Die Argumentation könnte ebenso gut lauten, dass die Männer sich umso stärker bemühen sollten, es zu erlernen.

Trotz all dieser Vielfältigkeit und trotz all dieser Variationsbreite gibt es doch eine gesellschaftliche und historische Konstante: Nahezu überall und zu allen Zeiten werden Männer Frauen übergeordnet.

Wie kommt das?

Frauen tragen Kinder aus, gebären und stillen sie. Männer nicht. Außerdem sind die meisten Männer stärker als die meisten Frauen. Und sie sind in der Regel viel stärker als schwangere und stillende Frauen.

Bis vor 50 Jahren, und so weit man in die Vergangenheit zurückblicken kann, brachten Frauen im Durchschnitt fünf oder sechs Kinder zur Welt, oft noch viel mehr. Daher waren sie den Großteil ihres jungen Erwachsenenalters, in der Blütezeit ihres Lebens, den Männern gegenüber körperlich wehrlos. Das haben sich Männer zunutze gemacht. Aufgrund dieses Kräfteungleichgewichts gelang es ihnen, Faustkeile, Speere, Pfeil und Bogen, Messer und Schwerter, Pistolen und Musketen von den Frauen fernzuhalten. In fast allen menschlichen Gesellschaften ist es den Männern gelungen, ein Waffenmonopol für ihr Geschlecht zu sichern und aufrechtzuerhalten.[13] Jeglicher Besitz und Gebrauch von Waffen war Männern vorbehalten. Das machte die Kräftedifferenz zwischen den Geschlechtern schier unüberwindbar. Mit dieser Übermacht an Gewaltmitteln konnten die Männer auch das Übergewicht an Herrschaftsinstrumenten erlangen: mit einer Religion, die die Überlegenheit der Männer über die Frauen verkündete und diese den Frauen de facto aufzwang. Männer haben sich die Religion zu eigen gemacht. Das geschah nicht immer und nicht überall. Aber die großen Religionen unserer Zeit sind das Werk von Männern. Damit verband sich zwar auch schon immer eine Verehrung weiblicher Heiliger, aber nur unter strenger männlicher Kontrolle. Man fragt sich, wie so etwas überhaupt möglich ist. Aber es ist nun einmal eine Tatsache, dass in all diesen Religionen die Män-ner den Frauen übergeordnet sind. In all diesen Religionen wer-den Frauen von den geistlichen Ämtern ausgeschlossen. Von eini-gen neueren westlich-liberalen Ausnahmen abgesehen, können Frauen keine Priester, Geistliche, Imame, Brahmanen, Rabbiner oder Lamas werden. Und die Frauen, so modern und emanzi-piert sie auch sein mögen, akzeptieren das und gehen weiterhin brav und gehorsam als Gläubige zweiter Klasse in die Kirchen, Synagogen, Moscheen und Tempel. Überall, wo sich die Religion zur Orthodoxie erhebt, werden Frauen von vorneherein herabgewürdigt.

Selbst wenn vom Glauben nicht mehr viel übrig ist und die Religion bis auf die Knochen abgenagt ist, bleibt bei fast allen Menschen noch eine vage und kaum bewusste Vorstellung von einer Überlegenheit der Männer gegenüber den Frauen erhalten. In all den Jahrtausenden männlicher Vorherrschaft und weiblicher Unterdrückung erhielten Frauen kaum einmal die Chance, außerhalb der Familie bedeutende Positionen einzunehmen oder überragende Leistungen zu vollbringen. Allein Frauen von hoher Abkunft oder mit eigenem Vermögen konnten Ansehen gewinnen. Sie taten dies fast immer als die Mutter, die Tochter oder die Witwe eines bedeutenden Mannes, also immer als »die Frau von …«. Damit war es eigentlich nicht ausschließlich ihr eigenes Verdienst, sie hatten ihre Reputation zumindest teilweise den Beziehungen zu einem Mann zu verdanken.

Auch unter patriarchalischen Verhältnissen gab es Frauen, die viel erreicht und geleistet haben, aber davon ist fast alles aus den Annalen gestrichen worden. Ihre Leistungen wurden einem Mann zugeschrieben, sie wurden totgeschwiegen oder gerieten bald in Vergessenheit. Ein faszinierendes und weitgehend vernachlässigtes Forschungsgebiet sind die Nonnenklöster, in denen Frauen von den üblichen Familienpflichten befreit waren. Dort sahen sie sich allerdings mit anderen Sorgen konfrontiert. In diesen geschlossenen Frauengemeinschaften müssen Nonnen in vielen Bereichen Leistungen von bleibendem Wert erbracht haben. Die Klosterorden führten darüber sorgsam Archive, und vieles davon wird im Verborgenen bewahrt geblieben sein. Seit einiger Zeit wenden sich Forschungsvorhaben den Hinterlassenschaften kreativer Klosterschwestern zu.[14] Doch Nonnen haben gewiss nicht an der Spitze des Widerstands gegen das patriarchalische Regime gestanden. Wenn es irgendwelche rebellischen Äußerungen gegeben haben sollte, wurden sie höchstwahrscheinlich sofort getilgt. Hier und da haben sich jedoch verdeckte Widerworte erhalten. Es sind Sammlungen von Texten erschienen, die Frauen in früheren Jahrhunderten verfasst haben. Wie auch die meisten Schriften von Männern sind sie meist langweilig, brav und aus heutiger Sicht vorhersehbar. Andernfalls wären sie auch sofort zensiert worden. Aber hier und da findet sich doch eine aufsässige, eigensinnige Frau darunter, die einen eigenen Ton anschlägt.

Die ergänzungsoffene Standardformel lautete immer: »Eine Frau kann doch niemals …« Ergänzt wurde diese dann mit irgendeiner Tätigkeit, die in dieser Gesellschaft nun einmal ausschließlich von einem Mann ausgeübt werden durfte. Und weil sie es nicht *durfte*, schien es so, als ob sie es auch nicht *konnte*. Keine Frau hatte je eine solche Arbeit verrichtet oder eine solche Leistung erbracht. Na also! Dazu waren Frauen viel zu … Und ein solcher ergänzungsoffener Standardsatz wurde in der Regel mit Eigenschaften vollendet, die man der Frau andichtete: zu schwach oder zu emotional, zu lieb oder zu hitzköpfig, zu unwissend oder zu schlau. Und so weiter und so fort. Dass keine Frau jemals Oberste Richterin wurde, beweist doch wohl, dass Frauen dafür zu unvernünftig waren. Dass es keine einzige Kapitänin zur See gab, dient als offensichtlicher Beweis dafür, dass Frauen dafür zu ängstlich waren. Und weil diese Frauen so unvernünftig und so ängstlich (und auch so unausgeglichen) waren, war es doch nur gut, dass sie nie solche anspruchsvollen, verantwortungsvollen Funktionen übernommen haben.

Erst in den letzten 50 bis 100 Jahren haben Frauen begonnen, fast alle diese Funktionen zu übernehmen, und das oft sehr erfolgreich. Dafür gibt es eine gute Erklärung: Gerade die beiden universellen und dauerhaften Unterschiede zwischen Männern und Frauen – Körperkraft und Schwangerschaft – haben an Bedeutung eingebüßt.

Erstens haben Maschinen und mechanische Anlagen nach und nach die schweren Arbeiten übernommen, sodass die körperliche Kraft von Männern in den letzten anderthalb Jahrhunderten immer mehr an Bedeutung verloren hat. Damit sind zahllose Arbeitsbereiche der rein männlichen Domäne entzogen worden. Kraft spielt heute nur noch im Sport und bei einigen schweren Kampfeinheiten in der Armee eine maßgebliche Rolle.

Zweitens bekommen Frauen zwar immer noch Kinder, aber seit etwa 50 Jahren nicht mehr durchschnittlich ein halbes Dutzend, wie es über die Jahrhunderte und in allen Teilen der Welt dem »Allgemein Menschlichen Muster« entsprach. Diese Kinderschar nahm die Mütter mehr als zwölf Jahre ihres jungen Erwachsenenlebens vollkommen in Beschlag. Die durchschnittliche Geburtenrate begann seit 1965 weltweit stark zu sinken, sie liegt heute bei zwei, höchstens drei Kindern. Die Kinderbetreuung liegt weiterhin vorwiegend in den Händen der Frauen. Aber diese Arbeit nimmt heute in ihrem Leben viel weniger Raum ein. Zudem übernehmen Kinderkrippen und Kindergärten einen großen Teil der Betreuungsarbeit.

Damit ist der größte männliche Vorteil, die Körperkraft, weitgehend irrelevant geworden. Etwa gleichzeitig damit ist die Kinderbetreuung als Haupthindernis für die gesellschaftliche Karriere von Frauen weitgehend weggefallen. Dennoch hat sich die Freude an der Mutterschaft erhalten – und an der Vaterschaft übrigens auch. Biologie ist Schicksal; aber nicht mehr für Frauen. Denn die biologischen Unterschiede sind für die gesellschaftlichen Chancen der Frauen praktisch bedeutungslos geworden.

Die Veränderungen im Verhältnis zwischen Männern und Frauen vollziehen sich auch heute noch sehr langsam und werden häufig von religiösen Fanatikern oder reaktionären Regimen wieder zunichte gemacht. Erschwert werden sie vor allem von dem allgegenwärtigen, hartnäckigen, undurchsichtigen und oft undurchdringlichen Konservatismus der Männer, die sich gegenseitig stillschweigend die Bälle zuspielen und wortlos füreinander Partei ergreifen. Doch der Vormarsch der Frauen geht weiter und lässt sich auf lange Sicht nicht mehr aufhalten. Denn aufgrund der ihm zugrundeliegenden langfristigen gesellschaftlichen Entwicklungen sind die angeborenen Kräfteunterschiede zwischen den Geschlechtern heute von viel geringerer Bedeutung.

Wenn Frauen gegenwärtig tatsächlich zu fast allen Tätigkeiten in der Lage sind, wie erklärt es sich dann, dass ihre Mütter, Großmütter und all die Hunderten von Generationen vor ihnen diese offenbar nie ausgeübt haben? Erst heute, da die Frauen die Beschränkungen, die ihnen die ganze Zeit auferlegt worden waren, überwunden haben, wird das ganze Ausmaß dessen deutlich, was sie die ganze Zeit hätten tun *können*, wenn sie es *gedurft* hätten. Was hat sie zurückgehalten? Wie konnte es sein, dass das potenzielle Talent von Myriaden von Frauen Jahrhundert für Jahrhundert ungenutzt und unbemerkt blieb?

Der Grund dafür lag im Wesentlichen im Terrorregime des Patriarchats.

Von diesem Patriarchat wird immer noch viel zu beschönigend gesprochen. Als wäre es ein religiöses und kulturelles Regime, das mit starker Überredungskraft und sanftem Druck agiert. Die Frauen hätten sich schließlich selbst daran beteiligt und dabei mitgeholfen, es aufrechtzuerhalten, sagt man. Und so verhielt es sich tatsächlich. Doch wie alle Unterdrückungsregime beruhte auch dieses Regime letztlich auf brutaler und gnadenloser Gewalt. Und so ist es in großen Teilen der Welt noch immer. Frauen wurden nicht von Stacheldraht und Lagerwächtern an ihrem Platz gehalten. Dazu waren keine Stoßtrupps oder Exekutionskommandos nötig. Aber eine Frau, die an den Beschränkungen, die ihr und ihresgleichen auferlegt wurden, rüttelte, sah sich sehr oft von einer gewaltsamen und manchmal tödlichen Strafe bedroht.

Hier folgt nun ein kleiner – und unvollständiger – Katalog der Gewalttaten gegen Frauen, vom neugeborenen Mädchen bis zur Greisin: eine kurze Gebrauchsanweisung für die patriarchalische Schreckensherrschaft.

Vor und *bei* der Geburt: Abtreibung und Mädchenmord

In vielen Ländern ist in Bezug auf die Ereignisse rund um die Geburt etwas Merkwürdiges und Beunruhigendes festzustellen. Dort werden weit weniger weibliche als männliche Neugeborene registriert, auf 100 Mädchen kommen etwa 120 Jungen. Und manchmal ist das Ungleichverhältnis sogar noch größer.

Wie kann das sein?

Seit einigermaßen verlässliche Geburtenstatistiken geführt werden (außerhalb des Westens noch nicht sehr lange), wissen wir, dass unter normalen Umständen auf 100 Geburten von Mädchen etwa 105 Geburten von Jungen kommen. Dieses Geschlechterverhältnis bei der Geburtenrate hat sich im Laufe der Jahrhunderte und in der ganzen Welt als sehr stabile Größe erwiesen.[15] Die Geburtenraten gehören zu den zuverlässigsten Statistiken; es wird ausnahmslos angegeben, ob es sich bei der Geburt um einen Jungen oder ein Mädchen handelt. Wenn also die Relation zwischen den Geburten von Mädchen und Jungen deutlich vom natürlichen Durchschnitt von 100 zu 105 abweicht, ist davon auszugehen, dass etwas nicht mit rechten Dingen zugeht.

Der geringe natürliche Überschuss an Jungen bei der Geburt wird später allmählich ausgeglichen, weil die Sterblichkeitsrate von Jungen, vor allem aufgrund von gewalttätigen Auseinandersetzungen und Unfällen, etwas höher ausfällt, vielleicht auch, weil Jungen in den ersten Lebensjahren anfälliger für Krankheiten sind. Daher gibt es im heiratsfähigen Alter etwa gleich viele junge Männer wie junge Frauen. (Bei älteren Menschen hingegen gibt es einen Frauenüberschuss, weil Frauen durchschnittlich einige Jahre länger leben als Männer.)

Das Geschlechterverhältnis von 100 zu 105 ergibt sich, wenn bei Schwangerschaften und Geburten nicht eingegriffen wird. Aber genau das geschieht von jeher und in großem Umfang, vor allem in traditionellen patriarchalischen Gesellschaften, insbesondere in weiten Teilen Chinas und Indiens, aber auch in Ländern des Nahen Ostens[16] und Nordafrikas. In diesen Ländern liegt das Geschlechterverhältnis bei der Geburt oft ungefähr bei 100 Mädchen zu 120 oder noch mehr Jungen. Das bedeutet, dass von 100 natürlicherweise zu erwartenden Mädchen höchstens 88 im Bevölkerungsregister eingetragen werden. Mindestens ein Dutzend weiblicher Babys ist also verschwunden, jedes achte.

Die fehlenden neugeborenen Mädchen landeten sofort im Eimer. Über diese Mädchenmorde gab es immer schon Mutmaßungen, sie waren sozusagen ein öffentliches Geheimnis. Alle wussten davon, und jeder wusste, dass alle es wussten, aber man sprach nicht darüber. Die chinesische Schriftstellerin Xue Xinran beschreibt, wie sie es selbst bei einer Entbindung in einem chinesischen Bauerndorf mitangesehen hat.[17] Das neugeborene Mädchen wurde ohne viel Aufhebens in einem Abfalleimer ertränkt, die Füßchen ragten noch heraus. »Unbrauchbares Ding«, sagte der Vater. Das kam im vergangenen Jahrhundert noch sehr oft vor. Eine Hebamme erklärte Xinran, dass es am besten wäre, das Baby mit seiner eigenen Nabelschnur zu erwürgen. Das war damals die normalste Sache der Welt, obwohl die Hebamme dafür mehr verlangte als für die Hilfe bei der Geburt eines Sohnes – und diese war wiederum teurer als die Geburt einer überlebenden Tochter.

Aber das ist doch keine Unterdrückung von Frauen, oder? Die armen Unglückswürmchen merken doch gar nichts davon! Darüber maße ich mir kein Urteil an, aber ihre Mütter merken es sicherlich. Und die Botschaft ist unmissverständlich: Mädchen sind weniger erwünscht als Jungen. Auch wenn sie dafür beseitigt werden müssen.[18] Das ist man in diesen Kulturen nun einmal so gewohnt.

Ganz genau. Jeder weiß es. Niemand sagt etwas. Jeder begreift, dass das Leben eines Mädchens weniger wert ist als das eines Jungen. Das ist nichts Zufälliges. Es ist etwas Systematisches und Strukturelles. Schon im Bauch der Mutter sind die Chancen der Mädchen, und hier sind die ganz existenziellen Lebenschancen gemeint, geringer als die der Jungen.

Die Mädchenmorde haben nicht nur einen kulturellen und traditionellen Hintergrund, es kommt auch Berechnung mit ins Spiel, und zwar schon zum Zeitpunkt der Geburt, etwa 15 Jahre bevor das Mädchen heiratsfähig wird.

In den patriarchalischen Gesellschaften in Asien und Nordafrika zählen Mädchen von jeher weniger. Oft bekommt die Tochter bei ihrer Heirat eine Mitgift und wohnt mit ihrem Bräutigam bei der Familie seines Vaters, nicht bei der Familie ihrer Mutter. Für ihre Eltern ist sie also ein Kostenfaktor, und sie trägt nach ihrer Heirat nicht mehr zum Familieneinkommen bei. Ein Sohn hingegen bleibt (mitsamt der Mitgift seiner Frau) auch nach der Eheschließung noch Teil seiner eigenen Familie und wird später für seine alten Eltern sorgen.

In der Folge wurden neugeborene Mädchen regelmäßig umgebracht. Dieser uralte Brauch in weiten Teilen Asiens und Nordafrikas fand erst in den letzten Jahrzehnten ein Ende. Und trotzdem werden dort bis heute deutlich weniger Mädchen geboren. Aber woran liegt das?

Das Geschlechterverhältnis der Neugeborenen hat sich in diesen Ländern in den letzten Jahrzehnten oft noch stärker verschoben. Wider Erwarten sind jedoch nicht die ärmsten und traditionellsten Milieus davon betroffen, sondern gerade das wohlhabendere städtische und »moderne« Milieu. Der Erste, der darauf aufmerksam gemacht hat, war im Jahr 1990 der indisch-amerikanische Wirtschaftswissenschaftler und Nobelpreisträger Amartya Sen.[19] Die Geburtenraten der Jungen lagen weiterhin über denen der Mädchen. In einigen Gegenden Indiens und Chinas wurden noch immer nur 100 Mädchen auf 120 Jungen geboren. Sen errechnete, dass mindestens 100 Millionen Mädchen »vermisst« würden. Sie fehlten in den Statistiken. Sie wurden offenbar tatsächlich »beseitigt«. Diese sehr hohe Zahl an vermissten Mädchen wurde in späteren Untersuchungen bestätigt, die Ursache wird nach wie vor diskutiert.

Amartya Sen lieferte eine Erklärung für den festgestellten Mangel an Mädchen. Der Grund dafür musste in der weitgehenden Verfügbarkeit einer neuen Technologie liegen: Um 1980 kamen leicht bedienbare, relativ preiswerte Ultraschallgeräte auf den Markt. Mit ihnen konnte ein gewöhnlicher Landarzt das Geschlecht eines Fötus bereits im dritten Monat bestimmen. Anfangs kostete das noch um die 100 Dollar, aber bald waren es nur noch ungefähr zehn Dollar. Nun gab es eine Alternative dazu, neugeborene Mädchen zu töten. Der weibliche Fötus konnte diskret abgetrieben werden. Auch dabei handelte es sich um eine relativ neue technische Errungenschaft: die Technik der fast schmerzfreien und nahezu gefahrlosen Abtreibung. Und es war gerade die Frauenbewegung gewesen, die überall den Kampf um die Legalisierung der Abtreibung zu ihrem Hauptanliegen gemacht hatte, und das mit Erfolg. Nun wurde die neue Technologie jedoch eingesetzt, um die Geburt von Mädchen zu verhindern. Eine unbeabsichtigte Begleiterscheinung des Fortschritts.

Die Modernisierung hat noch zu anderen Paradoxien geführt. Gerade moderne, relativ wohlhabende Familien tendieren eher dazu, Ultraschalluntersuchungen machen zu lassen, und finden leichter Zugang zu Abtreibungskliniken. Diese progressiven Eltern halten die Familie lieber klein und praktizieren öfter Geburtenkontrolle. Die Präferenz für kleine Familien ist wiederum eine Folge der umfassenderen und längeren Ausbildung. Die weiterführende Schul- und Hochschulbildung ist eine gute, aber auch eine kostspielige Investition in die Zukunft der Kinder. Die meisten Eltern aus der Mittelschicht können sich nur das Schulgeld für zwei, höchstens drei Kinder leisten. Wenn dann die ersten Kinder Mädchen sind, wollen sie danach noch einen Sohn und werden wahrscheinlich einen dritten oder sogar schon einen weiteren weiblichen Fötus abtreiben lassen, in der Hoffnung, dass die nächste Schwangerschaft das erwünschte Ergebnis bringt. Offenbar sind selbst in diesen fortschrittlichen Familien Jungen immer noch erwünschter als Mädchen.

In China führte auch die von der Regierung 1979 eingeführte Ein-Kind-Politik zu einer vermehrten Abtreibung ungeborener Mädchen, darüber hinaus wurden in den armen Regionen damals immer noch viele Mädchen unmittelbar nach der Geburt umgebracht. Das Zahlenverhältnis von weiblichen zu männlichen Babys sank auf 100 zu 120. Der Überschuss an Jungen hatte in China schon immer beträchtlich höher gelegen als 100 zu 105. Eine Konsequenz der Ein-Kind-Politik bestand darin, dass in den folgenden 35 Jahren fast eine halbe Milliarde chinesische Kinder weniger geboren wurden. Eine weitere Auswirkung bestand im spektakulären Rückgang der Mädchengeburten. Schließlich war es für Eltern (Väter?) mit einer Vorliebe für Jungen nun nicht mehr möglich, nach der Geburt eines Mädchens in der Hoffnung auf einen Jungen einen weiteren Versuch zu unternehmen. Die meisten Eltern wussten im Voraus nicht, ob sie einen Jungen oder ein Mädchen bekommen würden (es gab wohl schon Ultraschall, er wurde 1956 zum ersten Mal eingesetzt, war aber in den 1980er Jahren teuer und stand nur begrenzt zur Verfügung). In China deutet also alles darauf hin, dass ein großer Teil der in der Statistik fehlenden weiblichen Babys kurz nach der Geburt ermordet worden war.

Die Ein-Kind-Politik galt jedoch längst nicht für alle Eltern und auch nicht überall in China. Es gab eine ganze Palette von Ausnahmen und Auswegen. Am 1. Januar 2016 wurde die Regelung durch eine Zwei-Kind-Politik ersetzt. Doch schon davor wurde Eltern, deren erstes Kind ein Mädchen war, mitunter ein zweites Kind zugestanden, damit sie zumindest die Chance auf einen Sohn hatten. Nach den Geburtenraten zu urteilen, konnten sich jedoch eine ganze Reihe von Eltern kein zweites Kind leisten. Sie entledigten sich des erstgeborenen Mädchens sofort nach der Geburt – oder sogar noch *vor* der Geburt, wenn sie die Mittel für einen Ultraschall zur Bestimmung des Geschlechts des Fötus aufbringen konnten. Dann wurde der weibliche Fötus also abgetrieben. In einigen Regionen führte das zu einem absurden Geschlechterverhältnis von 100 weiblichen zu 227 männlichen Babys.[20] Dort wurden mit anderen Worten mehr als die Hälfte der Mädchen abgetrieben oder gleich nach der Geburt beseitigt.

In Indien hat sich möglicherweise Ähnliches abgespielt, dort allerdings mit einer viel höheren Kinderzahl pro Frau. Obwohl die Regierung enormen Druck ausübt, um die Geburtenrate zu begrenzen, steht es den Eltern frei, mit dem Familienzuwachs so lange fortzufahren, bis ein Junge geboren wird. Und das tun sie sehr oft. Diese Familienstrategie führt nicht per se zu einem Überschuss an Jungen. Das ungleiche Geschlechterverhältnis lässt sich auch hier nur durch eine Bevorzugung von Jungen gegenüber Mädchen und daher mit Abtreibung und »Puellizid« (Mädchenmord) erklären.[21]

Diese geschlechtsspezifischen Präferenzen können sich ändern. In Südkorea, wo um 1990 ungeborene Mädchen häufig abgetrieben wurden, lag das Verhältnis zwischen Mädchen und Jungen sehr weit auseinander: bei 100 Mädchen zu 117 Jungen. Der Frauenmangel, der sich daraus ergab, war so gravierend, dass viele Junggesellen notgedrungen ausländische Frauen heirateten. Dies stieß jedoch vor allem auf dem Land auf großen Widerstand. Dank des anhaltenden Wirtschaftswachstums und vor allem eines Mentalitätswandels hat sich das Ungleichgewicht jedoch inzwischen normalisiert. Die Eltern akzeptieren, dass auch ihre Töchter weiterlernen. Und zudem ist es für sie nun etwas einfacher, die Studiengebühren für ihre Töchter aufzubringen, berichten die Forscher der Weltbank.[22]

Die Konsequenzen dieser Mädchenbeseitigung treffen später natürlich vor allem die jungen Männer: Es kommt zu einem dauerhaften Überschuss an heiratsfähigen Männern, die daraufhin ledig und kinderlos blieben. »Tote Äste« werden diese Männer genannt, die in ihren eigenen Augen und nach dem Urteil ihres Umfelds zu einem Leben als gescheiterte Existenz verurteilt sind. Viele dieser jungen, alleinstehenden Männer suchen Zuflucht bei Prostituierten oder entscheiden sich dazu auszuwandern, manche werden kriminell oder verfallen in Depressionen und begehen Suizid.

Es gibt Anzeichen dafür, dass in den letzten Jahren, wie zuvor in Südkorea, auch in Indien und China das Ungleichverhältnis zwischen Mädchen und Jungen bei der Geburt bis zu einem gewissen Grad korrigiert worden ist. Dies ist wohl auf einen Mentalitätswandel zurückzuführen, eine Abschwächung der Präferenz für männliche Kinder unter dem Einfluss staatlicher Aufklärung und medialer Diskussionen. Es könnte auch das Resultat eines zunehmenden Wohlstandswachstums sein, der dazu führt, dass die Bildungsausgaben für die Eltern keinen so belastenden Kostenfaktor mehr darstellen. Aber in vielen Ländern Afrikas und des Nahen Ostens entledigt man sich der Mädchen noch immer und sogar noch häufiger als früher, wenn auch weniger durch Kindstötung bei der Geburt als durch Abtreibung nach einem Ultraschall-Geschlechtstest.

Das Abtreiben ungeborener Mädchen und die Tötung neugeborener Mädchen sind ein demonstrativer Beweis für die Wertlosigkeit von Mädchen und Frauen. Wenn es in die eigenen Karten spielt, landen sie umstandslos im Eimer. Der Krieg gegen die Frauen beginnt schon *vor* der Geburt.

Präpubertät: Genitalverstümmelung bei Mädchen

In Afrika und im Nahen Osten sowie von Indien bis Indonesien kommt für viele kleine Mädchen, meistens völlig unerwartet, der Moment, an dem ihre Mutter sie mitnimmt, um ihre Genitalien verstümmeln zu lassen. Dies geschieht oft ohne Narkose, ohne Desinfizierung, ohne Vorbereitung und ohne Nachsorge. Sehr oft wird diese Prozedur in dem Geburtsdorf der Mutter von einer älteren Frau durchgeführt, die diese zwar routiniert vornimmt, aber weder über medizinische Kenntnisse noch über geeignete Gerätschaften verfügt. Entsprechend katastrophal sind auch die Folgen.[23]

Die genauen Vorgehensweisen variieren von Dorf zu Dorf, von Land zu Land und können je nach Glaubensrichtung sehr verschieden sein. Manchmal wird ein Stück Haut um die Klitoris herum eingeschnitten oder entfernt, was tatsächlich einer Art »weiblicher Genitalbeschneidung« entspricht. Oftmals wird aber die – äußere – Klitoris ganz oder teilweise entfernt (Klitoridektomie). Selbst die inneren Schamlippen werden mitunter teilweise oder ganz weggeschnitten, ein noch riskanterer Eingriff. Manchmal werden sogar die großen (äußeren) Schamlippen entfernt. Bei einigen Völkern wird die Vagina dann bis auf eine kleine Öffnung zugenäht, um jeglichen Geschlechtsverkehr unmöglich zu machen (Infibulation). Erst vor der Hochzeitsnacht wird die Vagina wieder aufgeschnitten. Der Sammelbegriff für all diese Praktiken lautet *Weibliche Genitalverstümmelung* (*Female Genital Mutilation*, FGM), ein Begriff, der von vielen Organisationen verwendet wird, die sich für die Abschaffung dieses Brauchtums einsetzen. Diese Praxis wird auch als weibliche

Beschneidung bezeichnet, wobei eine Zirkumzision weit weniger gravierende und schädliche Auswirkungen hat als diese Verstümmelung der weiblichen Genitalen. Der kürzeste und beste Begriff, auch für den internationalen Gebrauch, lautet »Exzision«: Herausschneiden.

Unter dem Druck der Dorfgemeinschaft und der eigenen Familie, und sicherlich auch aus persönlicher Überzeugung, nehmen Mütter ihre Töchter, wenn sie sie für alt genug halten, an die Hand, um sie einer Genital-»Operation« unterziehen zu lassen. Bei einigen Völkern werden bereits Neugeborene oder Kleinkinder verstümmelt, in der Regel trifft es jedoch Mädchen im Alter zwischen sieben und 14 Jahren.[24] Der Eingriff ist nicht nur äußerst schmerzhaft, sondern immer auch gesundheitsschädlich und höchst riskant. Er geht auch regelmäßig schief. Viele Mädchen sterben an Blutverlust oder Infektionen, manche auch noch an den Spätfolgen der Exzision. Aber auch wenn es nicht tödlich endet, sind die gesundheitlichen Schädigungen doch oft langwierig und manchmal irreversibel. Viele Frauen haben Probleme beim Wasserlassen, bei der Menstruation und bei der Geburt eines Kindes. Sie leiden häufig unter wiederkehrenden oder permanenten Entzündungen, oft auch an bleibender Unfruchtbarkeit, an Fisteln (einem Loch in der Wand der Harnblase, durch die der Urin in die Vagina fliest, sodass sie den Urin nicht halten können) und an diversen anderen gynäkologischen Beschwerden, nicht selten ihr Leben lang.[25] Frauen, die unter Fisteln leiden, werden häufig gemieden, finden keinen Mann und werden manchmal sogar aus der Dorfgemeinschaft ausgestoßen. All diese verstümmelten Mädchen werden später viel weniger Freude am Sex haben, was ja auch beabsichtigt ist (manche können doch noch eine gewisse Lust empfinden, z. B. bei oraler Stimulation). Der Volksglaube besagt, dass Mädchen und junge Frauen ohne Exzision enthemmt und wollüstig werden, dass sie ihre Lust nicht mehr kontrollieren könnten und somit ihren späteren Männern untreu würden.

Diese Denkweisen, so irrational sie auch sein mögen, sind sehr pragmatisch: Durch das Wegschneiden ihrer äußeren Geschlechtsorgane werden die Mädchen gezwungen, bis zur Heirat keusch zu bleiben und ihrem Mann fortan für immer treu zu sein. Ob das tatsächlich funktioniert, sei dahingestellt (ich glaube es nicht). Darüber hinaus werden mit der Genitalverstümmelung magische und religiöse Intentionen verfolgt. Der weibliche Körper gilt im Grunde seines Wesens als unrein. Indem ihre Genitalien teilweise oder größtenteils weggeschnitten und verschlossen werden, wird die Frau auf übernatürliche Weise »gereinigt«. Die Menschen in diesen Gemeinschaften glauben, dass dieser Brauch auf religiösen Geboten beruht, dass er in der Bibel oder im Koran beschrieben oder von der Scharia vorgeschrieben ist. Das ist nicht der Fall.

Der Koran erwähnt an keiner Stelle genitale Eingriffe bei Frauen. Die Überlieferung schreibt Mohammed einen Ausspruch (Hadith) zu, in dem er vor einem allzu »strengen« Schnitt warnt, der die Frauen in Gefahr bringe und sie für ihren Mann weniger anziehend mache. Die Bräuche selbst sind meistens älter als der Islam und das Christentum. Sie gehen hauptsächlich auf Volksglauben und Tradition zurück und wurden der jeweiligen etablierten Religion zugeschrieben. Zu Unrecht. Die örtlichen Geistlichen, die es eigentlich besser wissen müssten, widersprechen dem jedoch nicht und lassen die Gläubigen in dem Irrglauben, dass die Praktiken in der jeweiligen heiligen Schrift angeordnet würden.

Die weitaus weniger eingreifende und riskante Beschneidung von Jungen ist in der Regel Bestandteil von Initiationsriten und gehört zum jüdischen und islamischen Ritual, wie es in der Bibel und im Koran beschrieben wird. Sie wird immer von einer großen Zeremonie und Feier begleitet. Bei Mädchen findet die Initiation im Geheimen statt, unvorbereitet, in aller Stille, ohne Zeugen und ohne jegliche Formalitäten oder Zeremonien.

Weltweit gibt es etwa 200 Millionen Frauen, die als Mädchen eine Genitalverstümmelung erlitten haben, und jedes Jahr kommen Millionen Mädchen hinzu. In sehr vielen Ländern wurden in den letzten Jahren von lokalen Frauengruppen Kampagnen gegen die Exzision geführt, die von internationalen Hilfsorganisationen, aber auch von Regierungen, die diese Praxis gesetzlich verbieten, unterstützt werden.[26]

Es hat den Anschein, als wäre die Zahl der Eingriffe tatsächlich rückläufig. Aber die Statistiken sind völlig unzuverlässig. Sie beruhen auf Erhebungen vor Ort. Junge, meist in der Stadt aufgewachsene und ausgebildete Wissenschaftlerinnen begeben sich dafür in abgelegene Dörfer. Dort befragen sie Frauen in den ländlichen Gebieten, wie es bei ihnen und ihren Töchtern unten herum aussieht. Eine absurd intime Frage, die arrogant, unverschämt und unangebracht wirkt. Eine so befragte Bäuerin wird in ihrer untertänigen Verlegenheit die Antwort geben, die die Befragerin vermeintlich von ihr hören will. Und diese fügt ihrem Formular einen weiteren Strich hinzu. Die Statistik ist also nichts anderes als die Addition einer Vielzahl solcher Striche. Erschwerend hinzu kommt, dass viele afrikanische Regime nach außen hin bei internationalen Institutionen und westlichen Hilfsorganisationen gerne einen progressiven Eindruck hinterlassen wollen und die Zahlen in diesem Sinne manipulieren. Die offiziellen Statistiken sind daher mit großer Skepsis zu betrachten.

Allzu großer Druck von außen auf lokale Traditionen kann allerdings auch das Gegenteil bewirken. Vor allem westliche Einmischung weckt lokalen Widerstand.[27] Doch auch bei einigen westlichen Feministinnen und Feministen ruft eine solche Einmischung Bedenken hervor:

> Weibliche Genitalbeschneidung ist im westlichen Feminismus zu einer geradezu gefährlichen Trope für das Mundtotmachen und das Verstümmeln von Frauen – im physischen, sexuellen und psychischen Sinne – geworden, und dafür, wie dringend diese Frauen den westlichen Feminismus *benötigen*. Beschneidung, Klitorisentfernung und Infibulation werden so zum sichtbaren Kennzeichen eines empörenden Primitivismus und Sexismus, und zu einem Merkmal *der Frau* in der Dritten Welt.[28]

Dieses Zitat ist ein aufschlussreiches Beispiel für die konfuse Verlegenheit, die fortschrittliche Menschen aus dem Westen, vor allem Feministinnen, befällt, wenn sie sich gezwungen sehen, traditionelle Praktiken in der Dritten Welt zu verurteilen. Selbstverständlich ist eine Genitalverstümmelung ein empörender Primitivismus. Warum sollte man das nicht einfach beim Namen nennen? Unzählige Menschen in diesen Regionen sehen das auch so und tun, was sie können, um dagegen anzukämpfen. Eine große Mehrheit von Frauen *und* Männern lehnt diese Praxis ab, auch in Gesellschaften, in denen sie weit verbreitet ist. In vielen Ländern gehen die öffentlichen Autoritäten dagegen vor und verbieten sie per Gesetz, manchmal mit Erfolg. In Ägypten, wo sich etwa 90 Prozent der erwachsenen Frauen dem Eingriff unterzogen haben, wurde 2008 ein Gesetz erlassen, das diesen Brauch verbietet, aber die Genitalverstümmelung wird immer noch vielfach praktiziert, auch wenn 2021 nur 13 Prozent der Mütter angaben, dass sie ihre Töchter »beschneiden« lassen wollen.[29] Warum sollte man sich als Mensch aus dem Westen dieser Gegenbewegung nicht anschließen? Und dabei geht es nicht um »die Frau in der Dritten Welt«, es gibt dort doch genug weibliche Opfer, um das als einen weitverbreiteten und gravierenden Missstand zu betrachten. Und was ihren »Bedarf« an westlichem Feminismus angeht: Die Aktivistinnen und Aktivisten in diesen Ländern können westliche finanzielle und moralische Unterstützung sehr gut gebrauchen. Was sie aber nicht brauchen, sind westliche Feministinnen, um sich dieser Missstände bewusst zu werden. Und es ist wenig sinnvoll, dass westliche Feministinnen – oder welche Menschen aus dem Westen auch immer – sich vor Ort gegen die gesundheitsschädlichen Praktiken der einheimischen Bevölkerung ereifern. Das begeistert die lokale Bevölkerung im Allgemeinen wenig. Die Frauen, die dort leben, und ihre Mitstreiter und Mitstreiterinnen können das besser und wecken weniger lokalen Widerstand. »Der Kampf um den Körper der Schwarzen Frau in der Dritten Welt wird als ein Kampf von Feministinnen der Ersten Welt gegen Schwarze Männer der Dritten Welt inszeniert.«[30]

Tja, so steht das dort geschrieben. Damit wird suggeriert, dass westliche Feministinnen keine Kritik an diesen Bräuchen üben sollten, die von einigen oder vielen nichtwestlichen Schwarzen Männern gepflegt werden. Warum nicht? Im Grunde läuft das darauf hinaus, dass Schwarze Männer in der außerwestlichen Welt als so erbärmlich gelten, dass man sie sogar als Feministin nicht behelligen darf, und als westliche Feministin schon gar nicht. Ebenso wenig dürfte die Frauenbewegung nach dieser Logik Kritik an muslimischen Immigranten in Europa und den USA äußern, die sich Frauen gegenüber schlecht benehmen: Diese Neuankömmlinge haben es doch ohnehin schon schwer. So viel zum Thema Herablassung.

Andererseits werden Einwürfe gegen bestimmte Bräuche in nichtwestlichen (in der Regel islamischen) Ländern sehr oft dazu genutzt, die außerwestliche, islamische Gesellschaft und Kultur insgesamt abzuwerten. In dem Fall schlägt berechtigte Kritik in »antiislamische Begeisterung« um.[31] Die Untaten der Taliban dienen dann dazu, die jahrelange amerikanische Intervention in Afghanistan zu beschönigen. Die amerikanische Anthropologin Saba Mahmood bemerkt dazu: »Die Ereignisse des 11. September haben nur das Gefühl verstärkt, dass der Islam vor einer säkular-liberalen Inquisition zu einem Schuldbekenntnis gezwungen werden muss.«[32]

Eine Genitalverstümmelung ist ein Frontalangriff auf Mädchen und Frauen als sexuelle Wesen. Dahinter steht die Grundhaltung, dass sich Frauen ihrer eigenen Anfechtungen nicht erwehren können und in unkorrigiertem Zustand für Männer unwiderstehlich sind, die *ihre* Neigungen noch weniger kontrollieren können. Wobei die Impulsivität, die bei Frauen ein Zeichen von Schwäche ist, bei Männern als ein Zeichen von Stärke, Männlichkeit und Potenz gewertet wird. Frauen müssen also auf alle erdenklichen Arten diszipliniert werden, weil Männer sich nicht beherrschen können. Die Tradition der Genitalverstümmelung beweist nur einmal mehr, dass der Krieg gegen die Frauen über einen Kampf der Ideen hinausgeht. Es handelt sich vielmehr um einen körperlich gewalttätigen, äußerst blutigen Kampf um die Unterwerfung der Frau, der bis aufs Messer ausgetragen wird.

Wie so oft, sind auch in diesem Fall Frauen an der Unterwerfung der Frauen mitschuldig. Mütter setzen ihre Töchter dieser Tortur aus, manchmal auf eigene Initiative und ohne jemand anderem ein Wort davon zu sagen, nicht einmal ihrer Tochter selbst. Warum? Zum einen ist es ein lokaler Brauch. Wer daraus ausbricht, riskiert den umfassenden Ausschluss, den »sozialen Tod«, der das Überleben in einer solchen Gemeinschaft nahezu unmöglich macht. »Es muss doch etwas dran sein, sonst gäbe es den Brauch doch nicht seit Menschengedenken.« Und so ist es auch: Viele dieser »unverstümmelten« und ausgestoßenen Mädchen gingen notgedrungen in die Stadt und verfielen dort, ohne Beschützer und Verwandte, unvermeidlich der Sittenlosigkeit. Das Vorurteil bestätigte sich selbst!

Die Mutter selbst hatte sich in ihrer Kindheit dieser Prozedur unterzogen und sie durchgestanden. Sie wurde eine ehrbare Hausfrau, eine anständige Frau. Obwohl sie selbst darunter gelitten hat, will sie doch, dass ihre Tochter so wird wie sie, auch in Hinblick auf ihre intimsten Bereiche.

Vielleicht trägt das Ritual der Genitalexzision dazu bei, den Männern die Angst vor der Vagina zu nehmen, vor dieser bedrohlichen Höhle, aus der wir alle hervorgegangen sind und die ebenso furchterregend wie unwiderstehlich für Männer ist, die, wie es die biblische Redewendung besagt, »zu einer Frau eingehen«. Der amerikanische Kulturhistoriker Russell Jacoby meint dazu: »Männer fürchten, dass sie ihrer Männlichkeit beraubt werden, sie fürchten zu verweichlichen.«[33]

Die weibliche Genitalverstümmelung hat ihre Wurzeln im tiefen Glauben an die angeborene *Unreinheit* der Frau und ihr *Unvermögen*, ihre sexuellen Neigungen zu bändigen. Deshalb müssen die Frauen zerschnitten und zugenäht werden. Noch bitterer wird es dadurch, dass es sich um eine Verunstaltung handelt, die dem kleinen Mädchen von Frauen zugefügt wird: auf Geheiß der eigenen Mutter von einer erfahrenen Frau mit einer gewissen Autorität. Diese Frauen wollen und tun das, weil sie befürchten, dass das Mädchen sonst später keinen Ehemann finden wird. Dass sie als unrein und zügellos ausgestoßen wird. Durch den Eingriff wird sie »gereinigt«, zudem ist dadurch ihre Jungfräulichkeit gewährleistet. Sie wird, wenn sie einmal eine Frau sein wird, garantiert gezähmt und ungeöffnet ihrem Mann angeboten. So dreht sich letztendlich eben doch alles um männliche Macht.

Pubertät: Kinderheirat

In der frühen Kindheit wird zwischen Jungen und Mädchen noch am wenigsten unterschieden. Kleine Mädchen werden in dieser Zeit in der Regel nicht als sexuelle Wesen betrachtet. Sie sind noch nicht geschlechtsreif, und die gesellschaftliche Obsession für Sexualität und Fortpflanzung ist für eine Weile ausgesetzt. Das bedeutet aber auch, dass Mädchen (in geringerem Ausmaß gilt das auch für Jungen) in Unschuld und Einfalt leben müssen. Jeder Anflug von Sinnlichkeit oder sexueller Neugier wird sofort unterdrückt. Sie dürfen nicht wissen, was ihre Eltern im Bett miteinander treiben, woher die Kinder, also sie selbst, kommen, warum sich die Tiere in der Natur bespringen und sich die Erwachsenen auf dem Bildschirm umarmen. In den Niederlanden der 1950er Jahre durften Mädchen in streng religiösen Familien nicht einmal auf dem Schoß ihres Vaters sitzen, weil … nun ja, das ließ sich nicht erklären.

Kleine Mädchen und Jungen werden von allem ferngehalten, was mit Sexualität und Fortpflanzung zu tun hat. Den Erwachsenen gegenüber stellen sich die Kinder dumm, aber untereinander sind sie ganz im Geheimen oft neugierig und abenteuerlustig.

In all dieser Zeit wird hart daran gearbeitet, die Kinder nach dem Muster, das in ihrer Gesellschaft die Norm ist, zu Mädchen und Jungen, zu zukünftigen Frauen und Männern zu formen. Nachdrücklich werden die Unterschiede zwischen den Geschlechtern vermittelt und die Herausstellung der Differenzen zwischen weiblichem und männlichem Verhalten, Aussehen und Interesse hervorgehoben. Und so wollen es auch die meisten Jungen und Mädchen. Alles, worin ein Mädchen zu sehr einem Jungen oder ein Junge zu sehr einem Mädchen gleichen könnte, wird mit Spott und Tadel korrigiert und von dem Kind als äußerst beschämend empfunden.

Mädchen sollen nicht nur geschlechtslose Wesen sein, sie sollen sich auch in jeglicher Hinsicht zu beherrschen lernen. Mädchen und Jungen werden auf einer Messlatte von ruhig bis wild eingeteilt. Jungen dürfen wild sein, Mädchen sollen sich zurückhalten. Sie sollen jedes Risiko vermeiden, Jungen dürfen schon mal eine gewisse Gefahr suchen. Mädchen dürfen weinen und Gefühle zeigen, Jungen sollen ihre Tränen zurückzuhalten und lernen, ihre Ängste zu verbergen (in dieser Hinsicht sind Mädchen also freier als Jungen). Auch dies ist ein »Allgemein Menschliches Muster«, auch wenn es je nach Land und Zeit unterschiedlich stark ausgeprägt ist. In westlichen Ländern werden Jungen und Mädchen von Anfang an eher gleichbehandelt, aber oft sind es die Kinder selbst, die – manchmal gegen den Wunsch ihrer Eltern – die traditionellen Rollenmuster erneut reproduzieren. Wo sie diese traditionellen Ansichten hernehmen, ist oft unklar. Es kann daher so scheinen, als wäre das ewig Weibliche und das ewig Männliche schon von Natur aus in den Kindern angelegt. Die kleinste Andeutung, dass ein Junge sich nicht männlich verhält oder ein Mädchen nicht weiblich genug ist, kann bei dem Kind eine fast unerträgliche Scham wecken. Kinder sind untereinander sehr gut darin, sich diese traditionellen Gebote und Verbote gegenseitig einzuprägen. Es kann durchaus sein, dass ein Teil dieser Verhaltensrepertoires tatsächlich angeboren ist, aber sicher gibt es stets auch einen unterschwelligen Einfluss von Großeltern, Onkeln und Tanten, Ladenbesitzern und Nachbarn,

Lehrern, und vor allem von Altersgenossen, der die Kinder beschämt in ihr zeitloses Geschlechtsmuster zurückversetzt. Und natürlich gibt es viele Mädchen, die trotzdem wild und »jungenhaft« sind; genauso wie es auch viele Jungen gibt, die sich »mädchenhaft« benehmen. Und das ist per definitionem »weibisch, weichlich, schwächlich, überempfindlich«.[34]

Auffallend ist, wie weitverbreitet und geradezu zeitlos diese Rollenmuster sind, auch wenn sie sich je nach Ort und Zeit in ihrem Ausmaß und ihrer Rigidität unterscheiden. Und fast immer und überall wird unweigerlich suggeriert, dass dieses Rollenverhalten »natürlich« ist und Kinder, die dem nicht entsprechen, daher »unnatürlich« sind, ungesund, deformiert. Das ruft die Scham hervor, mit der Kinder ihr eigenes Verhalten und das anderer Kinder zensieren, korrigieren und bestrafen. Kinder, die sich nicht an diese Muster von Gefühlen und Verhaltensweisen halten, werden womöglich nicht wie ihre Eltern *entweder* zu Männern und Vätern *oder* zu Frauen und Müttern heranwachsen. Solche Kinder können durchaus eines Tages zu etwas heranwachsen, was sie nicht verstehen, nicht einmal kennen dürfen, zu etwas unaussprechlich Schändlichem: nicht zu einem Mann, nicht zu einer Frau, sondern zu einem homosexuellen Menschen (oder noch unaussprechlicher: zu einer Transperson). Homosexualität ist die verbotene Zone zwischen der Schwarz-Weiß-Schablone von Mann und Frau. Zwischen den beiden Geschlechtern darf aber es keine Grauzone geben, keine einzige graduelle Abstufung. Deshalb müssen homosexuelle Menschen verschwinden.

Nur in einem kleinen Teil der Welt und erst in allerjüngster Zeit, seit höchstens einem Jahrhundert, hat dieses Schreckensregime an Kraft verloren. Fast überall auf der Welt werden Kinder noch immer wie von Geisterhand in die bereitliegenden, sauber getrennten Reservate der Geschlechter hineingetrieben.

Die Kindheit ist auch die Phase, in der ein Erwachsener unerwartet in die »kindliche Unschuld« einbrechen kann. Gerade in diesen Jahren sind kleine Mädchen und Jungen für Kindesmissbrauch sehr gefährdet. Pädophilie und Päderastie sind fast zu allen Zeiten und überall ein Tabu, und doch kommen sie mit erschütternder Regelmäßigkeit in allen Gesellschaften vor. Sie stehen in fast allen Ländern unter Strafe, den Tätern drohen harte Urteile. Obwohl Personen, die sich an Kindern vergehen, ein großes Risiko eingehen, können sich mächtige, reiche und angesehene Männer mehr herausnehmen als ärmere: Ihre Taten bleiben häufig unentdeckt und straffrei. Geistliche, die sich an Kindern vergangen haben, werden oft von ihren Vorgesetzten und ihrer Glaubensgemeinschaft geschützt. Die allgegenwärtige und diffuse Bedrohung durch sexuellen Missbrauch trägt dazu bei, die Bewegungsfreiheit von Kindern einzuschränken und sie im Blickfeld der Eltern und anderer Aufsichtspersonen zu halten.

In vielen Ländern gibt es eine Form der offenen und legalisierten Pädophilie: die Kinderheirat. Mädchen sind ihr, mit vollem Einverständnis ihres Umfelds, völlig hilflos ausgeliefert. In solchen Gesellschaften kommt es regelmäßig vor, dass sich ein Täter, der sich an einem kleinen Mädchen vergangen hat, sich der Strafe entziehen kann, indem er sein Opfer heiratet. Das Mädchen wird dabei nicht gefragt. Die Eltern, die Geistlichen und die Richter stimmen der Heirat zu, um einen Skandal zu vermeiden. Das Mädchen verbringt den Rest seines Lebens an der Seite ihres Vergewaltigers, als seine Bettgefährtin und Mutter seiner Kinder.

Um einen Skandal zu vermeiden, wird das Kind also gezwungen, seinen Vergewaltiger zu heiraten, oder auch einen Stellvertreter, der sie heiratet, um den Schein zu wahren. Den Schein wovon? Niemand wird wohl ernsthaft glauben, dass das Kind ein Kind bekommen wollte. Kaum jemand wird annehmen, dass das Kind lieber Hausfrau und Mutter sein will, als mit anderen Kindern zu spielen und zur Schule zu gehen. Jeder lernt daraus, dass der Kinderschänder ungestraft davonkommt. Und was noch schlimmer ist: Er kann sich von nun an Nacht für Nacht seiner Beute erfreuen. Denn unter dem Deckmantel der Ehe ist alles erlaubt, auch wenn es in Wahrheit erzwungen ist und eine Niederkunft für Kinder lebensgefährlich sein kann.

Dieser Brauch ist nicht nur in vielen islamischen Ländern und in Südasien beheimatet. Auch in Lateinamerika und den USA, insbesondere in geschlossenen, streng religiösen Gemeinschaften, ist er sehr verbreitet. In vielen US-Bundesstaaten gibt es für Mädchen kein gesetzliches Mindestalter für Eheschließungen. Richter genehmigen regelmäßig Ehen mit Mädchen im Alter von zehn oder sogar neun Jahren. Nicholas Kristof berichtete über die Heirat einer elfjährigen Schülerin, die im Alter von zehn Jahren ein Kind bekommen hatte.[35] Die Eltern zwangen sie zur Heirat, auch hier, um einen Skandal zu vermeiden. Sie war von ihrem 20-jährigen Vergewaltiger schwanger geworden, nachdem sie zuvor schon von einem Priester vergewaltigt worden war. Der erste Standesbeamte in Tampa, Florida, weigerte sich, die Ehe zu beurkunden. Das ist offenbar auch möglich. Der nächste Standesbeamte hat die Ehe nach Vorlage der erforderlichen Dokumente ordnungsgemäß eingetragen. Dieser Vorfall ist nicht einzigartig, lediglich die Tatsache, dass er bekannt wurde, ist es. Die Initiative *Unchained At Last*, die Statistiken über Kinderehen führt, schätzt, dass in den USA in den Jahren zwischen 2000 und 2015 rund eine Viertelmillion Mädchen unter 18 Jahren geheiratet haben.[36] Sie kamen größtenteils aus armen, ländlichen Familien. Ein kleiner Teil dieser Kinderbräute war jünger als 16 Jahre, manchmal deutlich jünger. In vielen Fällen entgeht der ältere Partner mit einer solchen Ehe einer Verurteilung wegen »statutory rape«, sexuellem Verkehr zwischen einem Erwachsenen und einer Minderjährigen, also wegen einer Vergewaltigung im Sinne des amerikanischen Strafrechts. In einer Reihe von Staaten sind jedoch Ehen mit sehr jungen Kindern (manchmal sogar Zehnjährigen) immer noch zulässig.

Eine Abtreibung ist in Ländern, in denen sie unter allen Umständen verboten ist, für die werdende Kindsmutter kein Ausweg, auch dann nicht, wenn die Schwangerschaft das Ergebnis einer Vergewaltigung ist oder wenn das Leben der Mutter bei der Geburt akut gefährdet ist. Obwohl das Abtreibungsverbot mit der »Ehrfurcht vor dem Leben« begründet wird und seine Gegner sich gerne als *»Pro Life«* präsentieren, sind sie dennoch bereit, für ihre frommen Ideale das Leben von Kindern zu riskieren oder zu ruinieren und das Leben der noch minderjährigen Mutter auf dem Altar zu opfern. Ihnen geht es darum, Frauen, selbst die allerjüngsten, in ihr Los zu zwingen, selbst wenn sie das das Leben kostet.

Das *Wall Street Journal* berichtete über den Fall eines kleinen Mädchens in Paraguay, das jahrelang von seinem Stiefvater missbraucht wurde.[37] Die Mutter alarmierte mehrfach die örtlichen Behörden, ohne dass diese reagierten. Das Mädchen wurde mit zehn Jahren schwanger. Sie war gezwungen, die Schwangerschaft auszutragen und das Kind zu gebären: ihr Leben war schließlich nicht in Gefahr. Die Mutter wurde wegen Vernachlässigung ihrer Aufsichtspflicht inhaftiert, so will es das Gesetz von Kirche und Staat in diesem erzkatholischen Land. Dazu braucht es keinen Imam. Nach Angaben des paraguayischen Gesundheitsministeriums haben 2015 in Paraguay 889 Mädchen im Alter zwischen zehn und 14 Jahren ein Kind ausgetragen.[38]

Dies passiert nicht nur in Paraguay, sondern in vielen Ländern, in denen die Kirche mitregiert. Wenn ihre Schwangerschaft nicht mit einer Lebendgeburt endet, werden Frauen dort regelmäßig inhaftiert, weil man sie verdächtigt, den Fötus vorsätzlich abgetrieben zu haben. In El Salvador, einem Land, das nach dem Heiland benannt ist, ist genau das der Fall. Dort werden sogar neunjährige Mädchen dazu gezwungen, ein Kind zur Welt zu bringen, das bei einer Vergewaltigung gezeugt wurde. Jede schwangere Frau, die kein lebendes Kind zur Welt bringt, wird der Abtreibung oder der Kindstötung beschuldigt und kann, in der Regel ohne den geringsten Beweis, zu 30 Jahren Gefängnis verurteilt werden. Versuche, das Gesetz zu revidieren, stießen auf den einhelligen Widerstand der katholischen und evangelischen Organisationen.[39] Und das in dem Land mit der weltweit höchsten Mordrate.[40] Es fällt auf, dass in den mittelamerikanischen Ländern, in denen das ungeborene Leben den höchsten Schutz genießt, auch die Mordstatistiken die weltweit höchsten sind. Anscheinend ist in diesen Ländern ein Menschenleben nach der Geburt viel weniger heilig.

Es verwundert nicht, dass diese drakonischen Gesetze nur für arme Frauen und Mädchen gelten. Denn einem geschickten Anwalt gelingt es durchaus, für seine wohlhabende Mandantin einen Freispruch zu erwirken, wenn sie nach einem diskreten Besuch in einer Abtreibungsklinik im Ausland erwischt werden sollte. All dies wird von den hohen kirchlichen Autoritäten gedeckt, ob evangelisch-protestantisch oder römisch-katholisch, von der konservativen Mehrheitspartei unterstützt und von der nationalen Justiz voll mitgetragen.

Nur ein kleiner Teil aller Kinderehen wird nach einer Vergewaltigung geschlossen. In der außerwestlichen Welt, in den meisten islamischen und südasiatischen Ländern, werden Hochzeiten traditionell zwischen Familien arrangiert oder die Bräute werden zwischen Clans ausgetauscht. Oft wird das Mädchen schon in sehr jungen Jahren einem passenden Bräutigam versprochen, und de facto wird die Eheschließung häufig schon vollzogen, wenn die Braut der Kindheit kaum oder noch nicht entwachsen ist. Solche Transaktionen sind im Prinzip öffentlich und ziehen keinerlei strafrechtliche Sanktionen nach sich, ganz im Gegenteil. Auch hier ist die Botschaft eindeutig: Mädchen sind in diesen Vereinbarungen ein Unterpfand oder Tauschobjekt, und obwohl sie eingebracht werden, als ob sie erwachsene, geschlechtsreife Frauen wären, haben sie dabei selbst rein gar nichts zu melden. Ihre viel gepriesene kindliche Unschuld zählt plötzlich nichts mehr, ihre Gesundheit spielt keine Rolle, ihre Zukunftsaussichten, ihre eigenen Vorlieben und Pläne sind völlig ohne Belang.

Diese strengen religiösen Sitten eignen sich hervorragend als Deckmantel für Perversionen und Ausschweifungen. In Malaysia zahlte kürzlich ein reicher Mann seinem notleidenden Freund eine große Summe, um dessen elfjährige Tochter heiraten zu können. Seine erste und seine zweite Frau erhoben Einspruch gegen die Kindsfrau. Erst als sich die Öffentlichkeit darüber empörte, wurde das Mädchen vorläufig über die Grenze geschickt.[41]

Viele westliche Hilfsorganisationen arbeiten mit einem weitgefassten Verständnis von Kinderehe: Ebenso wie in vielen gesetzlichen und statistischen Definitionen gelten Bräute im Alter von 17 Jahren noch als Kinder. Kritikerinnen wie Lila Abu-Lughod oder Dina Siddiqi betrachten diese pauschale Ablehnung der Kinderehe als einen Knüppel, mit dem vor allem Muslime getroffen werden sollen, und als eine Missachtung der sexuellen Bedürfnisse junger Mädchen von 16, 17 Jahren, die sich für Männer interessieren.[42]

Natürlich rührt sich auch bei weiblichen Teenagern die Lust, aber es sind sicherlich bessere Lösungen denkbar, um auf die erotischen Bedürfnisse junger Mädchen zu reagieren, als eine arrangierte lebenslange Ehe. Alternativen wie Masturbation und außerehelicher Sex sind in diesen Gesellschaften jedoch vollkommen tabuisiert. Jegliche Form der Befriedigung muss aufgeschoben und für die Ehe, als einzigem Freiraum für Sexualität, »bewahrt« werden.

Es lässt sich nicht leugnen, dass Kinderehen in Ländern, in denen der Islam vorherrscht, z. B. in Afghanistan, Pakistan und Bangladesch, weit verbreitet sind. Kinderehen sind aber auch in

Indien und in zahlreichen Ländern Zentralafrikas gang und gäbe, ebenso in christlich geprägten Nationen wie Angola oder Madagaskar[43] und in tiefkatholischen Ländern wie Brasilien, Bolivien, Guatemala, Honduras, El Salvador oder Nicaragua.[44] Auch in den Vereinigten Staaten sind Eheschließungen von sehr jungen Mädchen keine Seltenheit. Aus Statistiken aus dem Jahr 2001 geht hervor, dass in den USA damals fast 12 Prozent aller verheirateten Frauen unter 18 waren; die Hälfte von ihnen sogar unter 17, und über 100.000 Mädchen waren bereits mit 14 Jahren verheiratet. Die psychische Gesundheit dieser so jung verheirateten Frauen war deutlich schlechter als die der anderen Ehefrauen.[45]

Kinderehen und andere Missstände in den Beziehungen zwischen Mann und Frau werden als Knüppel benutzt, um Muslime damit zu treffen, behaupten Abu-Lughod und Siddiqi. Vielleicht. Doch das schmälert in keiner Weise die Einwände gegen diese Missstände an sich. Zudem kann dieser Knüppel auch wie ein Bumerang zurückschlagen, denn derartige Missstände kommen, wie schon erwähnt, auch in Ländern vor, in denen fundamentalistische Ausprägungen des Hinduismus, des Katholizismus, des Protestantismus oder des Judentums ihre Ansprüche geltend machen.

Vor allem in Ländern mit einer ausgeprägten Kultur der Familienehre werden Mädchen schon in sehr jungen Jahren verheiratet. Heranwachsende Mädchen werden als Risiko für die Reputation der Familie angesehen, weil sie sich einem Mann hingeben könnten, der ihnen den Kopf verdreht. Diese jungen Mädchen werden sowohl als begehrenswerte als auch als begehrliche und willensschwache Geschöpfe angesehen. Sie sollten so schnell wie möglich aus dem elterlichen in den ehelichen Käfig versetzt werden, wie Küken, die man vom Innen- ins Außengehege verbringt.

Es gibt auch eine Reihe anderer Erwägungen, die eher wirtschaftlicher Natur sind: So ein heranwachsendes Mädchen ist ein weiteres Mündchen, das gestopft werden muss. Oft fehlt es den Eltern auch an Geld, um die schulische Ausbildung zu bezahlen, selbst wenn sie ihr Kind eigentlich weiterlernen lassen wollen. In Gesellschaften, in denen Kinderehen häufig vorkommen, zieht die Braut meistens zur Familie ihres Mannes. So haben ihre Eltern fortan eine Sorge weniger. Je jünger die Braut ist, desto geringer ist die Mitgift, die ihre Eltern aufbringen müssen. Daher sind Kindsbräute populärer als erwachsenere Frauen. Für die Eltern ein Grund mehr, das Kind möglichst jung zu verheiraten.

Ohne eine profunde Ausbildung und ohne jegliche Erfahrung in der Welt außerhalb des Elternhauses hat ein so jung verheiratetes Mädchen für den Rest seines Lebens kaum eine Chance auf Unabhängigkeit. Das wird sie im Eheleben umso gefügiger machen. Schon in der Pubertät wird sie Mutter. Womit sie in der ehelichen Familie noch stärker verankert ist. Die Kinderehe ist das Resultat der Zurücksetzung von Mädchen und Frauen, und sie hat wiederum zur Folge, dass sich diese jungen Bräute ein Leben lang unterordnen müssen.

Immer mehr Eltern erkennen, dass ihre Kinder, auch die Mädchen, mehr erreichen und im Alter auch besser für sie sorgen können, wenn sie länger zur Schule gehen. Wenn sie das Schulgeld irgendwie aufbringen können, ermutigen sie ihre Töchter, ihre Ausbildung fortzusetzen. Junge Frauen mit Schulabschluss werden von einem Ehemann weniger abhängig sein. Dadurch verschiebt sich in der nächsten Generation das Machtverhältnis zwischen Männern und Frauen.

Adoleszenz: Gesichtsverätzung

Mama, he's making eyes at me![46]

In patriarchalischen Gesellschaften endet die Kindheit eines Mädchens, wenn sie zum ersten Mal ihre Periode bekommt. Mit dem Einsetzen der Menstruation, der *Menarche*, ist die Zeit, in der sie als unschuldig angesehen wird, vorbei. Von nun an steht das Mädchen permanent unter dem Verdacht erotischer Gefühlregungen; entsprechend steht auch ihre Jungfräulichkeit unter ständiger Bewachung. Mädchen gelten zwar als unwissend und unerfahren, sie sind aber anscheinend nicht in der Lage, ihre Triebe zu beherrschen. Sollten sie unter den Einfluss eines Verführers geraten, sind sie rettungslos verloren, und deshalb müssen sie immer unter Aufsicht stehen. Diese Aufgabe fällt hauptsächlich ihrer Mutter, ihren älteren

Schwestern und ihren Tanten zu. Aus diesem Grund unterstehen sie auch der strengen Autorität der Männer in der Familie, des Vaters, der älteren (und sogar jüngeren) Brüder und der Onkel und Cousins.

Für eine junge Frau ziemt es sich, sich außerhalb des Hauses sittsam zu verhalten, ihren Körper und manchmal auch ihre Haare und ihr Gesicht zu bedecken. Im Haus dürfen diese Schleier abgelegt werden, denn dort sind die Frauen hinter Mauern und Gardinen den Blicken Außenstehender entzogen. In Südasien hat sich dieses System mit der *Parda* am weitesten durchgesetzt; auch im Nahen Osten treiben konservative Kleriker ein solches System voran. In der Öffentlichkeit erscheint eine Frau von Kopf bis Fuß in eine Art Stoffhusse verhüllt, zudem trägt sie einen Nikab, einen Gesichtsschleier mit Sehschlitz. In den strengsten Ländern trägt sie eine Burka, die auch noch die Augen mit einem mehr oder minder durchsichtigen Gazenetz bedeckt. Frauen müssen also für alle Männer, die nicht zur Familie gehören, unsichtbar sein. Nach Ansicht echter Fanatiker dürfen sie auch nicht hörbar sein: nicht lachen, nicht laut sprechen und schon gar nicht mit den Absätzen über den Bürgersteig klappern. Die Frau, die von keinem Fremden gesehen oder gehört werden darf, ist sinnlich nicht vorhanden. Sie darf auch selbst keinen Fremden anschauen, auf keinen Fall mit jemandem sprechen, der nicht zum Kreis ihrer Familie gehört. So ist sie von allen Außenkontakten abgeschnitten und sozial innerhalb des patriarchalischen Familienverbands völlig isoliert.

Junge Frauen könnten, einfältig, wie sie sind, bei der Begegnung mit einem Mann, der nicht zur Familie gehört, nur allzu leicht entflammen. Und die Männer würde es beim Anblick einer unverschleierten Frau außerhalb ihres eigenen Familienkreises förmlich vor Lust zerreißen. Ein nackter Knöchel, ein sichtbarer Nasenrücken, ein unbedecktes Handgelenk würden schon ausreichen, um jeden Mann lüstern aufjaulen zu lassen.

Eine derartige Einschätzung des Sexualtriebs ist in einer Gesellschaft, in der jeglicher Kontakt zum anderen Geschlecht penibel vermieden wird, durchaus realistisch. Außerdem werden junge Menschen in Unwissenheit über das andere Geschlecht und Sexualität gehalten. Mit anderen Worten, durch ein Regime der sexuellen

Unterdrückung entsteht eine Wirklichkeit der sexuellen Unwissenheit und Frustration. Unter diesen Umständen scheint das Regime der sexuellen Unterdrückung auch ausgesprochen notwendig zu sein. Ein Irrtum, der sich selbst bestätigt. Mit den Worten des algerischen Schriftstellers Kamel Daoud:

> Sex ist heutzutage in vielen arabischen Ländern ein großes Paradoxon: Man tut so, als ob es ihn nicht gäbe, dennoch bestimmt er alles, was unausgesprochen bleibt. Dadurch, dass er verleugnet wird, belastet er gerade durch seine Verschleierung den Geist noch stärker.[47]

Wie rechtfertigt sich ein derart extrem repressives Regime? Das erste Argument lautet immer: Das ist nun einmal die Kultur, damit müssen die Menschen leben. Kultur ist dann so etwas wie das Klima, etwas, das die Menschen umgibt: ein geistiges Klima. Aber diese Kultur muss selbst von den Menschen, die in ihr leben, aufrechterhalten werden. Natürlich sehen die meisten Menschen diese Sitten und Gebräuche als etwas Unumgängliches an, etwas, das schon immer da war, was von ihren Mitmenschen genauso gesehen wird und das »deshalb« bleiben muss, wie es ist, auch wenn sie es selbst anzweifeln sollten. Diese Kultur wird ihnen, wie sie meinen, von religiösen Vorschriften auferlegt: Die Bibel, der Koran, Gott oder Allah, oder andernfalls die Vorfahren fordern es von ihnen. Viele dieser Bräuche werden in den heiligen Schriften überhaupt nicht erwähnt, beziehungsweise in so schwammigen und widersprüchlichen Formulierungen, dass man auch nach 1000 oder 2000 Jahren noch immer über die wirkliche Bedeutung der betreffenden Passagen diskutiert. Es spielt den geistlichen Machthabern nur allzu gut in die Karten, ihren Anhängern mit den vermeintlichen Wünschen des Höchsten und seiner Sachwalter auf Erden zu imponieren. Viele Bräuche sind wahrscheinlich älter als der Islam oder sie sind aus lokalen Traditionen entsprungen und unter dem Deckmantel des Islam gelandet.[48]

Mädchen und Jungen werfen sich Blicke zu, sie liebäugeln miteinander, schauen weg und manchmal wieder hin. Das ist das spielerische Geplänkel zwischen pubertierenden Jungen und Mädchen. Oft erlauben das die Erwachsenen nicht, doch selbst wenn es nicht verboten ist, schielt man doch heimlich und verstohlen nacheinander: »Sie soll sich bloß nichts einbilden« und »Für wen hält er sich denn eigentlich?«. Die Freundinnen geht es noch nichts an und unter Jungs ist für solches »Mädchengetue« kein Platz.

Am Schauen ist nicht Unschuldiges (und auch nichts Schuldiges).

Wenn halbwüchsige Jungen und Mädchen kaum die Möglichkeit bekommen, in Kontakt miteinander zu kommen, sich nicht einmal sehen, geschweige denn miteinander reden dürfen, schlägt jeder Blick des anderen Geschlechts, den sie erhaschen können, wie ein Blitz in ihr Herz ein.

Selbst unter westlichen Erwachsenen, die sich nicht kennen, ist das Hinsehen, ob auf der Straße, in der Straßenbahn, im Aufzug oder im Café, das gute Recht des Mannes. Eine Frau hat ihre Augen abzuwenden oder bestenfalls ausdruckslos vor sich hin zu starren. Wenn sich die Blicke dennoch kreuzen, schaut sie zuerst weg, und zwar so schnell, dass es wirkt, als hätte sie nie hingesehen. Ihr Vorrecht ist es, gesehen zu werden. Sein Privileg ist es, hinzusehen. Frauen, die ihren Blick nicht abwenden, sind keine anständigen Frauen. Männer, die weiter hinsehen, sind die Herren über ihr Blickfeld. So verhält es sich auch heute noch im öffentlichen Raum, selbst in freizügigen Städten wie New York, Berlin, Paris oder Amsterdam.

Menschen, die spüren, dass sie angeschaut werden, erröten. Für ein Mädchen oder eine junge Frau gilt dies als ein Zeichen von Schamhaftigkeit, von sittsamer Bescheidenheit. Für einen Mann ist das eher beschämend, ein Zeichen von Schwäche, von Unreife, von mangelnder männlicher Weltgewandtheit; ja, es ist sogar ein wenig mädchenhaft.

Und in der Tat, Menschen erröten vor dem, der höher steht und mächtiger ist als sie. Es ist ein Zeichen der Anerkennung dieser höheren Stellung, kurz gesagt, ein Zeichen der Unterwerfung. Ein Erröten geht immer darauf zurück, dass man angesehen wird und dies spürt. Um dieses Sehen und Gesehenwerden (sich ansehen lassen) entspinnen sich die vielfältigsten Perversionen, von der Skopophilie (Voyeurismus, Schaulust) bis zum Exhibitionismus (Lust, sich zu zeigen): Auge in Auge. Beide Varianten sind sehr intim mit Scham verbunden, dem Sehen und Zeigen des Beschämendsten: der *Scham*teile.

Wo das Patriarchat herrscht, ist es Frauen nicht gestattet, einen fremden Mann anzusehen oder von ihm angesehen zu werden. Sie müssen nicht nur sehenden Auges blind, sondern trotz ihrer Anwesenheit unsichtbar sein. Das ist der Grund für das Absondern hinter Mauern und das Verhüllen in ein von Kopf bis Fuß reichendes Gewand, das vorzugsweise auch noch das Gesicht bedeckt und sogar die Augen verhüllt. Hier herrscht die Kehrseite der Skopophilie: eine allgemeine Skopophobie, eine Schauangst, eine Angst, hinzuschauen und angeschaut zu werden. Wenn ich meiner Fantasie ihren Lauf lasse, denke ich, dass Männer, die »ihre« Frauen als Eigentum betrachten, den Blick auf diese Frauen so empfinden, als würden sie selbst in ihrer eigenen Nacktheit gesehen. Und wenn jemand ihre Frau anschaut, ihre »andere Hälfte«, einen Teil ihrer selbst, dann empfinden sie das als eine Niederlage dem schauenden Mann gegenüber, der sich damit über sie stellt.

Für eine junge Frau, die hingesehen hat oder sich hat ansehen lassen, gibt es eine ganz spezielle Strafe: Man spritzt ihr ätzende Säure ins Gesicht, die ihre Gesichtshaut zerfrisst. Sie erblindet, kann fortan nichts mehr sehen, und ist auch nicht mehr ansehnlich. Sie hat buchstäblich ihr Gesicht verloren. Ihre Familie verstößt sie, kein Mann will sie noch heiraten. Das gilt als gerechte Strafe für Mädchen, die mit Blicken liebäugeln. Und natürlich geht der Täter straffrei aus. Was ihr angetan wurde, wird aber weithin bekannt. Jeder Vorfall steht für sich, und jeder Täter hat seine eigenen Gründe. Aber alle Attacken zusammengenommen halten das gewalttätige Regime der männlichen Vorherrschaft aufrecht.

Der Täter ist meistens ein enger Blutsverwandter, ein jüngerer Bruder oder Cousin. Manchmal sind es ein paar halbwüchsige Burschen aus dem Dorf, die nur allzu gern eine junge Frau, die ins Gerede gekommen ist, Mores lehren wollen. Blendungen sind in agrarischen Gesellschaften als Strafmaßnahmen ein weit verbreiteter Brauch. Schwefel- und Salpetersäure, Bestandteile von Düngemitteln, oder Salzsäure sind für Bauern leicht zugänglich und haben eine verheerende Wirkung, wenn sie mit Haut in Kontakt kommen. Im Auge führen diese Säuren zu schweren Verletzungen und häufig zu völligem Erblinden. Blendungen sind eine gängige Strafe für Mädchen und junge Frauen, die in den Verdacht geraten sind, mit Jungen zu kokettieren, in fast ganz Asien und in weiten Teilen Lateinamerikas, vor allem auf dem Land.[49]

Attacken mit ätzender Säure gelten als eine exemplarische Strafe, um alle jungen Frauen zu disziplinieren. Das entstellte Mädchen wird zum abschreckenden Beispiel für jede Frau, der sie unter die Augen kommt. Das heißt, wenn sie es überhaupt noch wagt, jemandem unter die Augen zu kommen, denn oft verstecken sich die geschundenen Frauen aus Scham über ihr entstelltes Aussehen und ihren befleckten Ruf. In Pakistan und den Nachbarländern kommt es immer wieder vor, dass Jungen im Vorbeigehen blindlings ätzende Säure auf Frauen spritzen, die sich ihrer Meinung nach zu modern kleiden oder ein paar Haarsträhnen unbedeckt lassen. Ein solcher Terroranschlag sät unter städtischen Frauen große Furcht und sorgt dafür, dass sie sich nicht mehr ohne verhüllende Gewänder auf die Straße wagen. Genau das ist der Zweck des Ganzen: Terror und Einschüchterung sollen verhindern, dass Frauen in der Öffentlichkeit erscheinen, um einzukaufen oder, schlimmer noch, arbeiten zu gehen. Die Säureattentäter sind selbsternannte, wahnwitzige Sittenwächter. In Ländern wie Pakistan oder Iran wird diese Form der Selbstjustiz von den Behörden strikt zurückgewiesen. Dennoch kommt es selten zu einer strafrechtlichen Verfolgung oder Bestrafung. Die Obrigkeit ist allzu oft mit den Einschränkungen für die Frauen einverstanden, die die Säureattentäter mit Gewalt und Willkür zu erzwingen versuchen. Auch diese stille Komplizenschaft der Machthaber ist Teil des gewalttätigen Systems der Unterdrückung der Frauen: einer Schreckensherrschaft, die die Emanzipation der Frauen mit aller Macht verhindern soll. Und so wird sie auch von den Frauen in diesen Ländern erlebt.

Junges Erwachsenenalter: Vergewaltigung

Waren's viel auf der Matratze?
Kompanie? Ein Zug? Was macht es!
Tochter – Kind noch, gleich getötet.
[...] Wer noch Jungfrau, wird zum Weibe,
und die Weiber – Leichen bald.[50]

Jeden Menschen umgibt eine Aura der Unberührbarkeit, jeder ist für Fremde zunächst ein »Unberührbarer«. Zwei beliebige Menschen können sich nicht einfach berühren. Selbst der kleinsten Berührung zwischen Fremden muss als »Händedruck« oder »Schulterklopfen« Form gegeben werden, oder sie muss mit einer flüchtigen Entschuldigung als unbeabsichtigter Körperkontakt ungeschehen gemacht werden (»Pardon«). Wenn Menschen einander berühren dürfen, müssen sie einander schon mögen: Sie sind Busenfreunde und Herzensfreundinnen, Eltern und Kinder, Brüder und Schwestern, Ehepartner, und vor allem natürlich Liebende. Aber selbst unter ihnen ist die Berührung nie völlig freigestellt; es bleiben immer Einschränkungen hinsichtlich der Körperregion, des Zeitpunkts, des Ortes und in Hinsicht darauf, wer noch dabei anwesend ist. Körperkontakt im Sport ist durchreglementiert und wird von einem speziellen Kontrolleur, dem Schiedsrichter, streng überwacht. Für Berührungen von Ärzten, Masseuren oder Sicherheitspersonal gelten ebenfalls spezielle Regeln, die das professionelle Verhalten genau festlegen.

So gesehen sind »Handgreiflichkeiten« und unerwünschte Körperkontakte eine Verletzung der Aura der Unberührbarkeit einer Person, ein Angriff auf ihre Unantastbarkeit. Wenn so etwas zwischen einem Mann und einer Frau passiert (der Mann ist fast immer der Berührende, die Frau die »Berührte«), handelt es sich um eine »sexuelle Belästigung«. Es ist ein grenzüberschreitendes Verhalten, weil es jene Grenze überschreitet, an der die Aura der Unberührbarkeit beginnt. Männer erlauben sich ein solches Verhalten bei Frauen, wenn sie glauben, dass sie dadurch keine Schwierigkeiten bekommen. Es geht also nie allein um sexuelles Verlangen, es ist immer auch eine Machtdemonstration: »Das kann *ich* mit dir machen.«

Höher gestellte Männer werden daher leicht gegenüber Frauen in einer niedrigeren Position übergriffig, oder eine Gruppe von Männern nutzt ihre Übermacht, um eine Frau, die alleine ist, zu begrapschen. Seit der großen Welle der #MeToo-Anklagen ist viel über diese unerwünschten Zudringlichkeiten bekannt geworden. Auffallend ist die Solidarisierung mit den Tätern, die Männer, gleich welches Ranges, in einem Unternehmen oder einer Organisation an den Tag legen. Es waren und sind nach wie vor die Frauen, die sich schämen und die aus Scham zu oft und zu lange geschwiegen haben. Dass die #MeToo-Kampagnen in einigen westlichen Ländern so erfolgreich waren, liegt auch daran, dass viele Frauen inzwischen Schlüsselpositionen in den Redaktionen der Medien bekleiden und entscheiden können, welchen Themen Beachtung geschenkt wird und welchen nicht. Und es hängt auch damit zusammen, dass Anwältinnen heute entscheiden können, ob sie einen Fall vor Gericht bringen oder nicht. Kurzum: Frauen besetzen seit Kurzem in vielen westlichen Ländern echte Machtpositionen.

Übergriffe eines Mannes sind für eine Frau beschämend, weil er damit zu verstehen gibt, dass sie ihn gewähren lassen muss, *weil sie dort, wo sie ist, nicht hingehört.* Eine Frau am Arbeitsplatz ist keine Kollegin auf Augenhöhe, sie kann jederzeit auf einen berührbaren »Frauenkörper« reduziert werden. Eine Frau auf der Straße ist keine Person, die ihren eigenen Weg geht, sondern eine Frau ohne Beschützer, ein Wesen, das nicht nach draußen, sondern ins Haus gehört. Diese scheinbar spontanen, impulsiven Übergriffe sind daher auch sehr genau definierte Gesten einer Choreographie der männlichen Macht; es sind kleine, sehr treffsichere Eingriffe, mit denen das patriarchale System aufrechterhalten wird.

In den westlichen Gesellschaften findet sexuelle Belästigung vor allem am Arbeitsplatz statt, und zwar genau dort, wo besonders hierarchische Machtverhältnisse herrschen oder Frauen erst seit kurzer Zeit zugelassen sind. In außerwestlichen Gesellschaften hingegen geht es vor allem um Belästigung auf der Straße: Dort tobt ein Kampf darum, ob Frauen im öffentlichen Raum toleriert werden. Das bekommen Frauen zu spüren, die einkaufen gehen, die auf dem Weg zu ihrer Arbeit, Schule oder Universität sind, die zu Fuß auf der Straße gehen oder die Straßenbahn, den Bus oder die U-Bahn nehmen (sich in »öffentlichen Verkehrsmitteln«, also inmitten fremder Männer aufhalten). Und auch wenn das eine sinnliche Seite haben mag, ist die Botschaft immer wieder unmissverständlich: Diese Frauen gehören nicht dorthin, sie gehören ins Haus und haben in Geschäften, am Arbeitsplatz oder in Bildungseinrichtungen nichts zu suchen. »Deshalb« können es sich Männer erlauben, diese Frauen nach Belieben zu begrapschen.

Wenn wir die Tat nach ihrem Ergebnis beurteilen, dann wird mehr als deutlich: So gut wie nie wird ein Mann, der eine fremde Frau in einem Bus, einer Straßenbahn oder einer U-Bahn betatscht hat, mit einem spontanen Zungenkuss belohnt. So gut wie nie wird sie mit ihm an der nächsten Haltestelle aussteigen, um leidenschaftlichen Sex mit ihm zu haben. Das kann also nicht die Intention des übergriffigen Mannes gewesen sein; er würde sich vermutlich zu Tode erschrecken. Aber die Angst vor dem Gefummel an ihrem Körper hält viele Frauen davon ab, aus dem Haus zu gehen und ihren eigenen Weg in der Gesellschaft zu finden. Darum geht es, wenn chinesische Pendler in der dicht bepackten U-Bahn Frauen an Busen und Po langen, wenn in Delhi Männer systematisch Frauen in der Straßenbahn belästigen oder wenn bei den Demonstrationen auf dem Kairoer Tahrir-Platz die Demonstrantinnen massenhaft befummelt und gekniffen werden. In Saudi-Arabien passiert das nicht. Das ist dort nicht nötig. Denn Frauen dürfen dort das Haus ohne einen männlichen Aufpasser ohnehin nicht verlassen.[51]

Im Westen ist es bereits seit Generationen üblich, dass Frauen unbeaufsichtigt zur Schule gehen. Dennoch werden sie auch heute noch manchmal auf der Straße und in öffentlichen Verkehrsmitteln belästigt. Vor gut einem Jahrhundert war es für Frauen noch viel weniger üblich, allein auf die Straße zu gehen. Nachts und in manchen Straßen auch tagsüber durften sich Frauen überhaupt nicht blicken lassen, weil »achtbare« Damen das nicht taten. Also musste es sich bei den Frauen, die sich dennoch dort aufhielten, wohl um »unanständige« Frauen handeln. Wodurch sich Männer berechtigt fühlten, sich diesen Frauen gegenüber »Freiheiten zu erlauben«.

Es gibt eine ganze Bandbreite von Übergriffen auf die Person der Frau. Das beginnt mit abfälligen Bemerkungen über ihren Körper oder ihren Lebenswandel, einschließlich anzüglicher Komplimente. Sodann gibt es unerwünschte Berührungen. In patriarchalischen Gesellschaften gilt natürlich jede Berührung, die nicht vom Vater,

Bruder, Sohn oder Ehemann ausgeht, als unerwünscht. Die Palette der unerwünschten Berührungen reicht vom Befummeln oder Umarmen bis hin zur sexuellen Nötigung und Vergewaltigung. Vergewaltigung steht hier als letzter und äußerster Akt in einer ansteigenden Reihe von Verletzungen der weiblichen Ehrbarkeit.

In traditionellen Gesellschaften ist eine solche Tätlichkeit auch eine Verletzung der Ehre des Mannes, der für die Frau verantwortlich ist. Es handelt sich also immer um eine Dreiecksbeziehung zwischen dem Täter, der Frau und ihrem Beschützer. Die Schande, die der Frau zugefügt wird, überträgt sich direkt auf den Mann, der über sie zu wachen hat und für das, was ihr widerfährt, verantwortlich gemacht wird. Alle Ausreden des Täters – »sie wollte es selbst«, »es hat ihr gefallen« – sind dann sowohl Angriffe auf die Ehrbarkeit der Frau als auch auf die ihres Beschützers. Denn der war offenbar nicht in der Lage, »seine« Tochter, Schwester, Ehefrau auf dem Pfad der Tugend zu halten, und legt sich nun für eine Schlampe ins Zeug.

In sexueller Hinsicht ist eine Vergewaltigung die gewalttätigste und extremste Form eines Einbruchs in die Unversehrtheit der Person einer Frau (oder eines Mannes). Eine Vergewaltigung geht über das Eindringen in die Aura der Unantastbarkeit hinaus; sie stellt eine buchstäbliche Penetration des Körpers und des intimsten Bereiches dar. Sie geht immer mit Gewalt oder zumindest mit Drohungen und Einschüchterung einher. Sie ist also immer furchterregend, schmerzhaft und verletzend und sie verursacht oft langfristig bleibende psychische und physische Schäden. Eine Vergewaltigung ist jedoch vor allem ein Versuch, die weibliche Person und die Personen, die mit ihr eng verbunden sind, zu vernichten.

Eine Verführung geschieht ohne Zwang, auch wenn sie oft mit massivem Druck und viel Täuschung verbunden ist. Bei einer Vergewaltigung wird jedoch immer Zwang ausgeübt, auch wenn die Vergewaltiger das vehement leugnen. Eine Vergewaltigung ist ein gewaltsamer Einbruch in einen Körper. Es handelt sich um einen Körperfriedensbruch, um das buchstäbliche und körperliche Eindringen einer Person ohne Zustimmung. Das beiderseitige Einverständnis ist das Wesensmerkmal, das den Liebesakt von einem Hassverbrechen unterscheidet. Denn genau das ist eine Vergewaltigung. Ein Mann vergewaltigt per definitionem eine Frau, die ihn nicht will. Das allein kann sich für diesen Mann schon als unerträgliche Demütigung darstellen. Sie muss ihm zu Willen sein, aber sie will ihn nicht. Deshalb wird immer wieder beteuert, dass sie es eigentlich doch wollte, dass sie sogar darum gebeten hat, dass sie es genossen hat. Das würde natürlich auch die Schuld des Vergewaltigers verringern, denn dann hätte sie ja mehr oder weniger aus eigenem Antrieb bei dem Akt mitgemacht.

Dem Täter erscheint die Vergewaltigung immer als sein gutes Recht. Wenn er glauben oder glaubhaft machen kann, dass die Frau ein williges Opfer war, dann war sie offensichtlich ein lüsternes Geschöpf, also eine Schlampe, ein Flittchen, eine Hure. Eine solche Frau verdient es, gewaltsam missbraucht zu werden; nicht er, der Täter, ist ehrlos, sondern sie.

Massenvergewaltigungen in Kriegszeiten sind in erster Linie von feministischen Historikerinnen systematisch untersucht worden.[52] Bis dahin war man unter der Historikerschaft allzu schnell darüber hinweggegangen oder hatte mit mutmaßlichen Gemeinplätzen wie »Wo gehobelt wird, fallen Späne« oder *»boys will be boys«* reagiert: So was passiert nun einmal in Kriegszeiten.

Eine derartige Vergewaltigungswelle ist das Vorrecht des Siegers. Aber die siegreiche Partei wird das im Nachhinein nicht ohne Weiteres eingestehen.[53] Die Fakten werden vertuscht und zensiert. Auch die unterlegene Partei schweigt, aus Scham. Die Stimme der Verlierer findet ohnehin so gut wie nie Gehör.

Die Vergewaltigung der Frauen des besiegten Volkes scheint auf den ersten Blick vom Sexualtrieb der triumphierenden Soldaten angetrieben worden zu sein. Sie haben oft sehr lange ohne eine Frau auskommen müssen. Und das ist für junge Männer zweifellos ein Beweggrund. Aber hinter diesen kollektiven Vergewaltigungen steckt weit mehr. Studien haben immer wieder gezeigt, dass durch solche Gruppenvergewaltigungen die besiegte Bevölkerung in ihrer Gesamtheit unterjocht und gedemütigt wird. Die kollektive Vergewaltigung ist also auch ein Racheakt einer Gruppe an einem entwaffneten und desorganisierten Feind: ein Mittel, die Männer zu treffen, indem man sich ihre Frauen nimmt. Die triumphierenden Kämpfer berauben ihren besiegten Feind seines Landes und seiner Frauen und ergießen ihren Samen in sie. Das ist die sexualisierte Version des

»Furors des Siegers«.[54] Dieser Furor endet nur allzu oft in einem wilden Massaker an der besiegten Bevölkerung.

Gewiss spielt auch der adoleszente Sexualtrieb eine Rolle. Aber welcher gesunde junge Kerl sehnt sich danach, sein Glied gewaltsam in eine weinende, schreiende Frau einzuführen, die sich mit aller Kraft wehrt, solange sie es noch wagt oder kann? Und wie oft gelingt so etwas eigentlich? Dem Vergewaltiger wird es auf keinen Fall entgehen, dass sie ihn nicht will. Das dürfte für viele wenig lusterregend sein.

Es gibt noch eine andere Seite dieser Vergehen. Männer missbrauchen die Frauen gemeinsam, Seite an Seite, einer nach dem anderen. Die meisten Beschreibungen kollektiver Vergewaltigungen lassen diesen Aspekt außer Acht. Welche Bedeutung verbindet sich mit diesem Verhalten der Männer? Mit dem eigenen Waffengefährten neben sich will man auf keinen Fall versagen. Man will seinem Nebenmann zeigen, dass man ein echter Kerl ist, der weiß, wie man eine widerspenstige Frau seinem starken Willen und Glied unterwerfen kann. Man schöpft einigen Mut, oder auch Übermut, aus der Nähe zu all den anderen stoßenden, keuchenden Männern. Aber es bedeutet noch mehr. Die Männer überwältigen nacheinander dasselbe Opfer. Auch hier wird bei den ohnehin extrem seltenen Beschreibungen solcher Vergewaltigungen um den heißen Brei herumgeredet. Der nächste Mann steckt sein Glied (wenn es ihm denn gelingt) in die Schleimreste, die sein Vorgänger dort hinterlassen hat. Damit rückt man sich doch ziemlich dicht auf den Leib.

Was passiert da eigentlich? Männer vergreifen sich einträchtig, dicht beieinanderstehend und direkt nacheinander an Frauen, die sie wie Dreck behandeln und verabscheuen. Handelt es sich dabei etwa um eine Manifestation verdrängter Homosexualität? Aber bei der Liebe zwischen Männern geht es so doch ganz und gar nicht zu. Es geht hier um etwas anderes: darum, Unterstützung in der Nähe gleichgesinnter vertrauter Kameraden zu finden, um mit fremden Frauen einen unmöglichen Akt zu vollziehen. Und dieser Akt, diese kollektive Vergewaltigung, zielt darauf ab, die feindlichen Männer durch den Missbrauch ihrer Frauen ein für alle Mal zu brechen, indem man ihre Würde, die Ehrbarkeit ihrer Frauen, ihre Ehre als Mann, die Ehre ihres Volkes verletzt.[55]

Ich bin, wie ich einräumen muss, nicht dabei gewesen. Und selbst wenn ich dabeigestanden hätte, würden diese Männer mir, selbst unter einer Folter dritten Grades, niemals erzählt haben, was in ihnen vorgegangen ist – wenn sie es selbst überhaupt verstanden hätten. In dieser Textpassage weiß ich es besser als die Täter selbst, von denen ich nicht einen einzigen gekannt habe, geschweige denn, dass sie mir je anvertraut hätten, was sie dazu bewogen hat. Die meisten meiner Leser wissen es auch nicht viel besser. Aber auf einen Punkt möchte ich bestehen: Wer die kollektive Massenvergewaltigung von Frauen verstehen will, muss sich zuerst mit dem konspirativen Einverständnis der Männer untereinander befassen. Und wer verstehen will, welches Unheil sie damit anrichten, muss sein Augenmerk zunächst auf die geschändeten Frauen und dann auf ihre Männer und Kinder richten.

Der dem Vergewaltiger eigene Mythos besagt, dass jede Frau – eigentlich immer – einen Penis nötig hat, und zwar seinen. Sie weiß es nur noch nicht. Die allgemeine Wirkung der Vergewaltigung besteht darin, dass jede Frau – eigentlich immer – Männer braucht, um sie vor anderen Männern zu schützen. Das weiß sie nur allzu gut.

Im Westen hat sich eine Akzentverschiebung vom weiblichen Ehrgefühl zur weiblichen Autonomie vollzogen: Eine Frau entscheidet selbst über ihr eigenes Leben, auch über ihren eigenen Körper. Doch die Begriffe des Ehrgefühls und der Autonomie liegen näher beieinander, als man denken würde: Frauen, die sexuelle Belästigung erfahren haben, sprechen fast immer von einem Gefühl der Demütigung, das sie dabei empfunden haben. Wenn wir den Begriff »Ehre« durch »Selbstwertgefühl« oder »Selbstbewusstsein« ersetzten, kämen wir der Erfahrung heutiger westlicher Frauen schon viel näher.

Aber es gibt wichtige Unterschiede. Die weibliche Ehre ist nichts, was nur die Frau selbst etwas angeht. Diese Ehre hat eine Menge mit der Reputation ihres sozialen Umfelds zu tun. Auf diese »Ehrbarkeit« wird von den Menschen, die die Frau umgeben, ständig geachtet. Ist ihre Bluse nicht zu freizügig und ihr Rock nicht zu kurz; sind ihre Absätze nicht zu hoch und ihre Frisur nicht etwas zu wild; spricht sie nicht zu laut und manchmal sogar, bevor sie an der Reihe ist; ist sie nach Sonnenuntergang noch auf der Straße und entfernt sie sich nicht zu weit von zu Hause; erwidert sie etwa manchmal frech den Blick, wenn ein Mann sie beobachtet; raucht sie in der Öffentlichkeit oder spricht sie mit einem fremden Kerl; hat sie zu gierig nach einem weiteren Glas verlangt, oder geht sie zu oft allein in die Kneipe? Dieses »zu sehr«, »zu viel« … setzt voraus, dass es ein richtiges Maß gibt, das für alle anderen als Norm gilt, die sie jedoch überschreitet.

Die hier angeführten Beispiele beziehen sich auf westliche Gesellschaften vor 50 Jahren oder auf die etwas konservativeren Enklaven, die auch in der westlichen Welt bis heute bestehen. Frauen, die sich nicht den herrschenden Normen anpassen, kommen ins Gerede. Man spricht über sie. Man redet mit Empörung über sie. Das ist der springende Punkt: Diese Frauen existieren nicht als Individuen. Sie bewegen sich, ob sie das nun wollen oder nicht, ständig auf einer Bühne vor den Augen und Ohren einer Öffentlichkeit, die ihr Verhalten an den Normen misst, die für Frauen ihres Standes gelten. Solche Frauen werden dann als unverschämt oder schamlos angesehen, sie bringen selbst Schande über sich, sie scheren sich offenbar nicht um die Codes, die in dieser Gesellschaft für Frauen gelten. Sie sind ehrlos.

Es gibt Gesellschaften, in denen die Verhaltenscodes für Frauen viel strenger sind. Auch dort werden Frauen permanent kontrolliert. Aber sie sind dort nicht einmal öffentlich sichtbar. Sie bewegen sich überhaupt nicht im öffentlichen Raum, geschweige denn auf einer Bühne. Sie wohnen in einem separaten Bereich, einem *Kompartiment der Scham*: als Mädchen im Frauenbereich des Elternhauses und später als Frau in der ehelichen Wohnung. Wenn sie jemals nach draußen kommen, dann nur in einem tragbaren Zelt, das sie von Kopf bis Fuß umhüllt.

Die Ehrbarkeit der Frau ist in diesen Gesellschaften nach wie vor ein unverbrüchlicher Bestandteil der Ehre und des Ansehens der für sie verantwortlichen Männer – ihrer Väter und Brüder, solange sie unverheiratet ist, und später ihres Ehemanns. Der Begriff »verantwortlich« ist hier wörtlich zu nehmen: Der Mann muss sich für das Verhalten der Frau verantworten, er ist für ihr Tun und Lassen haftbar.

Denken Sie nicht, dass es so etwas in der heutigen westlichen Gesellschaft nicht mehr gäbe. Selbst dort wird es einem Mann noch angekreidet, wenn »seine« Frau im unpassenden Moment das Wort ergreift, ihre Meinung zu vehement äußert, zu wild tanzt, zu viel trinkt, sich zu aufreizend kleidet oder, noch schlimmer, einen Liebhaber zulegt. Ein solcher Mann ist ein Trottel, ein Schwächling, ein Weichei, er bekommt Hörner aufgesetzt und ist ein Hahnrei. Sie hat die Hosen an. Natürlich ist das alles eine Frage der Abstufung. Unter weißen Menschen im Westen wiegen diese Fragen der Ehre etwas weniger schwer als in traditionellen Gesellschaften außerhalb der westlichen Welt. Doch das männliche Ehrgefühl ist auch im Westen heute noch lebendig. Sehr viele Scheidungen, und sogar Suizide und Femizide, sind auf eine verletzte Mannesehre zurückzuführen.

Die Ehre des Mannes wird hauptsächlich vom Respekt anderer Männer genährt. Männer schämen sich vor allem vor anderen Männern, wenn sie ihre Frauen nicht im Zaum halten können. Und umgekehrt, Aufreißern und Weiberhelden geht es mit ihren Eroberungen gerade darum, die Bewunderung und den Neid anderer Männer zu wecken. Ich erinnere mich, dass in meiner Jugend in Amsterdam ein berühmter Designer und ein noch bekannterer Schriftsteller eine Wette darüber abgeschlossen haben, wer innerhalb eines Jahres die meisten Frauen verführen kann. Zwölf Monate lang bemühten sie sich tagein, tagaus eifrig darum, noch ein weiteres Mädchen aufzureißen und zu vernaschen. Und die ganze Zeit über, während der Verführung, des Vorspiels und des Akts selbst müssen sie darüber nachgedacht haben, mit wem der andere gerade zugange ist, und wie es wohl um seinen aktuellen Punktestand bestellt ist. Was für eine umständliche und verstohlene Art, um in einem fremden Bett am Ende doch mit dem besten Freund zugange zu sein.

Kurzum: Vergewaltiger handeln zweifelsohne zum Teil aus einem simplen Sexualtrieb heraus, vor allem aber aus Machtgier. In erster Linie muss eine unverfrorene Frau auf ihren Platz verwiesen werden, und dieser Platz ist der unter einem Mann. Der Vergewaltiger unterwirft nicht nur die Frau seinem Willen, er triumphiert mit seiner Tat auch über die Männer, deren Aufgabe es gewesen wäre, ihren Körper und ihre Ehre zu beschützen. Diese Männer erweisen sich damit als ohnmächtig (buchstäblich als »impotent«) und sind damit selbst entehrt.

Gruppenvergewaltigungen sind kollektive Akte, bei denen Männer gemeinsam von einer Frau Besitz ergreifen und gemeinsam über die Männer triumphieren, die diese nicht mehr beschützen können. Zudringlichkeit, Nötigung und Vergewaltigung sind allesamt Mittel, um eine Frau wieder in ihre unterworfene Stellung zurückzuversetzen und die Männer in ihrem Leben zu entmannen.

Das bittere Paradoxon liegt darin, dass diese Bedrohungen den Beschützern der Frauen wiederum ein Recht und einen Grund geben, sie nicht aus dem Haus zu lassen und ihre Bewegungsfreiheit noch weiter einzuschränken. Von den Gefahren der Straße schon eingeschüchtert, haben es diese Frauen nur allzu oft ohnehin vorgezogen, auf eine eigenständige Arbeit, ein Studium oder auch nur das Einkaufen zu verzichten, wenn sie dafür auf die Straße gehen oder öffentliche Verkehrsmittel benutzen mussten. All diese Untaten, die allgemein bekannt sind und ungestraft bleiben, tragen zum Erhalt der männlichen Macht bei.

Junges Erwachsenenalter: Ehrenverbrechen

[…] in Agrargesellschaften wie China und Indien (einschließlich des heutigen Pakistan), in den Stammesgesellschaften des arabischen Nahen Ostens, in allen Ländern des Mittelmeerraums (in Palästina, Libnon, Türkei, Griechenland, Marokko, Italien, Spanien), in Südeuropa sowie in lateinamerikanischen Ländern auf der anderen Seite des Atlantiks.[56]

Zuweilen kommt es vor, dass sich das männliche Gemüt durch das Verhalten von Tochter, Schwester, Verlobter oder Ehefrau so tief verletzt fühlt, dass diese Frau aus der Welt geschafft werden muss. Sie muss getötet werden. Dabei bleibt es nicht immer bei Rachefantasien, leidenschaftlichen Verwünschungen und Todeswünschen. Es passiert regelmäßig, dass die Frau tatsächlich getötet wird. In vielen westlichen Ländern kannte das Strafrecht bis vor Kurzem das *crime passionnel*: eine aus Leidenschaft begangene Straftat, wofür die Justizbehörden ein gewisses Verständnis aufbringen konnten. Wurde der Fall überhaupt abgeurteilt, kam der Täter mit einer leichten Strafe davon oder wurde sogar freigesprochen: Der Täter, geblendet von hochherziger männlicher Leidenschaft, konnte für seine Tat nicht verantwortlich gemacht werden und kam daher – oft unter dem bewundernden Raunen seiner Geschlechtsgenossen – ungestraft davon. So war es in Frankreich seit jeher, und unter dem Code Napoléon sogar noch bis 1975. Derselbe Code galt in den Niederlanden bis weit in das 19. Jahrhundert hinein: »Im Falle des Ehebruchs ist der Totschlag, den der Ehemann an seiner Frau sowie an ihrem Komplizen begeht, sobald er sie in der ehelichen Wohnung in flagranti ertappt, entschuldbar.«[57] Der Mord aus Leidenschaft war ausschließlich ein allgemein anerkanntes Privileg des betrogenen Ehemanns. Die Ehefrau, die unter denselben Umständen ihren Mann tötete, machte sich weiterhin strafbar. In neueren Urteilen wird die Tötung beim Ertappen eines Ehebruchs auf frischer Tat jedoch strenger bestraft und zunehmend als eine extreme, nicht entschuldbare Form häuslicher Gewalt aufgefasst.

Die mörderischen Umtriebe betrogener oder zurückgewiesener Männer hatten wahrscheinlich schon früher, zumindest in den westlichen Ländern, weniger mit Leidenschaft als mit Verletztheit zu tun: mit einer tiefen Kränkung über die erfahrene Untreue oder Zurückweisung, die zur akuten Mordlust führte. Der Täter fühlte sich in seiner Selbstachtung und seinem Ehrgefühl verletzt. Die Männer in der Familie, die Männer in der Kirche oder in der Kneipe und die Herren des Gerichts brachten dafür jedes Verständnis auf. Ja mehr noch, ihnen war völlig klar, dass sie das Zielpublikum dieser Straftat waren. Vor *ihren* Augen musste die verletzte männliche Würde des Täters wiederhergestellt werden, indem der Männlichkeit ein Menschenopfer dargebracht wurde. Dieses Opfer war natürlich eine Frau. Aber auch für die Frauen sendete die Mordtat eine Botschaft: Wer einen Mann durch Ehebruch in seiner tiefsten Ehre verletzt, bezahlt dies womöglich mit dem Leben. Der Täter, der den Ehrenmord begangen hatte, hatte hingegen gute Chancen, straflos davonzukommen.

Auch in den heutigen Niederlanden, in einer Gesellschaft, die eine der niedrigsten Mordraten der Welt verzeichnet und in der die Frauen emanzipierter sind als in 90 Prozent aller anderen Länder, sind es immer noch vor allem Männer, die »ihre« Frauen töten: Zwei Drittel der Opfer tödlicher häuslicher Gewalt sind Frauen, ein Drittel Männer. Die Frauen werden in der Regel von ihrem Partner oder Ex-Partner ermordet, die Männer meistens nicht von ihrer (Ex-)Partnerin, sondern von einer anderen Person aus deren Bekannten- oder Verwandtenkreis. Drei Viertel dieser Partnermorde werden in der eigenen Wohnung begangen.[58]

Wie bei allen Tötungsdelikten geht es in der Urteilsfindung darum, ob die Tat im Affekt, also nicht vorsätzlich, begangen wurde. Ist dies der Fall, wird der Täter wegen Totschlags, einem minderschweren Verbrechen, verurteilt. Wenn ihn das Verhalten seiner Partnerin so in Rage gebracht hat, dass er nicht voll für seine Tat haftbar gemacht werden kann, führt dies ebenfalls zu einer Strafminderung oder sogar zu einem Freispruch. Entscheidend ist also die Einschätzung des subjektiven Zustands, des Gemütszustandes des Angeklagten zum Zeitpunkt der Tat. Auch im modernen Rechtsstaat besteht eine gewisse Bereitschaft, die Untreue des Opfers als eine Art Provokation in Betracht zu ziehen: Es wird davon ausgegangen, dass ein solcher Affront nicht nur den Verdächtigen, sondern jeden (Mann) gereizt hätte. In einem solchen Fall handelt es sich also um eine so genannte »objektive« Abwägung, die auf den in der Gemeinschaft allgemein geltenden Normen beruht.

In der westlichen Rechtsprechung wird den Gefühlen des Täters und seinem Gemütszustand zum Zeitpunkt der Tat sehr viel Aufmerksamkeit geschenkt. Eifersucht oder Liebesverlust werden häufig als Motive genannt: Diese Gefühle beziehen sich auf die intime Beziehung zum Partner und zu einer möglichen dritten Person. Viel weniger Verständnis bringt man Scham- und Demütigungsgefühlen als Motiven für die Tat entgegen. Diese Gefühle stehen mit Motiven wie »Ehre« und »Entehrung« in Zusammenhang, Motiven, die in der bürgerlichen westlichen Kultur ein wenig unter den Teppich gekehrt und meiner Meinung nach systematisch unterschätzt werden.

Auch in den Vereinigten Staaten wird der Ehebruch der Frau oft als *provocation* betrachtet. In diesem Fall kann die Tötung als Totschlag *(manslaughter)* und nicht als Mord gewertet werden, was eine geringere Strafe nach sich zieht. Diese »Provokation« muss dann allerdings so kränkend sein, dass sie einen *reasonable man* zu seiner Tat treiben kann. Der Totschlag muss also zwingend aus einem Affekt heraus begangen worden sein. Das ist die subjektive Seite. Zudem muss die Tat von der Notwendigkeit motiviert sein, die gesellschaftliche Reputation des Täters, seine *honor*, wiederherzustellen. Das ist die objektive Seite.

In Gerichtsverfahren zum Tatbestand *honor killing* kann die objektive Beurteilung, ob es sich um eine Tat zur Wiederherstellung der männlichen Ehre handelte, zu einer Strafreduzierung führen. Gerade Ehrenmorde werden jedoch selten im Affekt, sondern in der Regel nach einiger Überlegung und Vorbereitung (also vorsätzlich) begangen. In Westeuropa sind die meisten Angeklagten solcher Ehrenmorde nordafrikanischer, nahöstlicher oder südasiatischer Herkunft, und ihr kultureller Hintergrund wird dann bis zu einem gewissen Grad als mildernder Umstand berücksichtigt.[59]

Bei Ehrenverbrechen geht es nicht vorrangig um den eifersüchtigen Täter und sein Opfer. Das umstrittene Verhalten der Frau – es handelt sich so gut wie immer um Frauen – ist eine Schande für die gesamte Familie. Besonders betroffen sind die Verwandten der Frau, einschließlich ihrer weiblichen Familienmitglieder. Selbst wenn ihr Ehemann bereit wäre, sich mit der Kränkung zu arrangieren, ist es doch *ihre* Familie, die gedemütigt wurde. Die Wiederherstellung der Ehre ist daher immer auch eine Familienangelegenheit. Solange kein Außenstehender von dem Skandal erfahren hat, kann noch viel gütlich beigelegt werden, denn Eifersucht oder Verlust stehen nicht im Vordergrund und die Schande ist bislang verborgen geblieben. Aber sobald der Skandal durch Klatsch und Tratsch auch außerhalb des engsten Familienkreises bekannt wird, muss etwas unternommen werden. Auch die weiblichen Familienmitglieder fordern in der Regel, dass das kollektive Ansehen der Familie wiederhergestellt wird. Dazu gibt es nur *einen* Weg: die Bestrafung der Frau, die gegen die Regel verstoßen hat. Diese Bestrafung muss weithin bekannt werden, denn das Ansehen der Familie muss auch in einem größeren Umkreis wiederhergestellt werden. In der Regel ist es nicht der Ehemann selbst, der die Vergeltungstat begeht, sondern ein Verwandter des Vaters der Ehefrau. Ihre Familie entscheidet, was mit der vom Weg abgekommenen Frau geschehen und wer den Ehrenmord an ihr begehen soll. Die Aufgabe fällt häufig einem der jüngsten Brüder oder Cousins der Frau zu, da Minderjährige milder bestraft werden. Offenbar sind sie den Familienältesten so ergeben, dass sie ihre eigene Schwester oder Cousine töten. Wie ehrlos kann man sein.[60]

Das System der Ehrenverbrechen hält sich global immer noch in einem breiten Gürtel aufrecht, der von Lateinamerika über Nordafrika und den Nahen Osten bis nach West- und Südasien reicht.[61] Bis weit ins letzte Jahrhundert hinein kamen Ehrenmorde auch noch in Europa, genauer: auf dem Balkan, vor. In westlichen Ländern begehen Einwanderer aus diesen Gebieten auch heute sporadisch Ehrenmorde, die stets großes Aufsehen erregen. Eine Frau, die sich nicht an die strengen Regeln der Prüderie, Ehrbarkeit und Sittsamkeit hält, die es wagt, eine arrangierte Ehe abzulehnen, oder die sich zu unabhängig und »zu westlich« verhält, untergräbt das Ansehen des gekränkten Bräutigams, seiner Familie und ihres gesamten Clans.

Familien oder Clans, die auf diese Weise an Prestige verlieren, werden nicht mehr respektiert oder gefürchtet. In Gesellschaften, in denen der Staat von jeher schwach und seine Autorität zersplittert war, konnten Menschen nicht darauf zählen, dass Polizei, Justiz oder Bürokratie ihre Rechte gegenüber benachbarten Gruppen verteidigen würden. Konkurrierende Clans aus der näheren Umgebung betrachteten jede Gruppe, die nicht für ihre eigene Reputation eintrat, als schwach und daher angreifbar. Sie begannen, die angrenzenden Äcker eines solchen geschwächten Clans für sich zu beanspruchen oder freilaufendes Vieh zu stehlen. Mit diesem Ehrenhaushalt verband – und verbindet sich noch immer – eine sehr materielle, fast geschäftliche Beziehung: eine Ökonomie der Ehre. Wer seine Frauen nicht unter Kontrolle halten kann, hat auch seinen Nachbarn nichts entgegenzusetzen.

Natürlich gibt es auch in Familien in westlichen Ländern häusliche Gewalt, die in manchen Fällen auch tödlich endet. Ein wesentlicher Unterschied ist jedoch, dass tödliche Ehrenverbrechen fast immer die gesamte Familie betreffen. Die Gewalttat ist hier in einen Kontext kultureller und religiöser Rechtfertigung eingebettet. Ob der Islam Ehrenverbrechen tatsächlich erlaubt oder gar anempfiehlt, wird unter gelehrten Muslimen kontrovers diskutiert. Sehr viele traditionelle Disziplinarmaßnahmen gegen Frauen sind theologisch umstritten. Bei gewöhnlichen Gläubigen jedoch herrscht die Vorstellung vor, dass Koran und Scharia diese erlauben oder sogar vorschreiben. Und dem wird auch der Dorfimam wohl nicht so schnell widersprechen.

In islamischen Ländern regt sich hier und da Widerstand gegen traditionelle Ehrenverbrechen, insbesondere unter gebildeten Stadtbewohnern, auf dem Land hingegen kaum, hier findet der Brauch immer noch breite Unterstützung.[62] Wie oft Frauen Opfer von Ehrenverbrechen werden, lässt sich statistisch gar nicht feststellen. Jeder einzelne Fall wird natürlich gerüchteweise weit und breit herumerzählt. Doch Polizei, Justiz und Behörden ignorieren diese Vorfälle, um nicht dagegen vorgehen zu müssen. Auch die lokalen Medien halten sich diskret zurück.

Somit ist unklar, wie oft tödliche Ehrenverbrechen an Frauen vorkommen und ob ihre Anzahl zu- oder abnimmt.[63] In den westlichen Gesellschaften, in die in den letzten 50 Jahren eine Vielzahl muslimische Migranten eingewandert sind, treten Fälle von Ehrenmorden mittlerweile häufiger auf. In der Regel werden diese Fälle jedoch *durchaus* aufgedeckt und strafrechtlich verfolgt.[64]

Umfragen in islamischen Ländern zeigen, dass sehr viele Menschen von Ehrenverbrechen in ihrem direkten Umfeld Kenntnis haben. In Jordanien gaben im Jahr 2005 28 Prozent der Befragten, meist Stadtbewohner, an, ein Opfer eines Ehrenmordes persönlich gekannt zu haben. Vier Prozent der Befragten wussten von einem Ehrenmord in ihrem eigenen – zum Teil weiteren – Familienkreis. Die Ehrenmorde weckten allgemein Abscheu: 95 Prozent lehnten die Aussage »Ehrenmorde sind moralisch richtig« (entschieden) ab. Und doch geht das Morden weiter, auch in Jordanien.[65]

Oft handelt es sich bei den Opfern um junge Frauen, die als Mädchen verheiratet wurden, meistens mit einem Cousin. Der Verlobte arbeitet in solchen Fällen oft jahrelang im Ausland, um das Brautgeld zu verdienen. Die versprochene Braut verliebt sich in einen anderen Mann und läuft mit ihm davon. Wenn die Familie sie zu fassen bekommt, wird sie gesteinigt. Eine Frau, die unverheiratet schwanger wurde, musste mit ansehen, wie man ihre kleine Tochter ermordete, um sie als Mutter zu bestrafen.[66] Solche Praktiken kommen auch in Pakistan mit großer Regelmäßigkeit vor. Sollte ein Opfer den Mordversuch überleben, wird es gezwungen, den Tätern zu vergeben, und muss, falls es zu einer Gerichtsverhandlung kommt, zu deren Gunsten aussagen. Die Mörder werden in den seltensten Fällen bestraft. »Der Mörder triumphiert mit stolzgeschwellter Brust.«[67] Und: »Nicht das Mädchen oder die Frau wird als Opfer betrachtet, sondern der Mann, der sich an den Ehrenkodex halten und die Frau eliminieren musste, damit die Ehre der Familie wiederhergestellt werden kann.« Und er ist es auch, der nach seiner Tat mit Sympathiebekundungen überschüttet wird.[68]

Wo ein solcher Fall tatsächlich vor Gericht kommt, erscheint der Angeklagte vor einem örtlichen Tribunal, das sich wenig um das Gesetzbuch oder gar die Scharia schert und das tribale Gewohnheitsrecht anwendet, auch dann, wenn es dem Gesetz ausdrücklich widerspricht. Die Täter von Ehrenmorden kommen dann mit leichten Strafen davon oder gehen straffrei aus. Auch vor ordentlichen Gerichten führen die meisten Fälle nicht zu einer Verurteilung, sondern enden mit einem Freispruch oder einem milden Urteil für den meist jugendlichen Täter, während der Anstifter außer Reichweite bleibt. So ziehen Ehrenmorde in den allermeisten Fällen keine Strafe nach sich. Die Tat jedoch, die das Ansehen der Familie in weiten Kreisen wiederherstellen sollte, wird überall bekannt und dient als Warnung an alle Frauen, sich auch in Zukunft unbedingt dem patriarchalischen Regime zu unterwerfen.

Die Straffreiheit, mit der die Mörder rechnen können, sobald sie sich auf eine Sache der Ehre berufen, spielt allen möglichen anderen Formen von Missbrauch in die Hände. So kann ein Mann oder eine Frau beispielsweise zu Unrecht des Ehebruchs bezichtigt werden. Anschließend wird von dem zu Unrecht Bezichtigten viel Geld erpresst, da dieser oder diese von der Todesstrafe bedroht ist. Der Mörder einer Frau kann sich dagegen seiner Bestrafung entziehen, indem jemand die Frau im Nachhinein der Unzucht beschuldigt. Dann sieht es wie ein Ehrenmord aus.[69]

Der Ehrenmord ist stets auch eine Warnung an alle Frauen, die sich »zu westlich« geben, die studieren möchten, die außerhaus arbeiten und die ohne männliche Begleitung in die Stadt gehen … Oft sind dem Mord viele Gewalttätigkeiten vorausgegangen, und die Exekution wird auf besonders grausame Weise vollzogen, um alle anderen Frauen in der Umgebung abzuschrecken. Anders als häusliche Gewalt mit tödlichem Ausgang und anders als ein »Mord aus Leidenschaft« erfüllt der Ehrenmord eine Funktion bei der Aufrechterhaltung der gesellschaftlichen Normen: Mit dieser einen bestraften Frau wird allen anderen Frauen Mores gelehrt.

Ehrenmorde und andere gewalttätige Ehrenverbrechen sind nicht für den Islam spezifisch. Sie kommen in allen Religionen und in allen Schichten und Ständen vor.[70] Seltsamerweise bleibt beim Thema Ehrenverbrechen meist ein ganzer Kontinent außer Betracht, auf dem mindestens ebenso viele Frauen alleine ihres Geschlechts wegen ermordet werden: das zutiefst katholische und stark evangelikal geprägte Lateinamerika. Obwohl die dortigen Gesellschaften nicht in Verwandtschaftsclans organisiert sind, verschaffen sich auch hier weitreichende familiäre Netzwerke Geltung, und die orthodoxe Glaubenspraxis lässt sich offenbar sehr gut mit der männlichen Vorherrschaft vereinbaren. Die Kirche ermutigt die Frauen, ihr Leid still zu tragen, und gestattet es den Männern, einem extremen Männlichkeitskult zu frönen: *Marianismo* und *Machismo* gehören zusammen.

Einige lateinamerikanische Länder zählen zu den gewalttätigsten Ländern der Welt. Und ein Großteil dieser Gewalt richtet sich gegen Frauen: in *femicide*, wie »Frauenmord« dort genannt wird. In vielen Staaten Lateinamerikas werden die Täter von Verbrechen aus Leidenschaft in der Rechtstradition des *crime passionnel* oft nicht einmal strafrechtlich verfolgt. Müssen sie überhaupt vor Gericht erscheinen, kommen sie in der Regel mit einer geringen Strafe davon. Der Täter muss allerdings den Anschein erwecken, die Tat wäre in blinder Raserei begangen worden, ein Verbrechen aus Leidenschaft also. In Wirklichkeit geht es auch in vielen lateinamerikanischen Ländern um die Verletzung der Mannes- und Familienehre, die es zu rächen gilt. Auch wenn hier die gekränkte Partei zumeist auch die Tat begeht, sind die nächsten Verwandten doch häufig involviert und nötigen den Täter zur Exekution. Die Unterschiede zum Ehrenverbrechen in islamischen Ländern sind eher gradueller Natur.

In Ländern wie Mexiko und Guatemala werden Frauen ermordet oder verschwinden spurlos, manchmal dutzendweise. Dies sind häufig die Machenschaften von Banden, die so die lokale Bevölkerung einschüchtern, um jeglichen Widerstand schon im Vorhinein zu brechen. Nicht nur die Frauen werden entehrt und ermordet, auch hier geht es darum, die Männer, die ihre Frauen nicht davor beschützen konnten, in ihrer männlichen Würde zu verletzen.[71]

Die Angriffe auf einzelne Frauen dienen dazu, sie exemplarisch für die Übertretung der tradierten Regeln zu bestrafen. Die Entführung und Liquidierung gleich mehrerer und willkürlich gewählter Frauen zielt darauf ab, ihre Ehemänner, Verwandten und Dorfbewohner zu demoralisieren. Die lateinamerikanischen Frauenmorde finden in Europa nur wenig Beachtung. Missstände in islamischen Ländern können »dem Islam« angelastet und gut dazu instrumentalisiert werden, antimuslimische Ressentiments zu bedienen. Einwanderer aus Lateinamerika sind in Europa jedoch ausgesprochen selten und rufen entsprechend so gut wie keinen Widerstand hervor. Das macht die Ehrenmorde in Lateinamerika für ein europäisches Publikum weniger interessant, da sie sie sich nicht als Knüppel eignen, mit dem sich auf Immigranten einprügeln ließe.

Ein Ehrenverbrechen ist eine Form des privatisierten Standrechts. Privatpersonen nehmen sich heraus, Exekutionen ohne irgendeine Form von Gerichtsverfahren durchzuführen, wenn sie sich in ihrer kollektiven Ehre verletzt fühlen. Die staatlichen Behörden lassen das zu, obwohl es gegen Gesetze und Regeln verstößt. Letztlich stimmen alle stimmschweigend darin überein, dass diese Terrorakte dazu dienen, die Vorherrschaft der Männer über die Frauen aufrechtzuerhalten. Befreit man das Patriarchat einmal von seiner überlieferten ethnischen, kulturellen und religiösen Verpackung, bleibt nichts anders übrig als eine gewalttätige Terrorherrschaft.

Der Verschlussmoment

Stellen Sie sich bitte vor: Sie verspüren einen leichten, aber unangenehmen Schmerz in der Herzgegend. Er hält sich schon einige Zeit hartnäckig und scheint schlimmer zu werden. Wird schon nichts sein, denken Sie. Auf Drängen der Familie gehen Sie aber doch zu Ihrer Hausärztin. Auch sie kann nichts finden und denkt auch nicht, dass es etwas Ernstes ist, trotzdem vereinbart sie, um ganz sicherzugehen, für Sie einen Termin im Krankenhaus. Vorsicht ist besser als Nachsicht. In der Nacht davor schlafen Sie unruhig. Unsinn, natürlich, aber man weiß ja nie. Ist es nicht vielleicht doch schlimmer geworden, und schmerzt jetzt nicht sogar der Arm?

Überpünktlich kommen Sie im Krankenhaus an und sitzen dort eine Zeit lang ziemlich angespannt im Wartezimmer. Dann wird Ihr Name aufgerufen, sofort erscheint die Ärztin: eine hübsche junge farbige Frau mit Kopftuch … Für *einen* kurzen Moment, vielleicht nur eine Zehntelsekunde, denken Sie: Das will ich nicht. Für mein beängstigendes Zipperlein will ich einen männlichen Arzt Ende 50, leicht ergraut und weiß, das ist schließlich die Farbe der Ärzte. Im nächsten Moment haben Sie Ihre Gedanken schon wieder unter Kontrolle: Ach, wie schön, eine Spezialistin, und noch so jung, eine Dunkelhäutige, eine Muslima obendrein, bestimmt hat sie sehr hart studiert, die muss sehr gut sein. Sie hat erst vor Kurzem ihr Examen gemacht, ist sicher auf dem allerneusten Stand. An den kurzen Moment der Voreingenommenheit und Ablehnung denken Sie lieber nicht zurück, das wäre zu beschämend.

Aber halt, was da passiert ist, war Ihr Verschlussmoment: Für *einen* kurzen Augenblick haben Sie in der Dunkelkammer Ihres Inneren eine winzige Momentaufnahme der allgemein gepflegten Vorurteile über Hautfarbe, Alter, Geschlecht und Religion gesehen, wie sie in der Gesellschaft bestehen. Diese Voreingenommenheiten werden in jedem Moment durch die faktisch bestehenden ungleichen sozialen Verhältnisse bestätigt. Daher haben sich diese Bilder natürlich auch irgendwo im Halbdunkel Ihres Gefühlslebens festgesetzt. Das ist bei jedem, der Teil dieser Gesellschaft ist, so.

Als Wissenschaftler kann ich mich glücklich schätzen. Ich muss nicht die Straßen ablaufen und treppauf, treppab bei Leuten an die Türen klingen, um ihnen eine lange Liste mit Fragen nach ihrer Meinung vorzulegen. Ich muss nur mich selbst zurate ziehen. Tief in mir schlummert ein voreingenommener, engstirniger, sexistischer Chauvinist, der mir blitzartig die Vorstellungen und Gefühle seiner Artgenossen im ganzen Land übermittelt. Und ja, das Durchschnittsmännchen im tiefsten Innern meiner Gedanken sagt mir, dass Frauen, die es in der Politik zu einer Machtposition gebracht haben, schreckliche Weiber sein müssen, die die Hosen anhaben und mit Haaren auf den Zähnen das Zepter schwingen. Das Durchschnittsfrauchen, auch das hält sich in meinem Inneren verborgen, bestätigt diese Vorurteile Wort für Wort. Solche ungebetenen Gäste wie die, die bei mir eingezogen sind, haben bei fast jedem Obdach gefunden, der unter unausgewogenen Geschlechterverhältnissen oder ungleichen Rassen- oder Klassenverhältnissen aufgewachsen ist. Und wer ist das nicht? Diese kollektive Unterwelt manifestiert sich bei jedem einzelnen Menschen in unerwarteten Momenten, als unerwünschte Nebengedanken.

Sind wir also alle miteinander Rassisten, Sexisten oder Schlimmeres? Nein, im Gegenteil. Wir alle haben ein Leben lang den Feinstaub der sozialen Diskriminierung eingeatmet, die uns umgibt und deren Teil wir sind. Wir versuchen, uns dieser Stereotypen zu entledigen, um andere und uns selbst so unvoreingenommen wie möglich zu betrachten. Wir wollen anderen aufrichtig vorurteilsfrei gegenübertreten. Mehr können wir nicht tun. Vielleicht bringt das mit der Zeit doch noch eine Gesellschaft hervor, in der Menschen auch innerlich frei von Vorurteilen sind. Das wird dann auch das Ende solcher Verschlussmomente sein.

Der unaufhaltsame Aufstieg der Frauen

Nach Tausenden von Jahren steht das Allgemein Menschliche Muster der männlichen Vorherrschaft fast überall auf der Welt vor dem Zusammenbruch. Selbst in Gesellschaften, die unter dem Permafrost eines religiösen Wahns leben, wie Saudi-Arabien, Iran oder El Salvador, beginnt die männliche Vorherrschaft zu ächzen, rissig zu werden und zu knarren. In Saudi-Arabien ist Frauen seit Kurzem gestattet, selbst Auto zu fahren, und vielleicht dürfen sie bald sogar ins Kino gehen. Der Anfang vom Ende der patriarchalischen Ära kündigt sich an.

Dieser Niedergang der männlichen Vorherrschaft ist nicht etwa darauf zurückzuführen, dass die Männer urplötzlich zur Besinnung gekommen wären, auch wenn Hunderte Millionen von ihnen heute ihr Denken ändern – davon allerdings wiederum Dutzende Millionen von ihnen in die falsche Richtung. Es liegt nicht einmal in erster Linie an dem moralischen Druck und den Protestaktionen der feministischen Frauenbewegung, auch wenn diese sicherlich dazu beigetragen hat. Es ist das Ergebnis einer Kombination tiefgreifender weltweiter Entwicklungen, die sich gegenseitig verstärken. Mit einem revolutionären Ergebnis: Immer mehr Frauen gehen immer länger zur Schule, und diese Frauen bekommen immer weniger und immer später Kinder. In der Folge verfügen sie über mehr Wissen und mehr Zeit für außerhäusliche Aktivitäten, wie etwa eine bezahlte Arbeit. Aufgrund der Mechanisierung und Industrialisierung kommt es bei diesen Tätigkeiten immer weniger auf Körperkraft und immer mehr auf andere Fähigkeiten wie Einsicht, Übersicht und Voraussicht an, bei denen Frauen den Männern mindestens ebenbürtig sind.

Aber lassen Sie mich zunächst mit meinen eigenen Erfahrungen beginnen. Als ich in den späten 1940er Jahren in die Vorschule und danach in die Grundschule ging, wurde ich von »Fräuleins« unterrichtet, wie sie damals genannt wurden: von »Fräulein« Jonker und »Fräulein« Van Kampen. In meiner Klasse gab es ungefähr ebenso viele Jungen wie Mädchen. Das war in den Niederlanden damals schon seit mehr als einem halben Jahrhundert der Fall. Auch auf dem Gymnasium war das Geschlechterverhältnis in den 1950er Jahren schon fast paritätisch.[72] Erst an der Universität, die 1960er Jahre hatten inzwischen begonnen, waren die Studentinnen deutlich in der Minderheit, und unter den Lehrenden fand sich kaum eine Frau.[73] Ich wurde wissenschaftlicher Assistent, und ausnahmsweise hatte ich auch zwei Kolleginnen. Die Begabtere von ihnen tauchte plötzlich nicht mehr auf. Sie hatte sich verlobt, und offenbar war für sie damals ein Universitätsstudium, und erst recht eine akademische Karriere, mit ihrer Rolle als Ehefrau nicht vereinbar. Heute, mehr als 50 Jahre später, ist das in den westlichen Ländern kaum noch vorstellbar. In sehr vielen nichtwestlichen Ländern jedoch ist das bis heute üblich, sofern es Frauen dort überhaupt offensteht, wissenschaftliche Assistentin an einer Universität zu werden. Ich war damals über diesen Fall sehr entrüstet und bin ich es noch heute. Ich war (und bin) ehrgeizig und wollte etwas erreichen, aber mit einem Wettlauf, bei dem die Hälfte meiner Mitstreiter mit einem Klotz am Bein mitlief, war für mich keine Ehre zu gewinnen.

In den darauffolgenden 50 Jahren haben sich die Verhältnisse grundlegend verändert. Zum Guten. Als ich 25 Jahre später die Leitung eines Graduiertenkollegs übernahm, weigerten wir uns, in die Anzeigen den (damals noch üblichen) Passus aufzunehmen: »Bewerberinnen werden bei gleicher Eignung bevorzugt.« Das war in der Sozialwissenschaft schon nicht mehr nötig, denn inzwischen bewarben sich mindestens ebenso viele Frauen wie Männer, und die Bewerberinnen wurden aufgrund ihrer erwiesenen Eignung in etwa gleichem Umfang angenommen. Heute promovieren an diesem Institut fast ebenso viele Frauen wie Männer.[74] In fast allen Fächern, außer den Ingenieurs-, Natur- und Wirtschaftswissenschaften, erwerben mittlerweile mehr Frauen als Männer den Doktorgrad. Das gilt nicht nur für die Niederlande, sondern für fast alle westlichen Länder und sogar für viele Länder der außerwestlichen Welt.

Fast unbemerkt und nahezu weltweit befinden sich die Frauen seit etwa 50 Jahren auf einem Triumphzug zur Gleichstellung mit den Männern. Das geht keineswegs ohne Hauen und Stechen ab, vollzieht sich aber auch nicht in spektakulären Revolutionen oder gar tragischen Bürgerkriegen zwischen Männern und Frauen. Der Klassenkampf und der Rassenkampf verliefen deutlich gewalttätiger als der Kampf der Geschlechter. Der glorreiche Vormarsch der Frauen mutet indes tagtäglich wie ein mühsames Waten durch zähen Morast weiblichen Zauderns und männlicher Vorurteile an, wie eine steile Kletterpartie über die Hürden von Gesetzen und Gewohnheiten, die in jahrhundertelanger männlicher Vorherrschaft errichtet wurden. Doch schaut man sich das Ganze mit etwas Abstand und aus der zeitlichen Distanz von einem halben Jahrhundert oder mehr an, erkennt man, dass sich die Frauen trotz aller Widrigkeiten auf einem Siegeszug befinden. Dieser Aufstieg ist schon lange nicht mehr aufzuhalten.[75]

In den westlichen Ländern, vor allem in Nordwesteuropa und den Vereinigten Staaten, sind die Verhältnisse zwischen den Geschlechtern schon seit Jahrhunderten etwas weniger ungleich als in anderen Teilen der Welt. In der außerwestlichen Welt hat der Wandel erst in den 1960er Jahren des vorigen Jahrhunderts wirklich begonnen. Dafür lässt sich ein ganzes Bündel von Ursachen nennen, die alle miteinander zusammenhängen, aber nicht gleichzeitig vonstattengingen. Vieles verdankte sich der Ausweitung des Bildungswesens. Die Jungen waren die Ersten, die davon profitierten, aber nach und nach kamen auch immer mehr Mädchen in den Genuss von Schulunterricht.

Der lange Marsch durch die Schulen

Das nenne ich die neue Ordnung der Mädchen. Zum ersten Mal, und ich meine wirklich zum ersten Mal überhaupt, haben junge Frauen in ihren Zwanzigern mehr erreicht, sind gebildeter, verfügen über mehr Eigentum und sind entschieden ambitionierter als ihre männlichen Pendants […]. Die Männer stehen nun Gleichen gegenüber – und in vielerlei Hinsicht auch ihnen Überlegenen. Wie konnte sich eine solche Umwälzung innerhalb eines halben Jahrhunderts vollziehen, in nicht mehr als einer Minute in der Daseinsgeschichte der menschlichen Zivilisation?[76]

Die Aufstiegschancen von Männern und Frauen hängen in der heutigen Gesellschaft zu einem großen Teil von ihren erworbenen Schulabschlüssen ab. So ist Bildung zum großen Motor des Wandels im Verhältnis zwischen den Geschlechtern geworden. Bereits zu Beginn des 19. Jahrhunderts besuchte in Nordwesteuropa und in den Vereinigten Staaten die große Mehrheit der Kinder die Grundschule, so auch in den Niederlanden. Gegen Ende des 19. Jahrhunderts gingen im Westen praktisch alle Kinder im Alter zwischen sechs und zwölf Jahren zur Schule, Mädchen ebenso oft wie Jungen.[77]

Auf dem zweiten Niveau, der Sekundarstufe oder der weiterführenden Schulbildung, weitete sich die Teilnahme am Unterricht erst etwas später aus, folgte aber einem ähnlichen Muster. Auch hier waren die Mädchen anfangs im Hintertreffen, hatten diesen Rückstand jedoch um 1990 aufgeholt.[78] In der Grundschule lernten die Schüler alle mehr oder weniger das Gleiche, erst im Sekundarunterricht trennten sich die Wege. In den meisten europäischen Ländern gibt es auch heute noch eine Ausdifferenzierung zwischen Ausbildungen zur Fachkraft, zum Büroangestellten oder Techniker oder Schulzweigen, die auf ein Universitätsstudium vorbereiten. Diese Trennlinien verliefen parallel zu den bestehenden Klassenunterschieden und trugen dazu bei, diese Klassendifferenzierung aufrechtzuerhalten. Das gilt auch heute noch: Die Schulklasse spiegelt die sozialen Klassenunterschiede wider.

Auch auf dem dritten Niveau, dem der höheren Berufs- und der Universitätsbildung, sind die Frauen dabei, ihren Rückstand aufzuholen. Noch 1975 erwarben in den Niederlanden mehr als viermal so viele Männer wie Frauen den Doktorgrad. Gut 40 Jahre später, im Jahr 2016, erlangten fast fünfmal so viele Studierende einen Masterabschluss, und von diesen waren nun mehr als die Hälfte Frauen.[79]

Derzeit sind in den allermeisten westlichen Ländern mindestens ebenso viele junge Frauen wie junge Männer an Hochschulen eingeschrieben. In den Sozial- und Verhaltenswissenschaften, den Geisteswissenschaften und den Lebenswissenschaften sind die Frauen sogar in der Mehrheit. In den Vereinigten Staaten zum Beispiel waren 1975 bereits 45 Prozent aller College-Studierenden Frauen, und 2015 waren sie mit 53 Prozent in der Mehrheit.[80] Vor gut einem halben Jahrhundert machten Frauen noch nicht einmal ein Zehntel der Medizinstudierenden im ersten Studienjahr aus; 2017 waren es etwas mehr als die Hälfte.[81] In einem Fach wie der Veterinärmedizin ist die Entwicklung extrem: Noch 1960 waren fast 98 Prozent der angehenden *Postgraduates* männlich, 2008 waren schon 78 Prozent weiblich. Dieser Wandel hatte auch viel mit der Einführung eines bundesweiten Verbots der Geschlechterdiskriminierung an Universitäten *(Title X)* im Jahr 1972 zu tun.[82] In den exakten Wissenschaften sind Frauen weiterhin in der Minderheit, aber die Differenz verringert sich schnell. Nur in den technischen Fächern geht es langsam voran.

Dass Frauen weitaus häufiger ein Universitätsstudium beginnen, ist ein weltweit zu beobachtender Trend. Fast überall nimmt die Zahl der Studentinnen zu, in den meisten Ländern sind sie bereits in der Mehrheit.[83] Wenn Länder heute in der Hochschulbildung allgemein noch einen Rückstand aufweisen, dann deshalb, weil dort weniger Mädchen *und* weniger Jungen studieren.

In den 1960er Jahren setzte in den außerwestlichen Ländern eine spektakuläre Ausweitung des Bildungswesens ein. Das hatte viel mit einer anderen großen Emanzipationswelle in der zweiten Hälfte des 20. Jahrhunderts zu tun: mit der Unabhängigkeit Dutzender ehemaliger westlicher Kolonien. Ende des Zweiten Weltkriegs waren Teile Asiens und fast ganz Afrika besetzt und von europäischen

Mächten kolonisiert. Ein Vierteljahrhundert später waren nahezu alle diese Kolonien unabhängig. Zwar war unter der Kolonialherrschaft die Schulbildung auf die Kinder der westlichen Oberschicht und der einheimischen Eliten beschränkt geblieben, gleichwohl wurden so auch die kolonisierten Völker mit dem Modell der standardisierten Bildung vertraut. Schulabschlüsse wurden auch damals schon zunehmend als Eintrittskarte zu besseren Positionen in der Gesellschaft angesehen, obwohl diese für die übergroße Mehrheit der Bevölkerung unerreichbar blieb.

Diese ehemaligen europäischen Kolonialgebiete wurden nun zu souveränen Staaten. Allein in den 1960er Jahren traten 44 neue Mitgliedstaaten den Vereinten Nationen bei, fast alle von ihnen waren kurz zuvor unabhängig geworden. Diese Gesellschaften mussten sich neu einrichten. So gespalten die Bevölkerung auch oft war, über einen Punkt herrschte fast überall große Einigkeit: die Notwendigkeit einer allgemeinen Bildung zur Stärkung des noch fragilen Nationalgeistes und zur Förderung des Wirtschaftswachstums. Vor allem die Jugend sollte mit nationalen Idealen durchtränkt werden. Junge Menschen sollten zu Arbeitskräften für die modernen Fabriken und Büros einer sich entwickelnden Wirtschaft ausgebildet werden. Internationale Organisationen, allen voran die UNESCO, unterstützten diese Bemühungen, entsandten ihre Experten und führten Statistiken, um die Fortschritte der einzelnen Länder zu dokumentieren und Ranglisten zu erstellen. Kein Land wollte zurückbleiben. Überall herrschte Fortschrittsgeist, und der Bildung kam die Rolle als treibende Kraft aller Verbesserungen zu.

Erwartungsgemäß gingen die Jungen als Erste und am längsten zur Schule. Doch der Innovationsdrang machte hier nicht halt: Auch immer mehr Mädchen wurden unterrichtet und gingen länger zur Schule. Viele, vielleicht die meisten jungen Nationen propagierten die sozialistischen und demokratischen Ideale, die prinzipiell frauenfreundlicher sind als ihre faschistischen oder orthodox-religiösen Pendants. Auch die Experten führten Argumente für den Schulunterricht von Mädchen an: Ihre Bildung würde nicht nur zu einer Steigerung der Arbeitsproduktivität führen, sondern auch zu einem Rückgang der Krankheits- und Sterblichkeitsrate bei der Niederkunft, zu einer Abnahme der Kindersterblichkeit und zu einer allgemeinen Verbesserung der Volksgesundheit.

In Ländern, in denen die Geldwirtschaft Fuß gefasst hatte und der Marktmechanismus seine Wirkung entfaltete, erkannten Eltern bald, dass Bildung ihren Kindern Türen zu öffnen vermochte. Sie würden eine qualifiziertere und besser dotierte Arbeitsstelle bekommen und wären damit langfristig besser in der Lage, ihre Eltern im Alter zu versorgen als ungebildete und nichtalphabetisierte Kinder. Das Schulgeld mochte im Familienbudget zwar einen beträchtlichen Kostenfaktor darstellen, aber es schien eine gute Investition zu sein: Besser ein paar gut ausgebildete Sprösslinge als eine ganze Menge Kinder ohne Ausbildung. Das war *ein* Grund, neben anderen, die Zahl der Geburten zu beschränken.

Schnell erwies sich, dass Mädchen mindestens ebenso gut lernen und offensichtlich ebenso gut für ihre Eltern sorgen konnten wie Jungen. Die bislang dominierende Präferenz für Söhne verschob sich hier und da sogar zu einer leichten Bevorzugung von Töchtern. Außerdem ließen junge Frauen fast überall einen großen Lerneifer erkennen.

Auch die reaktionärsten und patriarchalischsten Regime haben früher oder später die Schulbildung für Mädchen eingeführt. Gerade die streng orthodoxen Machthaber befürchten, dass die Gläubigen Gefahr laufen, vom schmalen, Pfad der Tugend abzukommen oder, schlimmer noch, gänzlich vom Glauben abzufallen. Religionsunterricht ist daher unverzichtbar, insbesondere für die noch unschuldige Kinderseele. Für Juden, Christen, Muslime und Hindus bedeutet das, dass sich die Kinder mit den heiligen Texten beschäftigen sollen, und damit haben sie einen Grund, zur Schule zu gehen, wo sie lesen und schreiben lernen. In den weltlichen Schulen erhalten die Kinder allerdings auch Unterricht in Mathematik und anderen Grundfächern, was ihnen einen Vorsprung auf dem Arbeitsmarkt verschafft. Die religiösen Schulen wollen dahinter nun nicht zurückbleiben und erweitern ihren Lehrplan. Langfristig werden sogar die Mädchen in weltlichen Schulfächern wie Mathematik, Geografie und Geschichte unterrichtet. Biologie und Physik hält man hingegen bei Mädchen für weniger geeignet. Zudem werden sie statt im Werken (mit harten Materialien wie Holz und Metall) in Handarbeit (mit weichen Materialien) unterrichtet; das soll sie auf ihr Erwachsenenleben als Hausfrau und Mutter vorbereiten.

Was all diese Kinder in diesen ehemaligen Kolonien in der Schule jedoch nicht lernen, ist, dass Mädchen den Jungen im Klassenzimmer gleichgestellt sind und dass Frauen später die gleichen Rechte wie Männer geltend machen können. Im Gegenteil. Im Grundschulunterricht wird naturgetreu die Ungleichheit zwischen den Geschlechtern reproduziert und aufrechterhalten, die auch in der übrigen Gesellschaft fortbesteht.

Und doch. Überall wo Mädchen zur Schule gehen, verändern sich die Verhältnisse unumkehrbar. Und auch wenn sie es in der Schule nicht gelernt haben, beginnen diese Schülerinnen sich im späteren Leben offenbar anders zu verhalten. Lassen wir die Zahlen sprechen, oder besser gesagt, lassen wir die Zahlen ihr demagogisches Werk tun, denn nichts flößt so viel Respekt ein wie Gebote und Zahlen. Dass sich die Bildung für Jungen und Mädchen in Asien und Afrika in einem enormen Tempo ausgeweitet hat, ist offensichtlich und allgemein bekannt.[84] Aber was folgt daraus?

Im Jahr 1960 hatten in der arabischen Welt Jungen im Laufe ihrer Schulkarriere durchschnittlich sechs Monate Unterricht, Mädchen fast keinen. Im Jahr 2000 erhielten die Jungen im Durchschnitt fünf bis sechs Jahre und die Mädchen drei bis vier Jahre Schulunterricht.[85] Heute haben die Frauen in den arabischen Ländern die Männer im Bildungsbereich beinahe überholt, obwohl diese Länder es wegen dieses »beinahe« nicht einmal ins Mittelfeld von Bildungsstatistiken geschafft haben. Dieser Prozess hat sich in diesem Teil der Welt im Laufe von höchstens zwei Generationen vollzogen, eine unglaublich rasante Entwicklung. Auch aktuellere Zahlen belegen die atemberaubende Aufholjagd. 2017 berichtete das Weltwirtschaftsforum in seinem *Global Gender Gap Report*, dass junge Frauen weltweit und auf allen Bildungsstufen, von der Grundschule bis zur Universität, fast ebenso viel Unterricht erhalten wie junge Männer (49,5 versus 50,5 Prozent).[86] Soziale Umwälzungen in einem derartigen Tempo und von einer derartigen Reichweite müssen große soziale Spannungen hervorrufen.

Es gibt weder Statistiken über männliches Überlegenheitsgefühl noch zum weiblichen Selbstbewusstsein. Wenn es richtig spannend wird, muss man sich also weiterhin auf sein soziologisches Einfühlungsvermögen verlassen. Immerhin gibt es Zahlen, die etwas von dem widerspiegeln, was sich in diesen Ländern zwischen Männern und Frauen, gerade in ihren intimen Beziehungen, abgespielt hat. Eine intimere Angelegenheit als die Fortpflanzung gibt es in der menschlichen Welt nicht. Und ausgerechnet darüber geben Statistiken sehr informativ und präzise Aufschluss, weil das Ergebnis dieser Intimitäten so leicht messbar ist: es ist die Geburtenrate.

In ihrem exzellenten Übersichtsartikel hat die Soziologin Teresa Castro Martín die Beziehung zwischen dem Bildungsniveau der Frauen und ihrer Fruchtbarkeit in 26 Ländern untersucht. Daraus geht hervor, dass Frauen umso weniger Kinder bekommen, je länger sie zur Schule gegangen sind. Zehn Jahre Schulbildung bedeuten zwei oder drei Kinder weniger. Diese besser ausgebildeten Frauen bekommen ungefähr so viele Kinder, wie sie sich gewünscht haben. Und es ist unverkennbar: Sie wollen weniger Kinder. Außerdem haben diese gebildeten Frauen eine weniger fatalistische Einstellung in Bezug auf Fortpflanzung, sie lassen sich weniger vorschreiben.[87] Und ja, auch das ist belegt: Gebildete Frauen verhüten viel häufiger als ungebildete. Sie sind besser informiert und können mit den Mitteln besser umgehen. Außerdem haben Frauen, die weniger Kinder bekommen, bessere Chancen auf dem Arbeitsmarkt, und die besseren Berufsaussichten bestärken sie wiederum in ihrem Vorhaben, länger zur Schule zu gehen.

Dieser nüchterne statistische Zusammenhang zwischen Bildung und Kinderzahl ist eine der bewegendsten Erkenntnisse, die ich aus den Sozialwissenschaften kenne. Denn was bedeutet er eigentlich? Diese Frauen haben auf ihrer muslimischen, evangelischen, katholischen Schule nicht unbedingt gelernt, dass sie Verhütungsmittel verwenden dürfen, oder gar sollten. Und schon gar nicht, dass sie ihren Männern im Bett nicht gefügig sein müssten. Doch selbst in einem Land wie Tunesien, in dem die Lehrpläne sehr konservativ sind, wünschen sich gebildete Frauen kleinere Familien als ungebildete und verwenden mehr als anderthalb Mal so häufig Verhütungsmittel. Das haben sie, so meine These, nicht in der Schule gelernt.

Und doch haben sie es gelernt. Das ist das Ergreifende daran. Mädchen, die lesen und schreiben gelernt haben, entwickeln damit, ganz gleich was das »Fräulein« oder der Lehrer im Klassenzimmer behaupten mögen, ein stärkeres Selbstbewusstsein. Sie realisieren, dass sie Menschen sind, vielleicht noch nicht den Männern gleichgestellt, aber auch nicht mehr nur Wesen zur Zucht und Fürsorge. Vor allem unter den Völkern des Buches – den Muslimen, Juden und Christen – gelten Lesen und Schreiben als die Fertigkeiten, durch die man erst zu einem vollständigen Menschen wird. Diese Mädchen sind genau wie die Jungen zur Schule gegangen. Offensichtlich wurden sie als wichtig genug erachtet, um ihnen so viel Aufmerksamkeit entgegenzubringen. Und augenscheinlich standen sie den Jungen in der Klasse in nichts nach. Man sollte das nicht zu schnell belächeln, bei uns liegt diese Entwicklung etwa zwei Jahrhunderte zurück, aber auch heute noch geht es ganz grundlegend um Menschwerdung, Persönlichkeitsentfaltung und Gleichberechtigung, auch für Mädchen und Frauen.

Mädchen und Jungen unterscheiden sich in ihren Begabungen viel weniger voneinander, als man vor einem oder einem halben Jahrhundert noch allgemein annahm. Was die Begabung für Rechnen und Lesen anbetrifft, hat man freilich einen Unterschied festgestellt. Groß angelegte internationale Vergleichsuntersuchungen bei 15-Jährigen, die sogenannten PISA-Studien, ergaben, dass Jungen durchschnittlich in Mathematik und die Mädchen im Lesen leistungsstärker sind. Unter den besten Schülerinnen und Schülern in den exakten Fächern ist die Geschlechterdifferenz am größten (leistungsstarke Jungen sind deutlich besser als leistungsstarke Mädchen), und unter den schwächsten Schülerinnen und Schülern in Lesekompetenz sind die Unterschiede ebenfalls am größten: leseschwache Jungen lesen im Durchschnitt viel schlechter als leseschwache Mädchen.[88] Diese Unterschiede variieren von Land zu Land, wobei die Unterschiede zwischen den Ländern viel größer sind als die Unterschiede zwischen den Geschlechtern.

Selbst dieser Unterschied könnte zum Teil stärker durch soziale Umstände als durch natürliche Begabung bedingt sein. Studentinnen entscheiden sich in den westlichen Ländern vergleichsweise selten für Physik und technische Studiengänge. Gerade in Ländern, in denen sie weniger Chancen in der Gesellschaft haben, entscheiden sich Frauen jedoch häufiger für ein Studium der exakten Fächer: Schweden etwa steht an der Spitze des Gleichstellungsindex, Tunesien und Albanien befinden sich ganz am Ende.[89] Aber tatsächlich entscheiden sich tunesische und albanische Studentinnen viel häufiger für ein Studium der exakten Wissenschaften als schwedische. Wahrscheinlich wählen junge Frauen in Ländern mit den besten gesellschaftlichen Möglichkeiten die Fächer, die sie am meisten interessieren, und das sind oft die Geistes-, Verhaltens- und Sozialwissenschaften. In Ländern, in denen ihre Aussichten unsicherer sind, entscheiden sie sich eher für die exakten Wissenschaften, weil ein solches Studium ihre Chancen auf einen sicheren Arbeitsplatz erhöht.[90]

Auch in der außerwestlichen Welt gehen die meisten Mädchen heutzutage nicht mehr nach der Grundschule von der Schule ab, nachdem sie die Grundschule durchlaufen haben. Sie besuchen eine weiterführende Schule und danach immer häufiger auch eine Universität oder Hochschule. Sie machen Abschlüsse, die ihnen bessere Chancen auf eine Stellung mit einem auskömmlichen Einkommen eröffnen. Sie sind nicht mehr nur als Erntehelferinnen, Handarbeiterinnen, Pflegerinnen, Dienstmädchen oder Verkäuferinnen einsetzbar, sondern werden auch Buchhalterin, Rechtsanwältin oder Ärztin. Sie verrichten zunehmend hoch qualifizierte und daher auch gut bezahlte Arbeit. Sie sind nicht mehr ausschließlich Untergebene, sondern gelangen in Führungs- und Machtpositionen, in denen sie manchmal Vorgesetzte von Männern sind.

Frauen erobern die Universität

Mehr als 1000 Jahre lang war die Universität eine exklusive Männergemeinschaft mit all den dazugehörigen Ritualen, Geheimnissen und Rangordnungen. Erst im letzten halben Jahrhundert hat sich die Universität durch den Zustrom von Studentinnen und den wachsenden Anteil von Dozentinnen und Verwaltungsmitarbeiterinnen stärker feminisiert. Auf den ersten Blick ist dies in den meisten akademischen Gemeinschaften ohne große Zwistigkeiten abgelaufen. Die meisten Scherereien gibt es noch in den Studentenverbindungen (Burschenschaften und *Fraternities*), die Wert auf Exklusivität und Tradition legen. Gelegentlich endet die Aufnahmephase der Neuen, die *Fuchszeit*, dort auch heute noch in obszönem Geprahle, perversen Demütigungen und Kneipenschlägereien. Aber das bleibt auf die Gruppe der jungen Männer selbst beschränkt.

In den Vereinigten Staaten verläuft die Feminisierung der Universitäten konfliktreicher, und dieser Konflikt wird öffentlicher ausgetragen. Studentinnen beklagen regelmäßig sexuelle Belästigungen, die von anzüglichen Bemerkungen über Grabschereien bis zu Vergewaltigungen reichen. Daran wird deutlich, dass das akademische Erbe einer exklusiven Männerkultur noch nicht vollständig gebannt ist.

Auf einem US-amerikanischen Campus werden daher auch weitaus mehr Sicherheitsmaßnahmen getroffen als in anderen Teilen der Welt: hier gibt es Notrufsäulen, Sicherheitspersonal, besondere Transportmöglichkeiten und spezielle Begleitung für Studetin-nen in der Dunkelheit, Vertrauenspersonen und Beschwerdekommissionen. Daran hat die Universität auch jedes Interesse, denn in den USA schicken Eltern ihre Kinder zum Studium oft weit von zu Hause weg, und sie wollen sicher sein, dass vor allem die Töchter in guten Händen sind. Nicht selten erweist sich dies als Trugschluss.

Noch vor wenigen Generationen bestand die Universitätsgemeinschaft aus jungen unverheirateten Männern, die von Gelehrten, zumeist verheirateten älteren Männern, betreut wurden. Überall, wo junge Männer für einen längeren Zeitraum exklusiv unter sich sind, nehmen sie Zuflucht zu Masturbation, Prostitution und »Gelegenheitshomosexualität«. Noch bis ins 20. Jahrhundert hinein lebten wohlhabende Studenten manchmal mit einer Konkubine, einer Wäscherin oder einer Näherin zusammen. Machte der junge Herr schließlich seinen Abschluss, bekam das Mädchen, versüßt durch einen gewissen Geldbetrag, den Laufpass. Dann begannen die Vorbereitungen für die Hochzeit des Absolventen mit einer Braut aus guter und begüterter Familie, die schon seit geraumer Zeit hingebungsvoll und keusch auf ihren Verlobten wartete. Diese Sitten sind heute fast vergessen und werden von Universitätshistorikern kaum noch thematisiert. Aber auch eine vergessene Vergangenheit wirkt, meist untergründig, bis in die Gegenwart nach, in Amerika ebenso wie in Europa.

Über die heutigen sexuellen Gepflogenheiten an den Universitäten wissen wir mehr, das gilt insbesondere für die Vereinigten Staaten.[91] Da sich junge Männer und Frauen heutzutage täglich im Hörsaal und in ihrer Freizeit begegnen, haben sich auch neue

Umgangsformen entwickelt. Die ersten Jahre des Studiums sind allgemein gesprochen eine Zeit beiderseitiger erotischer Erkundungen, in einer Abfolge flüchtiger Affären und One-Night-Stands *(hookups)*. Natürlich beteiligt sich nicht jeder und jede daran. Nach einer Weile bilden sich stabilere Beziehungen. Bei all diesen Kontakten gibt es den einen Prüfstein: das beiderseitige Einverständnis. Sobald der Eindruck entsteht, dass einer der Partner, und das ist in der Regel die Partnerin, nicht mit allen Annäherungsversuchen einverstanden ist, sollte es nicht weitergehen dürfen. In den USA wird dies nicht dem freien Spiel der gesellschaftlichen Kräfte überlassen. An vielen Universitäten erhalten die männlichen Studienanfänger einen Kurs über angemessenes Verhalten gegenüber ihren weiblichen Kommilitonen.

Trotz aller Vorkehrungen zeigen Untersuchungen an amerikanischen Universitäten, dass viele männliche Studenten immer wieder mit Druck, Zwang und Gewalt einer Frau ihren Willen aufzuzwingen versuchen.[92] Einige sehr privilegierte Studenten meinen offenbar, sich noch viel mehr erlauben zu können, bis hin zur Vergewaltigung. Die Stars des Baseball- oder Footballteams sind beispielsweise für das sportliche Renommee der Universität praktisch unverzichtbar, weshalb die Universitätsleitung alles daransetzen wird, jegliches Eingreifen zu vermeiden. Auch manche Mitglieder der exklusivsten Studentenverbindungen haben Väter, die so einflussreich – und großzügig – sind, dass die akademischen Autoritäten selbst in Fällen extremen Fehlverhaltens nicht gegen sie vorgehen.[93]

Doch auch das beginnt sich zu ändern: Frauen an den Universitäten waren Vorreiterinnen in der #MeToo-Kampagne, die Missstände dieser Art anprangert. Die Geschlechterbeziehungen in der Universitätsgemeinschaft sind einerseits Vorbote und andererseits Spiegelbild der Beziehungen zwischen Männern und Frauen in der Gesellschaft, die sie umgibt.

Gesundheitsversorgung: Rund um Schwangerschaft und Entbindung

Als Brutkasten bin ich überstrapaziert.
Nun habe ich die Pille.
Ich mache all die Jahre wieder wett,
denn ich habe jetzt die Pille.
Das gute Gefühl kommt wie von selbst,
denn ich habe jetzt die Pille.
Also Papa, mach dir keine Sorgen,
denn Mama hat die Pille.[94]

In den letzten anderthalb Jahrhunderten ist die durchschnittliche Lebenserwartung spektakulär gestiegen, im Westen noch stärker als in der außerwestlichen Welt. Schon immer und fast überall haben Frauen durchschnittlich ein paar Jahre länger gelebt als Männer, trotz der Risiken, die mit Schwangerschaft und Entbindung einhergehen. Heute beträgt die durchschnittliche Lebenserwartung weltweit 69 Jahre, 67 Jahre für Männer und 71,1 Jahre für Frauen.[95] Die Lebenserwartung variiert stark von Land zu Land und ist in Ländern mit einem hohen Bruttosozialprodukt pro Kopf höher. Innerhalb der jeweiligen Länder fällt der geschlechtsspezifische Unterschied weit weniger ins Gewicht als der Einkommensunterschied: Reiche Menschen leben länger.

Die wichtigsten Unterschiede in Bezug auf den Gesundheitszustand von Frauen und Männern stehen, wie könnte es anders sein, in Zusammenhang mit Schwangerschaft und Entbindung. Die Sterblichkeitsrate von Frauen während und bis zu sechs Wochen nach der Schwangerschaft, die mütterliche Mortalitätsrate, ist drastisch gesunken. In Schweden starben im Jahr 1800 noch etwa 1000 von 100.000 Frauen während und nach der Schwangerschaft, 2015 waren es nur noch fünf. In den meisten europäischen Ländern und den Vereinigten Staaten setzte der Rückgang zwischen 1850 und 1900 ein. Auch hier lässt sich das übliche Muster beobachten: Die Verbesserung begann vor mehr als einem Jahrhundert in den westlichen Ländern und hat sich seit etwa 50 Jahren auch in der außerwestlichen Welt fortgesetzt.[96] Der Rückgang der Sterblichkeit von Schwangeren und Wöchnerinnen hing eng mit der Verfügbarkeit ausgebildeter Hebammen zusammen. Diese traten an die Stelle von Ärzten, die nicht speziell für die Geburtshilfe ausgebildet waren.

Bis Anfang des letzten Jahrhunderts war das Kindbettfieber eine Krankheit, die viele Frauen vor und nach der Geburt heimsuchte. Der ungarisch-österreichische Chirurg und Geburtshelfer Ignaz Semmelweis entdeckte die Ursache bereits 1847: Die Frauen infizierten sich, weil Hebammen und Ärzte die Krankheitskeime »eigenhändig« von einer auf die andere Wöchnerin übertrugen. Aus Unwissenheit reinigten sie ihre Hände und Instrumente nicht richtig. Es sollte noch bis zum Ende des 19. Jahrhunderts dauern, bis Ärzte und Geburtshelferinnen verstanden, dass sie selbst die Ursache dafür waren und strengere Hygienemaßnahmen befolgen mussten.

Die Sterblichkeitsraten von Wöchnerinnen und Neugeborenen gehören heute zu den wichtigsten Indikatoren für die Qualität der Gesundheitsversorgung in einem Land. Sie werden von internationalen Gesundheitsorganisationen, der Ärzteschaft und den verantwortlichen Politikern in jedem Land überwacht. Keine Regierung möchte sich auf der Rangliste unten sehen.

Kurz gesagt: je größer der Wohlstand in einem Land und je höher das Familieneinkommen, desto besser sind die Überlebenschancen von Frauen und Kindern vor und nach der Geburt. Dieser eindeutige Zusammenhang wird allerdings von verschiedenen Einschränkungen durchkreuzt, die Frauen aus religiösen Gründen auferlegt werden. Das bedeutendste Hemmnis ist das Abtreibungsverbot. In etlichen Ländern ist ein Schwangerschaftsabbruch unter allen Umständen unmöglich, selbst dann, wenn die Schwangerschaft Folge einer Vergewaltigung, das Leben der Frau bei der Niederkunft in Gefahr oder die zukünftige Mutter selbst ein Kind ist. Gerade in diesen Ländern ist die Sexualität geheimnisumwittert, Verhütungsmittel sind kaum oder gar nicht erhältlich und junge Mädchen sind nicht gut darüber informiert, wie sie eine Schwangerschaft vermeiden können. Die Zahl der Teenagerschwangerschaften eines Landes ist daher ein sehr guter Index für seine sexuelle Scheinheiligkeit.

Am häufigsten kommen Teenagerschwangerschaften in Afrika, südlich der Sahara vor: bei 143 von 1000 Mädchen zwischen 15 und

19 Jahren. Das liegt vor allem daran, dass die Mädchen in diesen Ländern unter großem Druck stehen, schon in sehr jungen Jahren zu heiraten. Sie haben keine Möglichkeit, ihre Schwangerschaft zu verhindern oder abzubrechen.[97]

In den Niederlanden sind Schwangerschaften in der Adoleszenz sehr selten, nur 5 von 1000 Teenagern sind davon betroffen. In den Vereinigten Staaten kommen sie viel häufiger vor, 2010 wurden 39 von 1000 Mädchen im Alter zwischen 15 und 19 Jahren schwanger.

Überall auf der Welt, wo die katholische Kirche die Chance dazu bekam, wurden Schwangerschaftsabbrüche extrem tabuisiert: das gilt bis heute noch für den überwiegenden Teil von Lateinamerika, wenngleich das Abtreibungsverbot in der Praxis gelegentlich umgangen und vom Gesetzgeber aufgeweicht wird. Auch strenggläubige protestantische Kirchen und orthodoxe islamische Strömungen zwingen Frauen, die Schwangerschaft auszutragen, egal wie ungewollt, wie ungelegen oder wie gefährlich die Niederkunft auch sein mag. Bei den meisten Muslimen und im überwiegenden Teil von Nordafrika und dem Nahen Osten ist die Abtreibung daher aus dogmatischen Gründen verboten.[98] Es gibt allerdings auch islamische Gelehrte, die der Auffassung sind, dass dem Fötus vor dem 120. Tag der Schwangerschaft noch kein eigenes Leben eingehaucht wurde und eine Abtreibung daher bis zu diesem Zeitpunkt im Prinzip erlaubt sei.

Frauen aus wohlhabenden Familien können diese Verbote leichter umgehen. Sie finden in der Regel einen Arzt, der unter größter Geheimhaltung und gegen ein großzügiges Entgelt einen fachkundigen Schwangerschaftsabbruch durchführt. Notfalls unternehmen sie für kurze Zeit eine »Urlaubsreise« ins Ausland, um dort den Fötus professionell abtreiben zu lassen. Frauen, die sich das nicht leisten können, sind auf unausgebildete und inkompetente Kräfte, sogenannte Engelmacher und Engelmacherinnen, angewiesen, die zudem unter unhygienischen Bedingungen arbeiten. Die Folgen sind entsprechend: Viele Frauen ziehen sich Infektionen zu, tragen Verletzungen an der Gebärmutter oder der Vagina davon und werden manchmal dauerhaft unfruchtbar. Solche Fälle tauchen selbstredend nicht in den Statistiken auf, denn schließlich ist »nichts passiert«.

Nichts als Elend, völlig unnötiges Elend, das ganz bewusst von fanatischen Priestern, Geistlichen und Imamen und ihren bigotten

Anhängern verursacht und aufrechterhalten wird. Bei all dem frommen Gerede beruht das absolute Abtreibungsverbot auf einem denkbar simplen Denkfehler: dass es zwischen Empfängnis und Geburt einen exakten Zeitpunkt gäbe, an dem die Leibesfrucht zum Menschen wird. Für die absolutistischen Religionen liegt er ganz am Anfang, dem Moment der Empfängnis, wenn Spermie und Eizelle verschmelzen. Für Befürworter der zeitlich unbeschränkten Abtreibung hingegen liegt dieser Zeitpunkt am Ende der Schwangerschaft, kurz vor der Geburt. Doch die Entwicklung von der befruchteten Eizelle zu einem Kind ist ein allmählicher Prozess, bei dem sich ein solcher Übergangspunkt nicht ohne Willkür festlegen lässt. Das Einzige, was man vernünftigerweise behaupten kann, ist, dass sich die Frucht von einem Zellhaufen nach und nach zu einem Menschen entwickelt. Je später die Abtreibung erfolgt, desto tiefer greift sie in eine Form des beginnenden menschlichen Lebens ein. Je später ein Schwangerschaftsabbruch stattfindet, desto stärker müssen die Argumente sein, um abzutreiben. Eine sehr frühe Abtreibung ist eine weit weniger schwerwiegende Entscheidung. Es geht also nicht um einen absoluten Gegensatz, wie ihn Bigotte und Fanatiker so lieben, sondern um einen allmählichen Übergang. Es geht nicht um nichtmenschlich versus menschlich, sondern um Immer-mehr-menschlich. Ersteres ist verstockte Fantasie, Letzteres entspricht der Realität.

Die sexuelle Unterdrückung im Allgemeinen und die der Frauen im Besonderen wird schon seit Längerem schwächer, der Zugang zur Geburtenkontrolle wurde erleichtert, die Sexualerziehung verbessert, die Kinderheirat erschwert und mancherorts wurde das Abtreibungsverbot aufgeweicht oder sogar ganz abgeschafft.

Nach dem Wahlrecht war das Recht auf Abtreibung für die Frauenbewegung im letzten Jahrhundert der wichtigste Streitpunkt. Das Wahlrecht ist fast überall und für nahezu alle erwachsenen Frauen erkämpft worden. Der Kampf gegen das Abtreibungsverbot hingegen nahm erst später an Fahrt auf und gestaltete sich viel mühsamer. Selbst die orthodoxen Religionen haben in früheren Jahrhunderten kein so großes Aufheben um die Abtreibung gemacht. In jüngster Zeit haben sich ihre Standpunkte jedoch verschärft und verhärtet. Vermutlich ist dies auch als Reaktion auf die fortschreitende Frauenemanzipation zu werten.

Nicht selten bilden religiöse Frauen die Vorhut, wenn es darum geht, orthodoxe Lehren und religiöse Praktiken wieder einzuführen. Denn in der Orthodoxie wird die Frau als Hausfrau und Mutter, als Hüterin des Lebens verherrlicht. Bei aller Überhöhung der Frau per se werden die real existierenden Frauen, ihre Bedürfnisse, Probleme und Rechte allerdings geflissentlich übersehen.

Die Gesundheitsrisiken von Frauen und Männern unterscheiden sich nicht allzu sehr voneinander, die Differenzen zwischen Arm und Reich sind hier größer. Bisweilen ist die zunehmende Gleichheit von Männern und Frauen für Frauen ganz und gar nicht vorteilhaft: Frauen begannen in der zweiten Hälfte des letzten Jahrhunderts immer häufiger zu rauchen und sind deshalb heute fast ebenso häufig von Tumor- und Herzerkrankungen betroffen wie Männer. Einige Krankheiten betreffen jedoch spezifisch oder überwiegend Frauen, etwa Brust- und Gebärmutterhalskrebs. Vor allem in den Bereichen Sexualität, Geburt und Schwangerschaft sind Frauen wesentlich anderen Gesundheitsrisiken ausgesetzt als Männer.

Im Kern geht es dabei um die reproduktiven Lebensbedingungen von Frauen: Können sie selbst entscheiden, ob sie schwanger werden wollen und ob sie ihre Schwangerschaft abbrechen wollen oder nicht? Können sie in sehr jungem Alter zur Heirat gezwungen werden, besteht ein erhöhtes Risiko, dass sie vor, während oder kurz nach der Geburt schwer erkranken oder sogar sterben? Und wie viele Kinder bekommen sie im Laufe ihres Lebens? In dieser Hinsicht sind Frauen in einer besonderen Position, die von der männlichen deutlich abweicht.

Seit Hunderten, vielleicht sogar Tausenden von Jahren – aber darüber gibt es keine Statistiken – lag die Zahl der Kinder, die eine Frau im Laufe ihres Lebens zur Welt brachte, bei etwa sechs. Da eine gewisse Zahl von Frauen kinderlos blieb, lag die durchschnittliche Kinderzahl einer Mutter sogar noch entsprechend höher. Eine Familie mit zwölf oder 13 Kindern war noch in der ersten Hälfte des 20. Jahrhunderts keine Ausnahme, auch nicht in den westlichen Ländern.

Etwa um 1965, vor mehr als einem halben Jahrhundert, fiel die Linie in der Fruchtbarkeitsgrafik, die in all den Jahrhunderten fast horizontal verlaufen war, plötzlich steil nach unten ab: Fast überall auf der Welt nahm die Kinderzahl pro Frau seither rapide ab. Das ist die nahezu unbemerkte weltweite Revolution unserer Zeit.

Dieser Wendepunkt, an dem die Geburtenraten zum ersten Mal zu sinken begannen, fällt in die kurze Periode der beschleunigten Entkolonialisierung in der außerwestlichen Welt: Zwischen 1955 und 1975 präsentierten sich mehr als 60 Länder zum ersten Mal als souveräne Staaten.[99] Alle diese neuen Staaten orientierten sich an anderen Staaten im Weltsystem: Sie gründeten ihre eigene Armee, schufen ein landesweites Gesundheitswesen und etablierten ein nationales Bildungssystem. Es ist, wie bereits ausgeführt, diese Ausweitung der Bildung, auch auf Mädchen, die den weltweiten Rückgang der Geburtenrate zum großen Teil erklärt.

Ungefähr zur gleichen Zeit ergab sich eine Innovation, die eine weitere Erklärung für den Geburtenrückgang liefert: die Einführung der »Pille«. Nach einem zögerlichen Start in den USA im Jahr 1960 wurde die Antibabypille in den entwickelten Ländern ziemlich schnell zur bevorzugten Verhütungspraxis. In der außerwestlichen Welt wurden die modernen Methoden der Geburtenkontrolle etwas später eingeführt, und ihre Verbreitung kam etwas langsamer in Gang. 1965 nahm in den Vereinigten Staaten bereits ein Drittel der Frauen die Pille, in den Entwicklungsländern taten dies nur 10 Prozent. 2014 nutzte bereits mehr als die Hälfte der Paare weltweit moderne Methoden der Geburtenkontrolle.[100]

Bereits um 1960 begann auch die Kindersterblichkeit bei der Geburt und in den ersten Lebensjahren fast überall zu sinken. Das war wesentlich auf die Verbesserung der öffentlichen Hygiene, also auf sauberes Leitungswasser, den Anschluss an das Abwassersystem, pasteurisierte Milch, Säuglingsfürsorge, Impfungen, Gesundheitsinspektion usw. zurückzuführen. Dank dieser Maßnahmen blieben viel mehr Kinder als zuvor am Leben, was dazu führte, dass weniger Kinder geboren wurden, denn die Eltern konnten nun von einer guten Überlebenschance ihrer Babys ausgehen. Sie mussten also weniger Kinder zeugen, um im Alter von zwei oder drei überlebenden erwachsenen Kindern unterstützt zu werden. Seit 1965 ist die durchschnittliche Kinderzahl pro Frau weltweit von etwa sechs auf zwei bis drei gesunken. Und das in kaum mehr als 50 Jahren. In den westlichen Ländern werden sogar noch weniger Kinder geboren, vielfach weniger als die durchschnittlich 2,1 Kinder, die notwendig wären, um die Bevölkerungszahl konstant zu halten. Die Bevölkerung im Westen vergreist und schrumpft entsprechend.

Natürlich gibt es Ausnahmen vom allgemeinen Trend rasch sinkender Geburtenraten. In Afrika geht die Kinderzahl pro Frau langsamer zurück, und in einigen Ländern wie Nigeria, Angola und Burkina Faso ist sie so hoch, wie sie immer war: bei etwa sechs oder sogar sieben Kinder pro Frau. Diese Länder hinken entsprechend auch in allen Aspekten, die mit der Senkung der Kinderzahl in Zusammenhang stehen, hinterher, vor allem was Bildung anbelangt.[101]

Weil sie Zugang zur Bildung hatten, bekommen Frauen weniger Kinder. Weil sie weniger Kinder haben, haben die Eltern mehr Geld, um ihre Kinder zur Schule zu schicken, und je besser die Ausbildung ihrer Töchter ist, desto weniger Kinder bekommen diese. Es handelt sich also um sich gegenseitig verstärkende Trends, um eine »positive Rückkopplung«.

Es gibt einen Unterschied zwischen Frauen und Männern, der zwar hier und da zur Sprache kommt, aber selten in seiner ganzen Tragweite diskutiert wird. Männer heiraten sehr oft deutlich jüngere Frauen, Frauen haben geringere Chancen bei viel jüngeren Männern. Mathematisch betrachtet kann das nur bedeuten, dass junge Frauen sehr gefragt sind – von jungen wie von alten Männern gleichermaßen – und ältere Frauen auf dem Heiratsmarkt eine geringere Rolle spielen. Junge Frauen ziehen manchmal einen älteren, wohlhabenderen oder angeseheneren Mann einem gleichaltrigen vor. Ältere Frauen haben viel weniger Auswahl. Aber auch das ist kein Naturgesetz. Verschiebt sich die Einkommens- und Machtverteilung zwischen Männern und Frauen, kann sich die Anziehungskraft mächtiger, reicher und reiferer Frauen auf junge Männer durchaus steigern. In den Vereinigten Staaten gibt es sogar einen Begriff für ältere Frauen, die erotisch aktiv bleiben und sich mit jüngeren Männern einlassen: »cougar«, Puma, ein prächtiges, starkes, aber doch furchterregendes Raubtier. Der Ausdruck spricht Bände über die Fantasien und Ängste, die solche Frauen offensichtlich auslösen, und sagt wenig über die Frauen selbst.

In einer Gesellschaft, in der die Menschen jung heiraten und ein Leben lang zusammenbleiben, sind diese Unterschiede viel weniger signifikant als in einer Kultur, in der man sich häufig scheiden lässt und wieder heiratet, und in der sich folglich auch ältere Männer auf dem Ehe- oder Partnermarkt tummeln. In einer Gesellschaft, in der Männer – vor allem ältere und reichere – mehrere Frauen heiraten können, ist der Alterseffekt noch ausgeprägter. Dort sind es die jungen, armen Männer, die den Kürzeren ziehen und kaum Chancen haben, eine Frau zu finden. In Korea und China nennt man sie »tote Äste« – sie werden nicht mehr aufblühen. Solche unfreiwilligen Junggesellen suchen ihr Heil oft anderswo. Einige versuchen auszuwandern. Andere werden Söldner oder radikalisieren sich und schließen sich extremistischen Milizen wie dem IS an. Auch in den USA machen solche »Singles wider Willen« von sich hören. Auf sie gehe ich im Kapitel über die *Mannosphäre* näher ein. Ältere Frauen, die unverheiratet geblieben sind, wurden früher oft als »späte Mädchen« oder »alte Jungfern« bezeichnet. Das lässt wenig Gutes über ihre Stellung in der damaligen Gesellschaft erahnen. Heute haben unverheiratete ältere Frauen eine stärkere Position, da die meisten von ihnen berufstätig sind und somit über ein eigenes Einkommen verfügen und auch in ihrem Umfeld respektiert werden.

Frauen wie Männer profitierten im vergangenen Jahrhundert in hohem Maße von den Fortschritten im Gesundheitswesen. Das begann mit der Verbesserung der öffentlichen Hygiene: mit sauberem Wasser, unbelasteten Lebensmitteln, Abwasserentsorgung und Impfungen gegen Infektionskrankheiten. Seitdem hat die Medizin eine enorme Entwicklung durchgemacht.

Ein spezieller Gesundheitsgewinn für Frauen wurde vor allem durch die Innovationen in der Versorgung während der Schwangerschaft und der Geburt erreicht. Der in jüngster Zeit weltweit zu verzeichnende starke Rückgang der Zahl von Kindern, die eine Frau im Laufe ihres Lebens zur Welt bringt, ist ihr auch gesundheitlich zugutegekommen. Aufgrund dieser gesunkenen Fertilität haben Frauen mehr Freiheiten, eigenständig zwischen Familie, Ausbildung und Arbeit zu wählen. Die nach wie vor existierenden gesundheitlichen Risiken der Frauen sind vor allem gesellschaftlicher Art: Sie bestehen im Druck, sehr jung zu heiraten, in Genitalverstümmelung, im Abtreibungsverbot, in der Sabotage von Empfängnisverhütung und der Zensur der sexuellen Aufklärung.

Kurz gesagt, die Gesundheit von Frauen ist heute in erster Linie eine gesellschaftliche und politische Frage.

Frauen haben immer gearbeitet: Fast zu allen Zeiten und überall auf der Welt leisteten sie Feld- und Hausarbeit. Während sie draußen mit den Männern zusammenarbeiteten, war die Arbeit im Haus Frauensache. Im frühindustriellen Kapitalismus arbeiteten Männer und Frauen Seite an Seite in den Fabriken, meistens für einen Hungerlohn und unter erbärmlichen Bedingungen. Woraufhin die »bürgerliche« Familie, in der es der Frau möglich war, zu Hause zu bleiben und sich um ihre Kinder zu kümmern, idealisiert wurde. Der Mann verdiente den Lebensunterhalt außer Haus. Frauenarbeit wurde häufig mit Armut oder Sittenlosigkeit assoziiert, oft aber auch, damals schon, mit Selbständigkeit und Unabhängigkeit.

Auch hier war es die Ausweitung des Bildungswesens, die dafür sorgte, dass sich die Position vieler Frauen auf dem Arbeitsmarkt zu verbessern begann. Frauen mit einem Berufsabschluss konnten Lehrerin, Krankenschwester, Stenotypistin oder Telefonistin werden. Diese Arbeit war nicht schwer, besser bezahlt und hatte ein gewisses Prestige. Junge Frauen konnten so ihren eigenen Lebensunterhalt verdienen, allein in »möblierten Zimmern« oder zu »Kost und Logis« wohnen, mit Freundinnen durch die Läden bummeln und in der Stadt ausgehen. Sie bewegten sich freier, ihr Radius wurde größer und sie trafen Unbekannte in Lokalen, Tanzsälen oder Kinos. Sie verliebten sich und hatten Affären, ohne dass die Eltern, der Pastor oder der Pfarrer intervenieren konnten. Ihre Romanzen liefen nicht zwangsläufig auf eine Verlobung und Ehe hinaus. Was ein Jahrhundert zuvor noch großbürgerlichen und adligen Damen vorbehalten war, wurde nun auch ein Bestandteil im Leben junger berufstätiger Frauen. Diese Neuerungen stießen daher in der Bourgeoisie auf strikte Ablehnung, man warnte vor den Gefahren aufreizender Lektüre und Massenamüsement, vor »Negermusik« und Hollywood, vor kurzen Röcken und der grassierenden Tanzmanie. Diese Musik wurde übrigens vor allem von Schwarzen, Juden und »Zigeunern« gemacht, allesamt vermeintlich »gefährliche« – doch in Wirklichkeit bedrohte – Bevölkerungsgruppen. Hören Sie sich doch mal den Charleston-Song *»Every step you do, leads to something new …«* an.

Diese Jahre relativer Unabhängigkeit im Leben junger Frauen wurden jedoch nur als eine Übergangsphase angesehen. Nach dem üblichen Muster fanden auch diese jungen berufstätigen Frauen nach einiger Zeit einen Verlobten, heirateten, hörten auf zu arbeiten und bekamen Kinder. Frauen, die mit 30 noch unverheiratet waren, hatten sich offensichtlich »keinen Mann angeln« können und damit – oft auch in ihren eigenen Augen – ihre Bestimmung verfehlt. Ihr Leben lang wurden sie als »Fräulein« angesprochen, denn die Anrede »Frau« war verheirateten Frauen vorbehalten. Verheiratete Frauen wiederum waren mitunter gesetzlich verpflichtet, ihre Berufstätigkeit aufzugeben, aber der gesellschaftliche Normierungsdruck drängte sie mindestens ebenso stark dazu. In Zeiten hoher Arbeitslosigkeit warf man berufstätigen Frauen zudem vor, in unfaire Konkurrenz zu den Männern zu treten, die schließlich eine Familie zu ernähren hätten. Man ging ganz selbstverständlich davon aus, dass die Männer und nicht die Frauen die Ernährer waren.

Während des Ersten und Zweiten Weltkriegs jedoch übernahmen Frauen die Arbeitsstellen der eingezogenen Männer. In dieser Zeit gelang ihnen der Durchbruch in vielen Bereichen, die bis dahin ausschließlich den Männern vorbehalten waren. Immer wieder stellten sie unter Beweis, dass eine Frau diese und jene Arbeit ebenso gut bewerkstelligen konnte wie ein Mann. Schon bald nach Ende des Krieges nahmen die Männer ihre alten Positionen jedoch wieder ein, sie standen ihnen zu, schließlich hatten sie als Soldaten dem Vaterland gedient, und die meisten Frauen kehrten in den Haushalt zurück. Die alten Verhältnisse mussten wiederhergestellt werden.

Je mehr Frauen länger die Schule besuchten und eine Ausbildung durchliefen, desto mehr von ihnen gelangten mit besseren Qualifikationen auf den Arbeitsmarkt. In den vergangenen fünf Jahrzehnten ist es den Frauen gelungen, ein Berufsfeld nach dem anderen zu erobern. Was immer wieder für konsternierte Reaktionen sorgte: Frauen sollte es nicht gestattet sein, diese Arbeit auszuführen; Männer seien nicht länger »unter sich«; Frauen würden die gute Atmosphäre stören. Wenn Frauen dann auch noch am Arbeitsplatz Männern gegenüber weisungsbefugt waren, weckte dies noch größeren Unmut. Das sei für Frauen unangemessen und für Männer demütigend. Millionen dieser Mini-Revolutionen haben sich in jüngster Vergangenheit am Arbeitsplatz abgespielt, und fast immer gewöhnte man sich nach einer gewissen Zeit an die neue Situation.

Nach und nach wurden in den allermeisten westlichen Ländern nahezu alle Positionen in der Wirtschaft für Frauen zugänglich. Einige wenige Männerbollwerke konnten sich behaupten, vor allem in Branchen, die traditionell ein hohes Maß an Körperkraft und Belastungsfähigkeit erfordern, wie im Bergbau oder in der Schifffahrt, im Baugewerbe und bei der Feuerwehr. Aber auch in diesen Branchen kommt es heute aufgrund von Mechanisierung und neuen arbeitsrechtlichen Bestimmungen viel weniger auf reine Muskelkraft an. Im Wesentlichen versperrt der Ballast der Tradition den Frauen hier und da noch den Zugang. Sogar Berufe, die mit der Ausübung von Gewalt verbunden sind, in der Armee oder bei der Polizei, stehen in den meisten westlichen Ländern Frauen längst offen. Sogar in den kämpfenden Truppen bei der Marine und der Luftwaffe agieren Frauen in einer ganzen Reihe von Ländern, etwa den USA und Israel, Seite an Seite mit den Männern. Sie müssen bei der Auswahl und Ausbildung die gleichen Anforderungen erfüllen wie männliche Rekruten. Zur Überraschung vieler gelingt das durchaus. Sind die Frauen erst einmal angenommen, erweist sich, dass sie entgegen negativer Prophezeiungen gut in dieser militärischen Männerwelt zurechtkommen.[102]

Es gibt nur *ein* Amt, das Frauen noch immer entschieden verwehrt wird: das geistliche Amt. Unverkennbar sind Frauen theologisch genauso kompetent wie Männer. Und für seelsorgerische Arbeit mindestens ebenso geeignet. Warum sollten sie weniger gut predigen oder Gottesdienste abhalten können? Offensichtlich handelt es sich hier um reine Diskriminierung, und zwar mit einem besonders einschüchternden Argument: es sei Gottes Wille, eine Vorschrift der Kirchenväter, der Schutzheiligen oder der Religionsstifter. Die geschlechtsspezifische Diskriminierung durch die Kirchen widerspricht dem verfassungsrechtlichen Gleichheitsgrundsatz, wird jedoch mit der Religionsfreiheit gerechtfertigt.

Liberale Religionsgemeinschaften haben in den letzten Jahren Rabbinerinnen, Pfarrerinnen, Imaminnen und Priesterinnen akzeptiert. Doch die orthodoxen Religionen lehnen die Feminisierung des Amtes nach wie vor strikt ab, allen voran die katholische Kirche. Der vergleichsweise progressive Papst Franziskus schließt – für heute und für alle Zeiten – aus, dass Frauen zu Priesterinnen geweiht werden können: Jesus begab sich in der Gestalt eines Mannes unter die

Menschen und wählte zwölf Männer zu seinen Aposteln und keine einzige Frau, nicht einmal seine Mutter Maria. So hat er es offenbar gewollt, und deshalb (wirklich deshalb?) sollten Frauen niemals die Sakramente spenden dürfen.[103] Sie können Diakonissinnen werden und sich der seelsorgerischen Arbeit widmen. »Ist das als Berufung nicht genauso schön, wenn nicht gar noch schöner …« Wo das als Argument nicht reicht, kann man die Ausgrenzung von Frauen auch auf eine der besonders frauenfeindlichen Stellen in der Bibel stützen:

> Eine Frau soll sich still und in aller Unterordnung belehren lassen. Dass eine Frau lehrt, erlaube ich nicht, auch nicht, dass sie über ihren Mann herrscht; sie soll sich still verhalten. Denn zuerst wurde Adam erschaffen, danach Eva. Und nicht Adam wurde verführt, sondern die Frau ließ sich verführen und übertrat das Gebot.[104]

Es verträgt sich gut mit den ökumenischen Bemühungen um eine Annäherung der Religionen, dass die Strenggläubigen anderer Glaubensrichtungen genauso darüber denken, ganz gleich ob es sich dabei um Muslime, Evangelisch-Reformierte, orthodoxe Christen, Hindus, Buddhisten oder Juden handelt.

Es gibt noch einen weiteren Sektor, in dem die Trennung zwischen den Geschlechtern fast vollständig ist: im Sport, vor allem dort, wo Sport als Arbeit betrieben wird, im Profisport. In den meisten Sportarten spielt der Unterschied in Körperkraft, Schnelligkeit, Beweglichkeit, Reaktionszeit, Spielverständnis, Motivation und Ausdauer eine entscheidende Rolle. Die meisten Männer sind stärker und schneller als Frauen. Die stärksten und schnellsten Menschen der Welt sind allesamt Männer.[105] Alle anderen Begabungen sind zwischen Männern und Frauen mehr oder weniger gleichmäßig verteilt.

Je mehr Menschen in einem Land eine Sportart betreiben, desto größer sind die Chancen, dass sich aus dieser Menge einige wenige Spitzensportler herausheben, die sich mit den Champions anderer Länder messen können. Wenn also mehr Frauen Sport treiben, sollte es für sie auf Dauer in gleichem Maße möglich sein, das höchste Niveau zu erreichen.

Aus diesen Gründen habe ich irgendwann in den 1980er Jahren gewettet, dass innerhalb von zehn Jahren eine Frau alle Männer in mindestens einer olympischen Disziplin (außer dem Dressurreiten) übertreffen würde. Ich war mir dessen sicher. Zehn Jahre darauf hatte noch keine einzige Frau alle Männer in ihrer Sportart besiegt. Und ich hatte vier Flaschen Champagner und Autorität im Magnumformat verspielt …

Selbst in Ländern, in denen Frauen seit langem wahlberechtigt sind und mindestens den gleichen Bildungsstand haben wie Männer, gehen sie seltener einer Lohnerwerbstätigkeit außer Haus nach. Und wenn sie doch außer Haus arbeiten, dann in schlechteren Positionen als Männer mit ähnlichen Qualifikationen. Und wenn sie in denselben Positionen arbeiten, werden sie dafür schlechter bezahlt.

Die Erklärung hierfür muss in zwei Sphären gesucht werden: zu Hause und bei der Arbeit. Wenn Frauen Kinder bekommen, nehmen sie Mutterschaftsurlaub. In einigen Ländern ist dies besser geregelt als in anderen. Für berufstätige Frauen ist damit zumindest eine Unterbrechung ihrer bezahlten außerhäuslichen Tätigkeit verbunden, in der Regel für einige Monate, manchmal auch für ein halbes Jahr und länger. Viele Paare beschließen, dass die junge Mutter von nun an in Teilzeit arbeitet, wenn sie ihre Stellung überhaupt behält. Auch in Gesellschaften, in denen die Emanzipation weit fortgeschritten ist, kommt es viel seltener vor, dass der Vater den Großteil der Kinderbetreuung übernimmt, wobei man sagen muss, dass der Anteil wächst.

Verdient der Mann mehr als seine Frau, ist es ökonomisch betrachtet vernünftig, dass die Frau die Sorge für die Familie übernimmt, da das Familieneinkommen dadurch weniger geschmälert wird als im umgekehrten Falle. Interessanterweise hat aber eine Studie über homosexuelle Paare, bei denen der Geschlechtsunterschied also keine Rolle spielt, nachgewiesen, dass wirtschaftliche Motive bei ihnen keinen signifikanten Ausschlag geben.[106]

In den Jahren, in denen sie sich um ihre kleinen Kinder kümmern, bleiben Frauen häufiger und länger dem Arbeitsmarkt fern als Männer, vielleicht ist das auch ihr Wunsch. Diese Unterbrechung macht sie für Arbeitgeber weniger attraktiv, es sei denn, sie begnügen sich danach mit einem geringeren Gehalt. Was dazu führt, dass sie nach der Babypause weniger verdienen. Auch hier beobachten wir einen sich selbst verstärkenden Effekt, eine positive »Rückkopplung«, wobei es sich hier im Grunde um eine Negativspirale handelt.

Die Entscheidung der Eltern über die Aufgabenverteilung im Haushalt wird im Kontext eines gesellschaftlichen Spannungsfelds getroffen. Eine Vorhut von Feministen und Feministinnen, die sich für eine möglichst gleichmäßige Beteiligung von Frauen und Männern an der Haus- und Familienarbeit einsetzen, stößt nicht unbedingt auf eine Gegenseite, die eine Aufgabenverteilung anstrebt, bei der die Männer außer Haus und die Frauen innerhalb des Hauses arbeiten. Was ihr entgegensteht, ist vielmehr das lautlose, unsichtbare, bleischwere Gegengewicht von Konvention und Tradition. Die ältere Generation der Frauen, der Mütter, Schwieger- und Großmütter, ist oft noch konservativer als die Männer. So, wie sie es gemacht haben, war es doch richtig, oder etwa nicht? Warum muss sich jetzt alles ändern? Wer darin einen missgünstigen Unterton wahrnimmt, hat ein gutes Gespür. Für die meisten Männer ist es immer noch etwas peinlich, mit den Kindern zu Hause zu bleiben und folglich von dem Einkommen abhängig zu sein, das ihre Frau nach Hause bringt. Auch wenn sich das hier und da, und sehr langsam, verändert. Und nicht zuletzt wollen viele Frauen die ersten Jahre möglichst viel Zeit mit ihren Kindern verbringen, mag sich das auf dem Arbeitsmarkt auch nachteilig für sie auswirken. Wenn sie das freiwillig, und nicht auf Druck ihres Umfelds, so mochten, dann ist das ihr gutes Recht.

Was sich abzeichnet, ist eine Verschiebung von einem »Befehlshaushalt« zu einem »Verhandlungshaushalt«. In einem Befehlshaushalt stehen die Regeln, die Mann und Frau in der Ehe einzuhalten haben, von vorneherein fest. Diese Regeln basieren schließlich auf dem Gesetz, der Religion sowie auf Moral und Anstand.[107] In einem Verhandlungshaushalt hingegen sind die Regeln nicht mehr so starr, verschiedene Alternativen können besprochen werden, und die Beteiligten müssen gemeinsam eine einvernehmliche Lösung finden. Wenn es um die Aufteilung der Aufgaben innerhalb und außerhalb des Hauses geht, gilt es für den Mann und für die Frau, für die eigenen Vorlieben und Gefühle einzustehen und gleichzeitig die

Wünsche und Gefühle des anderen zu berücksichtigen. Sie treten als Botschafter ihres eigenen Gefühlslebens auf. Das ist eine ziemlich schwierige Aufgabe. Dutzende Millionen Paare bemühen sich heute tagein, tagaus, in einem solchen Verhandlungshaushalt eine Einigung darüber zu erzielen, wer die Kinder zur Schule bringt, wer den Müll rausträgt, wer den Abwasch macht und vor allem, wer für welchen Teil der Zeit außer Haus arbeiten geht und wer für diesen Teil den Haushalt macht. Es mag so wirken, als handele es sich hierbei vorrangig um zwei streitende bzw. kompromissbereite Individuen, doch der gesellschaftliche Kontext ist hier wichtig. Die Männer erhalten Rückhalt von den gesellschaftlichen Regularien und Gewohnheiten. Die Frauen sehen sich von den Idealen der Emanzipation bestärkt, die heute weithin akzeptiert sind und energisch vertreten werden – wenn auch mehr mit Worten als mit Taten.

Die Aufteilung der bezahlten Arbeit zwischen den Geschlechtern, die Eingruppierung und Entlohnung der Frauen sind letztendlich das komplexe Ergebnis der Auseinandersetzung und der Verständigung zwischen zahllosen Vätern und Müttern, die mehr oder weniger friedfertig nach einer Lösung für all die Aufgaben suchten, die in und außerhalb des Hauses anstanden. Und ganz langsam, wie Erdplatten, die sich übereinander schieben, verändert sich die Aufgabenverteilung zwischen Mann und Frau. Männer arbeiten etwas mehr im Haus, Frauen etwas mehr außer Haus.

Das ist, wie Ökonomen sagen, die Angebotsseite der Partizipation von Frauen am Arbeitsmarkt. Es gibt aber auch die andere Seite: die Nachfrageseite, die Präferenzen der Arbeitgeber für weibliche oder männliche Arbeitskräfte. Frauen unterbrechen häufiger ihre berufliche Laufbahn für einige Monate, manchmal Jahre, um für ihre Kinder zu sorgen. Manchmal kehren sie gar nicht mehr an ihren alten Arbeitsplatz zurück. Dies macht Frauen als Arbeitskräfte etwas weniger planbar. Nach einer langen Unterbrechung sind sie an ihrem früheren Arbeitsplatz vielleicht weniger einsetzbar, ihre Fähigkeiten sind eingerostet, vielleicht haben sie Innovationen am Arbeitsplatz verpasst. Zudem haben sie mit weniger Arbeitserfahrung auch geringere Chancen, eine höhere Position und eine höhere Gehaltsstufe zu erreichen. Das erklärt einen Großteil der Differenzen, die zwischen Männern und Frauen in Bezug auf ihre Funktion und ihre Entlohnung bestehen. Aus Sicht der Arbeitgeber sind diese

Unterschiede rational und folgerichtig, sie beruhen auf einer scheinbar kühlen Kalkulation der Vor- und Nachteile in Bezug auf die Arbeitsleistung.

Doch bei der Auswahl, Beförderung und Vergütung von Männern und Frauen spielen auch noch andere Faktoren eine Rolle, die nicht so einfach zu rationalisieren sind. Es geht hierbei nicht um pragmatische und sachliche Abwägungen, sondern um vorab bestehende Gewissheiten. Der Betriebsleiter, der Personalchef, der Direktor meint zu wissen, dass Frauen emotionaler sind, über weniger Führungsqualitäten verfügen, im Umgang mit Zahlen oder mit Maschinen ungeschickt sind, und dass sie das Betriebsklima beeinträchtigen, weil sie die Männer ablenken.[108]

Woher wissen sie das?

»Das weiß doch *jeder.*«

Ein Vorurteil ist eine Meinung, derer man sich sicher ist, einzig und allein auf der Grundlage, weil man sicher weiß, dass alle anderen sich dessen sicher sind. Solche Vorurteile sind mit ein Grund dafür, dass in fast allen Ländern, auch im Westen, die Lohndiskriminierung von Frauen fortbesteht, vielleicht etwas weniger als in der Vergangenheit, vielleicht in einem Land weniger als in einem anderen, konservativeren Land. Aber wie gering der Unterschied auch ausfallen mag, es bleibt doch Diskriminierung.

Auch Frauen, insbesondere solche in Spitzenpositionen, zögern aus Voreingenommenheit oft, eine Frau für eine freie Stelle oder als Nachfolgerin vorzuschlagen.[109]

Die Sturmflut der Frauenemanzipation zerfließt hier am Strande unzähliger kleiner Alltagssorgen zu Hause und zahlloser alltäglicher Vorurteile am Arbeitsplatz. In den westlichen Ländern jedenfalls wird nicht mehr gegen die rechtliche Benachteiligung von Frauen gekämpft. Der Kampf wird jetzt von morgens um neun bis nachmittags um fünf am Arbeitsplatz und von nachmittags um fünf bis morgens um neun in der Familie ausgefochten.

Feministische Ökonominnen nehmen mehr in den Blick als nur die bezahlte Arbeit, auf die sich die meisten ihrer Kolleginnen und Kollegen beschränken. Sie analysieren auch unbezahlte Tätigkeiten, vor allem die Hausarbeit. Da sie außerhalb der Geldwirtschaft steht, bleibt sie auch außerhalb des Blickfelds der meisten Ökonominnen.

Die Arbeit von Frauen fehlt daher großenteils in den Wirtschaftsstatistiken. Sie wird in die wichtigste Kennziffer, das Bruttonationaleinkommen (BNE), die Summe des Geldwerts aller Waren und Dienstleistungen, die von den Menschen in einem Land während eines Jahres erwirtschaftet wird, nicht miteingerechnet.

Das ist problematisch, denn auch die Arbeit im Haushalt schafft Werte, auch wenn sie nicht entlohnt wird. Für den Mann und die Kinder und oft auch noch für die ältere Generation sorgen, putzen, Wäsche waschen und bügeln, einkaufen, Essen zubereiten – all diese Tätigkeiten befriedigen elementare Bedürfnisse der Haushaltsmitglieder. Seit langem und noch immer wird darüber schwadroniert, ob Hausarbeit nicht tatsächlich eine Freizeitbeschäftigung sei und Hausfrauen daher unproduktiv seien. Wenn eine Haushälterin diese Arbeit gegen Entlohnung verrichtet, ist sie produktiv, denn dann handelt es sich um bezahlte Arbeit. Wenn die Dame des Hauses selbst den Besen schwingt, ist das eine Freizeitbeschäftigung, denn sie verlangt dafür kein Geld. Wenn der Koch für seinen Lohn das Essen zubereitet, ist es Arbeit, und wenn die Hausherrin das Essen umsonst kocht, ist es ihr Privatvergnügen.

Frauen machen doch nichts lieber als Hausarbeit, haben Ökonomen – natürlich männliche – in der Vergangenheit gern ins Feld geführt. Also ist Hausarbeit keine Arbeit, sondern Entspannung. Auch Professorinnen oder Opernsängerinnen haben oft Spaß an ihrer Arbeit (ganz zu schweigen von Buchautoren). Dann wären deren Tätigkeiten also auch nur ein Vergnügen, und »deshalb« keine produktive Arbeit.

Natürlich ist es nicht unwesentlich, ob jemand seine Arbeit mit Vergnügen macht oder nicht, vor allem für diese Person selbst. Aber wenn die Ökonomie beginnt, dies als Maßstab für produktive oder unproduktive Arbeit zu verwenden, ist kein Ende mehr abzusehen. Arbeitszufriedenheit ist sehr schwer messbar. Die Zufriedenheit einer Person ist nicht mit der einer anderen vergleichbar. Die Zufriedenheit kann sich im Laufe des Tages, ja im Laufe einer Stunde verändern. Warum sollte die Tatsache, dass jemand Freude an seiner Arbeit hat, für die Frage, ob es sich um echte Arbeit handelt oder nicht, bedeutsam sein? Wenn Frauen nur widerwillig die Hausarbeit verrichten – und das kann ja mal vorkommen, auch wenn das einigen Ökonominnen und Ökonomen entgangen zu sein scheint –, ist es dann plötzlich *doch* echte Arbeit? Wenn die Frau des Hauses mal einen schlechten Tag hat, dann sind ihre Verrichtungen Arbeit, sie machen ihr ja keinen Spaß. Wenn sie aber gut gelaunt und singend mit dem Staubtuch ihre Runde macht, dann ist es keine Arbeit?

Sind Sticken, mit den Kindern spielen, Sex haben produktive Arbeit? Mit all diesen Tätigkeiten werden auch Bedürfnisse anderer Menschen befriedigt, auch wenn die Hausfrau dafür nicht entlohnt wird. Und alle diese Tätigkeiten werden von anderen auch gegen Bezahlung verrichtet. Aber sind diese Tätigkeiten Arbeit? Hier läuft sich die Argumentation fest.

Würde unbezahlte Hausarbeit in die Berechnung der Gesamtproduktivität mit einbezogen werden, so würde sich das revidierte BNE etwa um die Hälfte erhöhen. So groß ist der Beitrag der Frauen im Haushalt für die Gesamtwirtschaft. Dies zeigt, wie dramatisch der Wert der Arbeit von Frauen in der Gesellschaft geringgeschätzt wird.

Aus ökonomischer Perspektive kann Hausarbeit als ein Beitrag zur Reproduktion der Arbeitskraft verstanden werden, denn sie sorgt dafür, dass der Ernährer oder die Ernährerin der Familie wieder für den nächsten Arbeitstag zu Kräften kommen kann: in einem gemachten Bett, gewaschen und gestriegelt, mit sauberer Kleidung und einem vollen Magen. In gleicher Weise trägt die Betreuung der Kinder als langfristige Investition zur Ausbildung produktiver Erwachsener bei. Auch die Kinderbetreuung ist ein Beitrag zur Reproduktion zukünftiger Arbeitskräfte der Gesellschaft, ebenso wie die Bildung eine langfristige Investition in diese Reproduktion ist.

Die Definition von Arbeit als bezahlte Tätigkeit ist für Ökonom:innen und Statistiker:innen natürlich eine praktische Leitlinie, da andernfalls für viele verschiedene heterogene Tätigkeiten ein Geldwert eingeschätzt werden müsste. Die problematische Folge davon ist jedoch, dass alle nach einer gewissen Zeit vergessen haben, wie das BNE ermittelt wird, und die Hausarbeit, die tägliche Arbeit von Millionen von Frauen, plötzlich als wertlos aus dem Blickfeld verschwunden ist. Es waren Ökonom*innen*, die darauf aufmerksam gemacht haben. Dieses Beispiel zeigt wieder einmal, wie sich die wissenschaftliche Perspektive verschiebt, wenn Frauen ihre Sichtweise in die Forschung einbringen, wie wir schon bei der Frage der Vergewaltigung in Kriegszeiten gesehen haben.

Rechte Gruppierungen und Strömungen unterstreichen die Bedeutung der Hausfrau für die Familie, die wiederum den Grundpfeiler des gesamten Volkes bildet. Sie betonen die Rolle der Frau als Mutter, die durch das Gebären von Kindern das Fortbestehen der Nation sichert. Viele Frauen fühlen sich dadurch anerkannt, sie sehen den Wert ihrer Arbeit geschätzt und fühlen sich in ihrer Entscheidung für ihre Rolle als Hausfrau und Mutter verstanden. Dies erklärt zu einem nicht geringen Teil die Unterstützung von Frauen für konservative Bewegungen und rechte Parteien. Dass sie damit auch auf die Familie als ausschließliche Domäne der Frau festgelegt werden und somit daran gehindert werden, außerhalb des Hauses eine Karriere zu verfolgen, wiegt für diese Frauen, die sich ja bereits für ein Leben als Hausfrau entschieden haben, offenbar weniger schwer. Feministinnen setzen sich für eine Ausbildung und eine bezahlte berufliche Tätigkeit für jede Frau ein. Konservative Frauen fassen das als eine Degradierung der Hausarbeit und der Mutterschaft auf und betrachten dies als Misstrauensvotum gegen die unverbrüchliche Ehe und das seligmachende Familienleben. Sie empfinden es als eine Kränkung, was viele dieser Frauen gegen den Feminismus einnimmt.

Die Bagatellisierung der Hausarbeit als Hauptbeschäftigung ist für eine Bewegung, die darauf abzielt, dass Männer mehr und häufiger Aufgaben im Haushalt übernehmen – und zwar aus freien Stücken (von Zwangsmaßnahmen hat man schließlich noch nichts gehört) – nicht so klug. Außerdem geht das am Kern der Sache vorbei. Es kommt nicht darauf an, ob Hausarbeit nun befriedigend und lebenserfüllend ist oder nicht, sondern darum, wie diese Arbeit gesamtgesellschaftlich eingebettet ist. Eine Hausfrau ist in einem höheren Maße von ihrem Ehemann, der das Geld verdient, abhängig, als eine Arbeitnehmerin von ihrem Arbeitgeber. Wobei wir alle emotionalen Verbindungen, die ein Paar zusammenhalten oder auseinandertreiben können, einmal außen vor lassen. Es geht um die gesellschaftlichen Optionen, die eine Frau hat, wenn sie ihre Tätigkeit als Hausfrau aufgeben und ohne Ernährer zurechtkommen muss. Und das hängt von ihrer Vorbildung, den Bedingungen auf dem Arbeitsmarkt, der Verfügbarkeit von Tagesmüttern, Kinderkrippen und Kindergärten sowie dem Ehe- und Scheidungsrecht ab.

Gerade feministische Forscherinnen und Forscher haben auf die Bedeutung und den Wert unbezahlter, meist häuslicher Arbeit hingewiesen, die überwiegend von Frauen geleistet wird. Damit ist nicht gesagt, dass Frauen diese Arbeit machen sollten und Männer nicht oder in geringerem Umfang, und auch nicht, dass Frauen mit bezahlter Arbeit produktiver oder glücklicher wären. Es geht vielmehr darum, die gesellschaftlichen Bedingungen und Wertschätzung der Hausarbeit so zu verbessern, dass Frauen und Männer sie freiwillig und mit Freude verrichten können. Und das gilt mit Verlaub ebenso für jede bezahlte Arbeit außer Haus.

Politische Machtbildung

In dieser Welt ist ein Mann selbstsicher, eine Frau aber selbstgefällig, ein Mann durchsetzungsfähig, eine Frau aber aggressiv …[110]

In weiten Teilen der Welt haben Frauen das gleiche Bildungsniveau erreicht wie Männer. Auch dort, wo sie noch hinterherhinken, schrumpft ihr Rückstand unübersehbar. Die Gesundheitsversorgung von Frauen hat sich ebenfalls erheblich verbessert. Die Chancen von Frauen auf dem Arbeitsmarkt und ihre Gehälter bleiben jedoch immer noch hinter denen von Männern zurück, auch wenn in den letzten Jahrzehnten enorme Fortschritte gemacht worden sind. Auf politischem Terrain jedoch ist allen Reformen zum Trotz der Rückstand von Frauen am größten. Dort geht es um die Umverteilung von Macht.

Im Laufe der Geschichte haben etliche Frauen Machtpositionen eingenommen. Fast immer waren sie die Witwe oder die Tochter eines männlichen Herrschers. Sie hatten diese Macht nicht selbst erwerben können, sondern von einem verstorbenen Ehemann oder Vater geerbt, dessen Macht und Charisma auf sie abstrahlte. Sie blieben »die Frau von …«. Dies gilt auch für die meisten weiblichen Staatsoberhäupter des vergangenen Jahrhunderts, insbesondere in

Asien, etwa für die Premierministerinnen Sirimavo Bandaranaike und Chandrika Kumaratunga in Sri Lanka, Benazir Bhutto in Pakistan, Indira Gandhi in Indien und Khaleda Zia und die derzeitige Premierministerin Sheikh Hasina in Bangladesch, also für alle weiblichen Regierungschefs in diesen vier Ländern. Viele dieser Frauen erwiesen sich, sobald sie eine solche Machtposition erst einmal innehatten, durchaus als fähig, ihre einmal erworbene Macht zu sichern und auszubauen. Sie verstanden es, im eigenen Land die Ordnung aufrechtzuerhalten und Feinde aus dem Ausland abzuwehren oder neue Gebiete zu erobern. Die fähigsten Frauen standen darin den fähigsten männlichen Herrschern in nichts nach.

Diese Frauen galten als extreme Ausnahmeerscheinungen, sie entstammten einem auserwählten Geschlecht, das geboren war, um zu herrschen. Dennoch wurde wiederholt der Beweis erbracht, dass eine Frau regieren kann. Trotzdem fällt es Menschen auch heute immer noch schwer, sich an Frauen in Machtpositionen zu gewöhnen.

Das ganze 20. Jahrhundert hindurch waren die Staatsoberhäupter der Niederlande Frauen: Königinnen. Auch im Vereinigten Königreich (und dem Commonwealth) war das Staatsoberhaupt eine Monarchin: Elizabeth II.

Aber für sie alle gilt: Sie sind nicht aus eigener Kraft, sondern durch Abstammung auf den Thron gelangt. Das Königtum ist das einzige öffentliche Amt in einer modernen Demokratie, das durch Vererbung erworben wird. Der Akzent liegt hier gerade nicht auf der Macht, sondern auf dem Einfluss, den der König oder die Königin ausübt. Die Ehemänner dieser gekrönten Frauen, die Prinzgemahle, durchlaufen oftmals einen schwierigen Parcours: Sie erwiesen sich allzu oft als ehebrecherische Hallodris oder schlichtweg gequälte Existenzen. Für einen Mann ist es offensichtlich nicht einfach, im Schatten einer allseits verehrten und mächtigen Frau zu leben.

Erst in der zweiten Hälfte des 20. Jahrhunderts gelang es den Frauen, aus eigener Kraft an die Macht zu kommen. Regierungschefinnen wie Golda Meir, Margaret Thatcher oder Angela Merkel standen ihren männlichen Vorgängern in nichts nach. Der Beweis für die Eignung von Frauen zur Ausübung politischer Macht wird also ein ums andere Mal erbracht. Die Frauen, die aus eigener Kraft an die Macht kamen, waren oft verwitwet (Golda Meir) oder verheiratet und kinderlos (Theresa May, Angela Merkel). Margaret

Thatcher war während ihrer Amtszeit als Premierministerin verheiratet und Mutter zweier Söhne, aber Mr. Thatcher, ihr Gatte, wurde als Ehemann verspottet, der sich von *the Boss* auf der Nase herumtanzen ließ. Offenbar weiß die Öffentlichkeit nicht so recht, was sie mit dem männlichen Anhängsel einer Machthaberin anfangen soll; es ist und bleibt unverkennbar schwierig, eine mächtige Frau als Mutter und Ehefrau zu sehen.[111] Eine solche Frau muss geschlechtslos sein.

Der niederländische Anthropologe Anton Blok bezeichnet diesen Reflex als eine Form von »Non-Sexismus«: Wenn es mithilfe des Sexismus nicht gelungen ist, eine Frau von der Macht fernzuhalten, wird sie einfach symbolisch ihrer Weiblichkeit beraubt. Die mächtigen Frauen vermeiden ihrerseits jede Anspielung auf ihre Geschlechtlichkeit. Blok schreibt in seiner Studie über Herrscherinnen im Laufe der Jahrhunderte in aller Welt: »Frauen nehmen als politische Anführerinnen in vielerlei Hinsicht eine Zwischenstellung ein. Sie sind unverkennbar Frauen, aber dort, wo sie Positionen besetzen, die normalerweise Männern vorbehalten sind, sind sie sowohl männlich als auch weiblich, oder auch keines von beiden. Aus sozialer Perspektive sind sie zu Männern geworden und fallen aus jeder Klassifizierung heraus, aber sie tragen auf diese Weise auch zur Aufrechterhaltung asymmetrischer Geschlechterbeziehungen bei.«[112] Wenn es überhaupt einen Mann in ihrem Leben gibt, ist er unsichtbar, untergeordnet, unbedeutend, kurzum: weiblich. Die Rollen werden also beibehalten, in diesem Fall aber ausnahmsweise vertauscht; die Frau an der Macht ist in Wirklichkeit ein »Mann ehrenhalber«.

Im umgekehrten Fall muss die Frau als Gemahlin eines allmächtigen Herrschers für ihre Stellung büßen. Sie wird oft als »böse Hexe« hinter dem Thron gesehen, als Anstifterin zu allem Üblen, was das despotische Regime anrichtet, schreibt Anton Blok.[113] Denn schließlich hat sie, dieses bösartige Weibsbild, ihrem Mann alles eingeflüstert: Nicolae Ceauşescus Frau Elena; Mao Zedongs Frau Jang Qing; Slobodan Miloševićs Frau Mirjana Marković, Enver Hoxhas Frau Nexhmije Hoxha, Juvénal Habyarimanas Frau Agathe Habyarimana. So können die treuen Anhänger des Diktators ihr Idol von all den Verfehlungen, die manchmal einfach nicht zu leugnen sind, freisprechen, indem sie sie der »bösen Königin« zuschreiben.

Dass auch heute noch so wenige Frauen aus eigener Kraft eine politische Machtposition erreichen, erstaunt jedoch. Im Westen sind Frauen in den meisten Ländern seit Beginn des letzten Jahrhunderts, also seit mindestens 100 Jahren, wahlberechtigt. In Finnland erhielten zum ersten Mal im Jahr 1906 alle Frauen das volle Wahlrecht; sie konnten wählen *und* gewählt werden. In Deutschland geschah das 1918, in den Niederlanden 1919, in den USA 1920, in Großbritannien 1928, in Frankreich 1944; und in Saudi-Arabien erhielten die Frauen 2015 das aktive und passive Wahlrecht, allerdings nur bei den politisch unbedeutenden Kommunalwahlen.

Bildung war auch hierbei die treibende Kraft: Fast überall, wo es Frauen gelang, das Wahlrecht zu erringen, hatte die überwiegende Mehrheit der Frauen mindestens die Grundschule durchlaufen. Die Männer – das liegt auf der Hand – waren ihnen vorausgegangen, nicht nur was die Schulbildung, sondern auch das Recht, zu wählen und gewählt zu werden, anbetrifft.

Der Kampf für das Frauenwahlrecht wurde vor allem von den Suffragetten in den Vereinigten Staaten und Großbritannien mit großer Hartnäckigkeit und oft heldinnenhaft geführt. Doch als es endlich so weit war, und die Frauen ein Stimmrecht erhielten, änderte sich die Stellung der Frauen in der Gesellschaft nicht über Nacht. Obwohl sie heute genauso viele Stimmen haben wie die Männer, lassen sich die Frauen bei der Wahl nur selten von Frauenbelangen leiten. Es gibt nirgendwo eine Frauenpartei von relevanter Bedeutung, während es in vielen Ländern eine Arbeiterpartei gibt, wie etwa die niederländische Arbeiterpartei oder die Labour Party in Großbritannien. Es gibt alle erdenklichen ethnischen und regionalen Parteien; im niederländischen Parlament sitzen Vertreter einer Partei für ältere Menschen und einer Partei für die Tiere, einer Partei für die Reformierten Christen, zweier Parteien für andere Christen und einer Partei für Menschen mit türkischem Migrationshintergrund. Dies ist eine Folge des Verhältniswahlsystems in den Niederlanden und der niedrigen Sperrklausel, die es Parteien schon bei wenigen Stimmen ermöglicht, Abgeordnete zu stellen. Doch keine einzige Frauenpartei hat jemals einen Sitz in den Niederlanden erobert. Auch in anderen Ländern habe ich keinen einzigen Fall finden können, in dem eine Frauenpartei auch nur einen einzigen Sitz errungen hätte. Dafür habe ich keine Erklärung.

Frauenorganisationen gibt es indes jede Menge. Die meisten von ihnen befassen sich mit spezifischen Themen wie der Liberalisierung der Abtreibungsgesetze, gleichem Lohn für gleiche Arbeit, besserer Kinderbetreuung oder den Rechten und dem Wohlergehen der Frauen in Entwicklungsländern. Es gibt jedoch kaum Frauenverbünde, die in Bezug auf ihre Anhängerschaft und ihren Einfluss mit den Gewerkschaften vergleichbar wären. Frauenorganisationen nehmen nicht an regelmäßigen Konsultationen in offiziellen Räten oder Unternehmensgremien teil. Sie organisieren kaum jemals Streiks oder Massenboykotte.

Frauen haben von Zeit zu Zeit sehr effektive Aktionen unternommen: von Kampagnen für das Wahlrecht bis zum Kampf gegen das Abtreibungsverbot. Oft waren es berühmte Frauen, denen es auf spektakuläre Weise gelang, die Aufmerksamkeit der Öffentlichkeit zu gewinnen. Diese Schlachten wurden in erster Instanz in den Medien ausgetragen. Es gibt jedoch keine einzige ständige Organisation, die mit den Beiträgen von vielen Tausenden oder gar Millionen Mitgliedern Kampagnen finanzieren, Gerichtsverfahren anstrengen oder feministische Kandidatinnen bei Wahlen unterstützen würde. Es gibt für die Belange von Frauen kein Pendant zur niederländischen Vereinigung für Naturdenkmäler (Vereniging voor Natuurmonumenten), auch nicht zum Niederländischen Verkehrsclub (ANWB), zur National Rifle Association (NRA) oder zur National Association for the Advancement of Colored People (NAACP) in Amerika. Ähnlich verhält es sich auch in anderen Ländern. Folglich gibt es auch keinen permanenten Druck auf die politischen Parteien, frauenfreundliche Positionen durchzusetzen.

Von Anfang an haben Frauen den Kampf vor allem in Form massenhafter, mehr oder weniger spontaner Kampagnen geführt, die unerwartet aufflammten und sich schnell ausweiteten, die überall in Massenmedien und den sozialen Medien Aufmerksamkeit erfuhren, die »viral« gingen und blitzschnell Millionen von Frauen – und Männer – mobilisierten.

Die jüngste massive Aktionswelle richtete sich gegen sexuelle Belästigungen, insbesondere am Arbeitsplatz: #MeToo. Ein Sturm von Anschuldigungen in den Medien und Klagen vor Gericht hat radikale Veränderungen bewirkt. Die spektakuläre Publicity trug dazu bei, den Druck auf männliche Tyrannen und Wüstlinge zu erhöhen. Die Anklägerinnen prangerten die Männer, die Frauen erniedrigten oder belästigten, sich an ihnen vergriffen oder sie sogar vergewaltigten, öffentlich an. Dieses Mal waren es Frauen in Machtpositionen, die dazu beitrugen, den Erfolg zu erzwingen. Viele und immer mehr Frauen sind heute berufstätig und verdienen genug Geld, um die Aktionen großzügig zu unterstützen. Die #MeToo-Kampagne konzentrierte sich auf die Frauen, die als Opfer und Anklägerinnen an die Öffentlichkeit traten, doch erfolgreich wurde sie durch einflussreiche Frauen, die die Kampagne in ihrem täglichen Arbeitsumfeld entscheidend förderten.

Längst nicht alle Frauen unterstützen derartige Aktionen. Es gibt sogar eine Menge Frauenorganisationen, die sich den Frauenrechten entgegenstellen. Sie gehören oft einer Glaubensgemeinschaft an und sprechen sich aus einer religiösen Haltung heraus gegen Abtreibung, Empfängnisverhütung oder Ehescheidungen aus. Sie glauben, dass sie damit die Familie verteidigen und sich so gerade für die Frauen einsetzen, die sich schließlich am besten in dem sicheren Gehege des traditionellen Haushalts entfalten können. Seit jeher haben sich viele konservativ und religiös geprägte Frauen gegen die Emanzipation der Frau gewehrt. Diese Frauen kämpften gegen Alkoholmissbrauch, erzwungene oder freiwillige Prostitution, Pornografie und jegliche Form von Sittenlosigkeit. Sie versuchten auch, der Verarmung entgegenzuwirken und verarmte Familien mit karitativen Initiativen beizustehen.

In dieser Hinsicht hat die Frauenbewegung einige Gemeinsamkeiten mit der Arbeiterbewegung. Die Arbeiter waren jedoch besser organisiert, weil sie sich in den Betrieben versammelten. Frauen arbeiteten meist im Haus, deutlich isolierter und damit für Aktivistinnen schwerer zu erreichen. Aber auch die konservativen und religiösen Arbeiter wollten Arbeit und Kapital nicht als Gegensatz betrachten und den Lohnkampf nicht mit harten Mitteln wie Streiks, Aussperrungen, geschweige denn Betriebsbesetzungen ausfechten. Sie respektierten das persönliche Band zwischen den Arbeitern und ihren Vorgesetzten. Sie suchten nach Formen des regelmäßigen Austauschs zwischen Arbeitnehmer und Arbeitgeber. Wie diese Arbeiter wollten konservative und religiöse Frauen den Frieden zwischen Männern und Frauen innerhalb der Familie wahren und setzten auf Harmonie statt auf Kampf.

Die amerikanische Historikerin Ann Douglas beschreibt, wie Frauen in den Vereinigten Staaten bereits im 19. Jahrhundert an Einfluss gewannen, weil sie öfter und länger zur Schule gingen.[114] Diese Schuldbildung war allerdings nicht unbedingt darauf ausgerichtet, Mädchen auf eine Karriere in der Wirtschaft oder gar in der Politik vorzubereiten. Sie sollte sie vielmehr auf ihre Aufgabe als Hausfrau und Gastgeberin in einem gepflegten Haushalt auf dem Niveau der Arbeiterklasse und des Mittelstands vorbereiten. Auf diese Weise sei die amerikanische Kultur feminisiert worden, schreibt Douglas. In Büchern und Zeitschriften florierte die Frauenliteratur. Gefühlen, Romantik, der Schönheit der Natur und pietistischen religiösen Erfahrungen wurde mehr Aufmerksamkeit gewidmet. Unterstützung fanden die Frauen beim Klerus. Diese Bewegung war nicht radikal, sondern konservativ, sie hielt sich aus dem Kampf um das Frauenwahlrecht heraus, lehnte die sexuelle Befreiung der Frau ab und zeichnete sich auch sonst durch Prüderie aus. Auch heute noch, anderthalb Jahrhunderte später, lässt sich diese Haltung in den politischen Präferenzen sehr vieler Frauen – und Männer – in den USA beobachten, und nicht nur dort. Auch heute wird in der feministischen Bewegung diskutiert, ob lockere sexuelle Sitten wirklich frauenfreundlich sind oder nicht doch vor allem Männern zugutekommen.

Das Dilemma zwischen dem Bestreben, einerseits das Los der Frauen zu Hause zu verbessern und andererseits die Emanzipation der Frauen außerhalb des Hauses voranzutreiben, spaltete die Frauenbewegung fast überall auf der Welt. Erst in jüngster Zeit ist dieser Widerspruch von den Ereignissen weitgehend überholt worden. Immer mehr Frauen – und Männer – verbinden die Fürsorge für die Familie mit einer bezahlten Berufstätigkeit. Das bringt für alle persönliche und praktische Belastungen mit sich. Die heutige Frauenbewegung fordert, dass sich Männer stärker in der Familie engagieren, und sie versucht, Hindernisse durch eine bessere Infrastruktur für berufstätige Eltern aus dem Weg zu räumen.

Obwohl Frauen in den meisten westlichen Ländern schon seit einem Jahrhundert das volle Wahlrecht haben, und außerhalb des Westens in vielen Ländern schon seit einem halben Jahrhundert, haben Frauen in der Politik immer noch weit weniger zu sagen als Männer. Offensichtlich stimmen Frauen nicht zwingend für weibliche Kandidaten. Aber Frauen sind ja nicht nur Frauen. Sie haben einen ethnischen und einen regionalen Hintergrund, haben ein niedriges oder hohes Bildungsniveau, ein hohes oder niedriges Einkommen und so fort. Kurz gesagt, Frauen, und Männer haben nicht nur eine einzige Identität, sondern eine, die sich aus mehreren, manchmal widersprüchlichen Sektionen wie Klasse, Ethnie, Hautfarbe, Region, Generation usw. zusammensetzt: sie ist »intersektional«.[115] Das erklärt, warum Frauen häufig ihre Wahlentscheidung zugunsten anderer als der geschlechtlichen Loyalitäten treffen. Und es erklärt zum Teil, warum Männer immer und fast überall in der Mehrheit waren, in den Gemeinderäten, in den Organen der Länder, im Parlament und in der Regierung. Doch das beginnt sich in letzter Zeit zu ändern.

In weniger als einem Vierteljahrhundert, zwischen 1995 und 2018, hat sich die Zahl der Frauen in den Parlamenten in fünf von sechs Kontinenten mehr als verdoppelt.[116] Trotzdem stellen Frauen immer noch weniger als ein Viertel aller Parlamentsabgeordneten. Natürlich variiert dieses Verhältnis von Land zu Land stark. So stehen in der Rangliste der Interparlamentarischen Union nun einmal nicht die westlichen Länder an der Spitze, sondern Ruanda (61,3 Prozent), Kuba (53,4 Prozent) und Nicaragua (51,7 Prozent), die allesamt keine Musterdemokratien sind. Von den westlichen Ländern liegt nur Schweden (46,4 Prozent) unter den ersten zehn. Frankreich hatte zwischenzeitlich stark aufgeholt, ist aber wieder zurückgefallen und liegt mit einem Anteil von 37,3 Prozent mittlerweile auf dem 36. Platz. Deutschland nimmt mit 34,9 Prozent den 44. Platz ein. Die Niederlande liegen mit 40,7 Prozent der Parlamentssitze, die von Frauen besetzt sind, an 25. Stelle. China liegt mit 24,9 Prozent auf Platz 96, die Vereinigten Staaten mit 28,4 Prozent Frauen im Repräsentantenhaus und 24 Prozent im Senat auf Platz 73.[117] Die amerikanische Politikwissenschaftlerin Valerie Hudson weist darauf hin, dass viele Volksvertreterinnen in Wirklichkeit Marionetten mächtiger Männer sind. Das gilt allerdings auch für viele männliche Abgeordnete.[118]

Ministerposten gehören zu den wichtigsten Machtpositionen im Staatssystem. Auch hier sind Frauen fast überall in der Minderheit.

Nur in fünf von 178 Ländern sind die Kabinette überwiegend mit Frauen besetzt. In 23 Ländern haben Frauen mindestens ein Drittel der Ressorts inne. In 13 Ländern besteht das Kabinett ausschließlich aus Männern. In 17 von 192 Ländern war 2017 eine Frau Staatsoberhaupt oder Regierungschefin.

All diese Zahlen lassen sich am besten in wenigen Worten zusammenfassen: Obwohl sie schon seit Generationen das Wahlrecht haben, sind Frauen in den Hochburgen der politischen Macht fast überall noch immer weit in der Minderheit. Ihre Position wurde im letzten Vierteljahrhundert in nahezu allen Ländern stärker, aber in den letzten Jahren stagnierte der Aufstieg der Frauen in den politischen Institutionen weltweit.

Darüber, warum das immer noch so mühsam vorangeht, haben Feministinnen sehr viel geschrieben: Männer haben sich mit Händen und Füßen dagegen gewehrt, oft auf subtile, geradezu hinterhältige Weise. Sie suggerieren sehr wirkungsvoll, dass Frauen für Machtpositionen ungeeignet sind. Wo Frauen trotz allem einmal eine Machtposition errungen haben, wird ihnen schnell nachgesagt, dass sie »zu hart« seien (die »Eiserne Lady«), dass sie sich übernehmen und ihrer weiblichen Natur Gewalt antun müssen, um in der harten Welt der Politik zu bestehen. Behaupten sie sich dennoch, sind sie keine »echten« Frauen, sondern »Dragoner«, »Mannweiber« oder »Furien« (alles Begriffe, mit denen eine Frau, die energisch für ihre Ideen und ihre Gefolgschaft eintritt, ins Abseits gestellt werden soll). Und jene, die in der politischen Arena »ihren Mann stehen« und es schaffen, ihre männlichen Kontrahenten auszuschalten, werden über kurz oder lang als »Schlampe«, »Luder« oder »Miststück« beschimpft.

Auf der anderen Seite der Welt, in Simbabwe, verwendeten männliche Präsidentschaftskandidaten genau solche Schimpfworte, um ihre weiblichen Konkurrentinnen ins Abseits zu stellen: Eine Frau, die eine öffentliche Rolle beansprucht, muss doch eine Hure sein. Damit wurden diese Frauen zur Zielscheibe von Drohungen und Angriffen.[119] Im amerikanischen Wahlkampf zwischen Hillary Clinton (auch »eine Frau von …«) und dem Kraftmeier Donald Trump (*»grab 'em by the pussy«*) ging es ebenfalls um die Frage, ob eine Frau Präsidentin der Vereinigten Staaten werden könne oder nicht. Trump attackierte sie mit dem Slogan *»lock her up«* (sperrt sie ein) und seine Anhänger beschimpften sie als Nutte. Der amerikanische Journalist Peter Beinart hat schon während des Wahlkampfes darauf hingewiesen, wie tief und weit verbreitet der Frauenhass war und wie massiv er sich gegen Hillary Clinton richtete.[120] Zuvor war entgegen allen Erwartungen mit Barack Obama ein Schwarzer zum Präsidenten gewählt und sogar wiedergewählt worden. Auch das musste von Trump und seiner Gefolgschaft gerächt werden.

Es läuft darauf hinaus, dass das politische Talent einer Frau gegen sie verwendet wird, es dient als Beweis, dass sie keine »echte« Frau ist. Ein einfaches Experiment hat dafür einen eleganten Beleg geliefert.[121] Wissenschaftler erstellten erfundene, aber ähnliche Personenbeschreibungen einer Senatorin und eines Senators im Parlament eines amerikanischen Bundesstaates. Die Senatorin nannten sie Ann Burr, den Senator John Burr. Sie legten einigen Testpersonen den Lebenslauf von Ann und anderen den von John Burr vor. Die erfundenen Beurteilungen für die beiden waren in etwa gleich. Beide seien »ehrgeizig« und von einem »starken Machtwillen« erfüllt. Das machte John bei den Testpersonen beliebt. Ann gegenüber führten diese Eigenschaften zu moralischer Entrüstung; sie erfuhr sowohl von den Männern als auch den Frauen eine geringere Wertschätzung.

Eine beträchtliche Anzahl von Frauen beteiligen sich an dieser Disqualifizierung erfolgreicher Frauen in Politik und Wirtschaft. Frauen dürfen in dieser Männerwelt nicht erfolgreich sein, denn damit zeigen sie, dass sie als Hausfrau, Mutter und Liebhaberin nichts taugen. Vielleicht wecken diese erfolgreichen Frauen manchmal auch Missgunst bei Frauen, die es nicht so weit gebracht haben.

Frauen in der Politik befinden sich also in einer Zwickmühle: Um in der Politik erfolgreich zu sein, muss eine Frau gewiefter sein als die Männer. Doch je besser sie darin ist, desto mehr wird sie dafür gehasst. Peter Beinart führt das Beispiel von Nancy Pelosi an, die seit 2003 die Fraktionsvorsitzende der Demokraten im US-Repräsentantenhaus war.[122] Sie war zweifellos eine der tatkräftigsten und effektivsten *Speaker*. Und doch war sie auch die meistgehasste Person, sowohl in ihrer eigenen Fraktion als auch, und vor allem, bei den Republikanern, die sie als machtgieriges Monster darstellten, das seine männlichen Parteikollegen wie Marionetten manipulierte: *She is in control.* Was nicht als Kompliment gemeint war, sondern als vernichtende Kritik an der Frau. Ein Vorwurf war gar nicht nötig.

In den Niederlanden ist in mehr als zwei Jahrhunderten noch nie eine Frau Ministerpräsidentin geworden. Wären Frauen wie Klompé, Borst, d'Ancona, Halsema, Smit-Kroes wirklich so viel weniger geeignet gewesen als Männer wie De Geer, De Jong, De Quay – allesamt mittelmäßige Figuren, die es gleichwohl bis zum Premierminister gebracht haben. Wir wissen es nicht, denn keine dieser Frauen hatte je die Chance zu zeigen, was sie kann oder nicht. Diese Premiere steht noch aus.

Sie wird kommen, das ist sicher. Es wird nicht mehr lange dauern, nicht in den Niederlanden, nicht im Westen und auch nicht im größten Teil der außerwestlichen Welt. Frauen verfügen in den meisten Ländern seit langem über das Wahlrecht, in Sachen Bildung haben sie die Männer überholt, die meisten von ihnen arbeiten außer Haus und verdienen nicht viel weniger als die Männer. Die allermeisten von ihnen verfügen über die Bildung und das Einkommen, um sich als vollwertige Bürgerinnen in der Gesellschaft zu behaupten. Frauen sind daher auch in Unternehmen und politischen Institutionen allgegenwärtig. Es ist für sie aber immer noch mühsam, zu Machtpositionen in Wirtschaft und Politik vorzudringen. Allzu oft stoßen Frauen dabei noch auf ungreifbare Widerstände. Diese Widerstände müssen notwendigerweise ungreifbar sein, lassen sich doch keine vernünftigen Argumente mehr finden, die offen ausgesprochen noch standhalten könnten. Der Widerstand gegen den Aufstieg von Frauen in Politik und Wirtschaft verläuft daher zwangsläufig still, klammheimlich und intrigant. Das ist seine Schwäche. Daher wird der Vormarsch der Frauen sich weiter fortsetzen.

Der Rückstoß: Ressentiments unter Männern

Nennt mir den Dichter, der dieses verletzendste aller menschlichen Gefühle besungen hätte, den Schnitt, der nie verheilt – die Erniedrigung des Mannes! Das eigentliche Gefühl aber, die Erniedrigung, ist unaussprechlich.[123]

Wie wir zuvor gesehen haben, haben die Männer im letzten Jahrhundert den Frauen immer wieder Platz einräumen müssen. Dies taten sie nicht aus eigenem Antrieb und nicht ohne Hadern. Es begann schon, als in der Grundschule Mädchen aufgenommen wurden und Seite an Seite mit Jungen im Klassenzimmer saßen. Zum ersten Mal wurden Jungen und Mädchen nach den gleichen Maßstäben gemessen, und es stellte sich heraus, dass die Mädchen den Jungen keineswegs unterlegen waren. Ein Schulabschluss war der entscheidende Wegbereiter, um später eine gute Anstellung zu bekommen, und auch, um einen geeigneten Partner zu finden.

Überall ist die Männerwelt in ihrem Umfang geschrumpft und in ihrem Ansehen gesunken. Es gab eine Zeit, in der die Männer bei der Arbeit unter sich waren. Sie verrichteten Arbeiten, die Körperkraft, handwerkliches Geschick, Kenntnis und Erfahrung erforderten. Eine Frau kam dafür nicht in Betracht. Mit dem verdienten Lohn konnten sie ihre Familien ernähren. Nach getaner Arbeit gingen sie häufig gemeinsam in die Kneipe, und auch dort war keine Frau zu sehen, zumindest keine respektable. Die anständigen Frauen kümmerten sich zu Hause um Kinder und Haushalt.

Viel von dieser Männerarbeit ist verschwunden, wurde mechanisiert und automatisiert. Die verbliebenen Männerberufe stehen mittlerweile nahezu alle Frauen offen. Die Männer müssen sich an die Anwesenheit von Frauen gewöhnen und sich manchmal sogar einer Chefin unterordnen.

Für einen Mann wurde es schwieriger, über seine Frau die Oberhand zu behalten, als sie in der Ehe finanziell nicht länger von ihm abhängig war, als sie Vermögen erben und selbständig Verträge abschließen konnte, als häusliche Gewalt nicht mehr akzeptiert und sogar strafbar wurde, als die Frau entscheiden konnte, ob sie Sex haben wollte oder nicht, ob sie eine Schwangerschaft vermeiden oder sogar abbrechen wollte, und ob sie sich scheiden lassen wollte. Im Westen sind das inzwischen alles Errungenschaften, die selbstverständlich erscheinen. Aber sie mussten Stück für Stück gegen den zähen Widerstand der von den Kirchen und den konservativen Parteien unterstützten Männer erkämpft werden. In der außerwestlichen Welt wird mancherorts noch immer darum gerungen.

Frauen gelang es auch, politische Machtpositionen zu erobern. Nicht mehr nur als Nachfolgerin eines mächtigen Vaters oder Ehemannes, sondern aus eigener Kraft. Die Männer mussten sich also von den Frauen regieren lassen. Auch das war für viele Männer, gelinde gesagt, gewöhnungsbedürftig.

Frauen mit Macht, Frauen in Führungspositionen, wecken immer noch Ängste und Antipathien, nicht nur bei vielen Männern, sondern durchaus auch bei vielen Frauen. Dafür gibt es im Allgemeinen keine guten Gründe: Frauen in Führungspositionen schneiden weder sichtbar besser noch merklich schlechter ab als Männer. Sie sind als Führungskräfte so unterschiedlich wie männliche Führungskräfte. Doch der Widerstand gegen Frauen in Machtpositionen entzündet sich oft an dem einen Merkmal, von dem man nicht sagen kann, welchen Unterschied es eigentlich ausmacht: an ihrem Geschlecht. Dieser Widerstand ist daher auch oft unverhohlen sexueller Natur. Sie ist dann eine »Hündin«, kein menschliches Wesen, sondern eine läufige Hündin. Sie läuft frei herum, also »sperrt sie ein!«. Sie ist eine Hure, eine Frau, die es mit allen Männern treibt. Sie muss unbedingt gezähmt werden, und zwar von einem Mann.

»Da muss mal ein Schwanz rein!«, war ein Schlachtruf, den man gegen weibliche Widersacherinnen einsetzte,[124] wobei das vielsagende Wort in dieser Parole gar nicht »Schwanz« ist, sondern »muss«: die Penetration als Strafmaßnahme und der Penis als das Gerät, das hinein *muss*. Denken Sie an die Doppelbedeutung von »Rute«: Geißel und Penis. Eine Frau an der Macht ist eine Frau, die aus den Konventionen ausgebrochen ist. Damit wird sie zu einer unkalkulierbaren Gefahr. Sie muss zurück in ihren Verschlag, zurück auf ihren Rücken, unter den Mann. So ungefähr lässt sich die Hassfantasie über Frauen an der Macht in Worte fassen. Selten werden diese Gefühle so zum Ausdruck gebracht, aber sie liegen oft als unausgesprochener Bodensatz dem Widerstand gegen Frauen in leitenden Funktionen zugrunde.

Der Vormarsch junger Frauen an den Universitäten hat allmählich zu einer Feminisierung vieler akademischer Berufe geführt. In diesen Funktionen können Frauen Macht ausüben und weitreichende Beschlüsse fassen. In der Anwaltschaft und Rechtsprechung, in der Sozialarbeit, im Gesundheitswesen und in der Psychotherapie sind Frauen heute oft schon in der Mehrheit, und das nicht nur in den westlichen Ländern. Männer, insbesondere Jungen und junge Männer, sehen sich zum ersten Mal mit Frauen in »Dienstleistungsberufen« konfrontiert. Dieser Begriff klingt bescheidener, als er es in der Wirklichkeit ist.

Kinder, die in männerdominierten Familien aufgewachsen sind, in denen die Söhne den Töchtern gegenüber noch immer bevorzugt werden, sehen sich außerhalb des Hauses plötzlich mit ganz anderen Verhältnissen konfrontiert: Hier gelten für Jungen die gleichen Regeln wie für Mädchen. Der Vater daheim predigt weiterhin den patriarchalischen Unterschied. Die Mutter hat allenfalls einen Volksschulabschluss. Außerhalb der Familie jedoch werden die Kinder mit Frauen in Führungspositionen konfrontiert. In der Schule stehen überwiegend Frauen vor der Klasse. Der schulpädagogische Dienst, die Sozialarbeit, der Gemeindegesundheitsdienst, die Jugendhilfe, das Jugenddezernat, die hausärztliche Versorgung, die psychologische und juristische Beratung, das Jugendgericht und die Bewährungshilfe – all diese Funktionen sind heute überwiegend von Frauen besetzt. Sie sind in ihrer Ausbildung zudem nahezu selbstverständlich mit den Wassern des Feminismus gewaschen worden und haben die Ideale der Frauenemanzipation in sich aufgesogen.

In diesem weitgehend weiblich geprägten Sozialstaat müssen sich Jungen und Männer aus einem Migrantenmilieu oder mit einem konservativen familiären Hintergrund gegen Mädchen und Frauen behaupten, die zunehmend gleiche Chancen einfordern und erhalten. Die Ursache dafür liegt in der schulischen Bildung. Wenn es den Vätern immerhin gelingt, nicht handgreiflich zu werden, greifen sie in Ermangelung anderer Machtmittel auf die Bibel oder den Koran zurück. Daran ist nichts Christliches oder Islamisches. Der »Clash der Kulturen« ist im Wesentlichen ein Kampf zwischen den Geschlechtern. Als Schüler, Klienten, hilfesuchende Patienten, Tatverdächtige oder Inhaftierte sind diese Jungen und jungen Männer von dienstleistenden Institutionen abhängig. Sie müssen sich nach den Empfehlungen und Urteilen der Frauen richten, die dort das Sagen haben. Von Männern wird nicht nur erwartet, sich an diese Entwicklung anzupassen. Der neuen Moral zufolge sollen sie sich zudem auch noch selbst für die Emanzipation der Frauen einsetzen.

Ich gehe hierauf so ausführlich ein, weil ich zeigen möchte, dass westliche Männer im Kampf der Geschlechter viel eingebüßt haben. Über diesen Verlust dürfen sie sich nicht einmal beklagen, sondern sollen sich über die neuen, freieren Geschlechterverhältnisse auch noch erfreut zeigen. Dabei geht es nicht einmal so sehr um einen relativen Einkommensverlust oder eine Einschränkung von Rechten. Worum es vor allem geht, ist die Verletzung des männlichen Ehrgefühls. Die männliche Ehre basiert auf einer festen Ordnung: Die Frau gehorcht dem Mann, und er beschützt sie. Dieses Gerüst als Heuchelei und Maskerade abzutun, greift zu kurz. Jahrtausendelang funktionierten Familie, Gemeinschaft und Gesellschaft nach diesem Grundprinzip. Alle großen Religionen verkündeten es als höchstes Ideal. Männer *und* Frauen kannten es nicht anders und glaubten fest daran. Und sehr viele Menschen, Männer wie Frauen, tun das noch immer, schließlich handelte sich dabei um kein unverbindliches Prinzip. Es verlangte beiden Geschlechtern eine Menge ab. Die Männer arbeiteten hart, um ihre Familien zu ernähren, und sie mussten im Ernstfall für das Vaterland in den Krieg ziehen.

Jegliches Untergraben dieser Geschlechterordnung führte zum Ehrverlust für den Mann (und für die Frau oft zu Verwirrung). Heute, da seit einigen Jahrzehnten die männliche Vorherrschaft vom Aufstieg der Frauen unterminiert wird, könnte man die Männer als »absteigende« Elite bezeichnen.

Der deutsch-britische Soziologe Norbert Elias schrieb im Kontext der deutschen Niederlage im Ersten Weltkrieg:

> Mit einem drohenden Machtverlust […] verbindet sich für die Angehörigen herrschender Formationen durchweg eine ernste Störung ihres Selbstbildes und oft genug eine völlige Zerstörung dessen, was ihrem Leben in den eigenen Augen Sinn und Wert

verleiht; es droht ihnen damit zugleich ein Verlust ihrer Identität. – Ein Selbstverlust.[125]

Was Elias hier beschreibt, kann als soziologische Gesetzmäßigkeit betrachtet werden, die sich auch auf das männliche Geschlecht, das auf allen Ebenen im Verhältnis zum weiblichen Geschlecht einen Abstieg erleidet, anwenden lässt. Männer, die einen solchen Statusverlust erleben, sind daher Frauen gegenüber oft rachsüchtig und feindselig eingestellt, zumindest gegenüber jenen Frauen, die ihrer Meinung nach für die relative Verschlechterung ihrer Position mit verantwortlich sind. Das sind natürlich in erster Linie die Feministinnen, aber auch Akademikerinnen, Unternehmerinnen, Politikerinnen und all die anderen Frauen, die aus Sicht dieser Männer auf sie herabschauen.

Für Männer, die zur gesellschaftlichen Oberschicht gehören, hochgebildet sind, viel verdienen, hohes Ansehen genießen, eine Machtposition innehaben, zu den besseren Kreisen gehören, ist der relative Aufstieg der Frauen etwas leichter zu verdauen: Diese Männer betrachten sich schließlich weiterhin vielen anderen Menschen gegenüber als überlegen. Sie suchen nach einer ebenso privilegierten Partnerin, mit der sie auf Augenhöhe verkehren können, die sie versteht. Mit einer solchermaßen gebildeten Ehefrau erhöht sich auch das Familieneinkommen und das soziale Prestige des Paares. Eine solche Frau fordert allerdings sehr wahrscheinlich auch gleiche Rechte, die ihr der Mann wohl zugestehen muss. Abgesehen davon ist für privilegierte Männer auf anderem Gebiet noch ausreichend Ehre zu gewinnen.

Männer, die einer niedrigeren sozialen Schicht angehören, beziehen ihren Stolz in erster Linie aus ihrer Rolle als Ernährer, der genug verdient, damit ihre Frau nicht arbeiten muss. Sie werden sich mit aller Kraft an die Ordnung der traditionellen Familienverhältnisse klammern: machen diese doch gerade den kleinen Unterschied aus, der sie von der Schicht unter ihnen abhebt, in der die Männer nicht genug verdienen, um die Familie zu ernähren. Dort *muss* die Frau arbeiten, was jene Männer weniger respektabel macht.

Die Männer am unteren Ende der sozialen Leiter haben nur die Frauen (beziehungsweise ihre eigene Frau), um sich überlegen fühlen zu können. Für sie ist es existenziell, die Vorherrschaft der Männer über die Frauen aufrechtzuerhalten. Bei wem könnten sie sonst den Boss spielen, wenn nicht bei ihrer Frau und ihren Kindern? Deshalb geht der stärkste Widerstand gegen die Frauenemanzipation oft von denjenigen aus, die nur geringe Chancen in der Gesellschaft haben. Die amerikanischen Politikwissenschaftler Noam Gidron und Peter A. Hall charakterisieren die Anhänger der radikalen Rechten in den USA als weiße Wähler, die außerhalb der Großstädte leben und als Werktätige und Angestellte in Dienstleistungsberufen oder auf den unteren Verwaltungsebenen mit einem durchschnittlichen Einkommen auskommen müssen. Diese Menschen betrachten sich selbst als Teil der ethnokulturellen Mehrheit, und sie fühlen sich in ihrem sozialen Status angegriffen. Das macht sie anfällig für einen starken, emotionalen und moralischen, aber keineswegs irrationalen politischen Appell an ihre tief liegenden Ressentiments gegenüber professionellen Eliten und Minderheiten. Diese Männer sind häufiger als andere der Meinung, dass ihr Status durch den sozialen Aufstieg der Frauen gelitten hat, was ihre Ressentiments noch weiter verstärkt.[126]

Der Verlust an Status und Ehre ist beschämend, erniedrigend und demütigend. Er schmerzt, glüht, brennt und sticht. Es ist schwierig zu erkennen, dass man sich in seinem Ehrgefühl verletzt fühlt und darunter leidet. Denn mit der Erkenntnis müsste man bereits eingestehen, dass man zur Seite der Verlierer gehört. Stattdessen kommen Unmut, Groll, Ressentiment auf, das Gefühl, ungerecht behandelt worden zu sein. Schließlich folgt die Wut: der Furor über dieses große Unrecht, das dem Mann angetan wurde.

Der letzte Teil dieses Buches widmet sich ganz jenen Bewegungen, die von diesem Ressentiment und der Rachsucht getragen werden, vom männlichen Furor über die Demütigung, die ihnen die Emanzipation der Frau zufügt.

Der Krieg der Dschihadisten und Rechten gegen die Frauen

In kühlen Zeiten analysieren wir sie,
und in heißen Zeiten beherrschen sie uns.[127]

In den ersten Jahren dieses Jahrtausends veröffentlichten zwei verschiedene Autoren aufsehenerregende politische Traktate, in denen sie jeweils zum Massenmord im Dienst der Weltrevolution aufriefen. Der eine rief in jedem zweiten Satz Allah (»gepriesen und erhaben ist er«) und den Propheten Mohammed (»Friede sei mit ihm«) an. Er strebte danach, so viele Ungläubige, Halbgläubige und Andersdenkende wie möglich zu ermorden. Der andere war mindestens genauso fanatisch, aber kaum gläubig. Und trotzdem wollte er das Christentum bewahren, weil er glaubte, dass es eines Tages noch einmal von Nutzen sein könnte. Von dem einen wissen wir nicht, ob er jemals eigenhändig gemordet hat oder ob er nur sehr effektiv dazu aufgehetzt hat, Zehntausende Menschen abzuschlachten. Von dem anderen ist bekannt, dass er das blutige Handwerk selbst verrichtet hat. Er hat an *einem* Tag eigenhändig 77 Menschen umgebracht.

Der erste ist im Westen nur wenigen bekannt: Abu Bakr Naji, intellektueller Inspirator der mörderischen Praktiken der Al-Qaida und des Islamischen Staates (IS)[128] sowie mutmaßlicher Autor des Buches *The Management of Savagery*, was übersetzt so viel heißt wie »Die Verwaltung der Barbarei«. Das Buch erschien 2004 im Internet und ist seither eine vielgelesene Kampfbibel für Fanatiker, die sich für den Dschihad, den gewalttätigen Religionskampf, zunächst bei Al-Qaida und später beim IS und seinen zahlreichen Ablegern einsetzen. Höchstwahrscheinlich ist Naji 2008 bei einem amerikanischen Bombenangriff in Nordwasiristan umgekommen.

Der zweite, der vielfache Mörder, ist Anders Breivik, der für seine Tat kurzzeitig auf der ganzen Welt bekannt wurde, heute aber außerhalb rechtsextremer Kreise schon wieder fast vergessen ist. Er begann mit dem Schreiben seines Traktats im Jahr 2006, 2010 veröffentlichte er es im Internet: *2083. A European Declaration of*

Independence (Eine europäische Unabhängigkeitserklärung). Am 22. Juli 2011 ließ er seinen Worten mit einem Bombenanschlag in Oslo und einem Massaker an jungen Sozialdemokraten auf der Insel Utøya Taten folgen.[129] Erst durch dieses Massaker und den anschließenden Prozess erlangte seine Abhandlung Bekanntheit. Seitdem ist er das Idol Tausender Rechtsextremer, die im Internet ihr Unwesen treiben, und ein Vorbild für eine Handvoll Do-it-yourself-Terroristen. Seit 2012 verbüßt Breivik eine 21-jährige Haftstrafe, an die sich möglicherweise eine Sicherungsverwahrung anschließen wird.

Die beiden Abhandlungen verhalten sich spiegelbildlich zueinander. Abu Bakr Naji ruft zum Kampf gegen die »Kreuzfahrer« auf, also gegen die westlichen Mächte, die noch immer die islamische Welt beherrschen, und gegen die halb-gläubigen Handlanger des Westens, die in der heutigen arabischen Welt an der Macht sind.

In *The Management of Savagery* weist Abu Bakr Naji den Weg zur Errichtung eines islamischen Staates. Anschläge im Westen und Aufstände in den arabischen Ländern selbst müssen die westlichen Mächte, allen voran die Vereinigten Staaten, dazu verleiten, in arabisches Gebiet einzufallen, was unweigerlich zu einer chaotischen Situation führen wird. Dieses Chaos, das bereits in vielen Ländern des Nahen Ostens herrscht und mutmaßlich noch weiter um sich greifen wird, sollten sich die Dschihadisten zunutze machen, indem sie die westlichen Eindringlinge mit unerschütterlicher Entschlossenheit und gnadenlosem Terror verjagen. Dabei müssen sie der einheimischen Bevölkerung so viel Angst einflößen, dass diese von jeglichem Widerstand absieht. Wo überall Chaos und Gewalt herrschen, sehnen sich die Menschen nach einer starken Macht, die mit eiserner Hand für Ordnung sorgt und die staatlichen Institutionen wiederherstellt. Barbarei lasse sich nur mit barbarischen Methoden bändigen. Wird einmal eine neue Ordnung geschaffen, und die Scharia als alleiniges und oberstes Recht eingeführt, schweiße dies die gesamte Bevölkerung zu einer eisernen Legion von Kämpfern im Namen des reinen Islam zusammen.

> Die Strategie der Gewalt muss das Ziel verfolgen, dass – sollten die gestellten Forderungen nicht erfüllt werden – die Geiseln auf

> furchtbare Art und Weise liquidiert werden, damit sowohl dem Feind als auch seinen Anhängern Angst und Bange wird.[130]

Die schaurigen und theatralisch in Szene gesetzten Exekutionen, die vor der breiten Front der Medien von den Henkern des IS vollzogen werden, sind somit Teil einer wohlüberlegten Strategie der Einschüchterung und des Terrors.

Das letztendliche Ziel des Kampfes ist die Errichtung eines weltweiten Kalifats, das alle gläubigen Muslime in einer einzigen Gemeinschaft, der Umma, unter *einem* streng islamischen Staat, *Daesh*, vereint, der nach den unerschütterlichen Prinzipien der Scharia organisiert ist.

Anders Breivik seinerseits ruft zum gewaltsamen Sturz der westlichen Regierungen auf, da sie dazu beitrügen, die christlich-europäische Zivilisation zu untergraben, indem sie muslimische Einwanderer ins Land holen. Und diese dann auch noch gegenüber der eigenen Bevölkerung bevorzugen. So finde eine schleichende Islamisierung des Westens statt. Diese Bevorzugung werde schließlich insgeheim nochmals von den Kulturmarxisten befördert, die damit den kapitalistischen Westen von innen heraus zu untergraben hoffen. Nachdem der marxistische Klassenkampf überall gescheitert ist, konzentrierten sich die Marxisten nun auf die kulturelle und moralische Unterminierung der westlichen Zivilisation.

Für Anders Breivik dreht sich alles um Kultur: »Alles ist Kultur. … Absolut alles ist Kultur.«[131] Die nordische Kultur mache das tiefste Wesen des norwegischen *Volkes* aus. Sie sei das Erbe der Ahnen. Nur wer nordischer Abstammung ist, könne sie sich wirklich aneignen. Neulinge werden immer Außenstehende bleiben. Aus dieser Perspektive fallen erworbene Kultur und erbliche Rasse zusammen, eine häufig verwendete Argumentationsschleife, um eine Rassentheorie zu verbrämen. Die Kulturmarxisten – und damit meint Breivik auch die norwegischen Sozialdemokraten – hätten dies begriffen. Deshalb führten sie einen »Kulturkampf« und versuchten die Reinheit des norwegischen Volkes durch den Import ausländischer Elemente zu schwächen. Ihre mächtigste Waffe dabei ist … – wer hätte das gedacht! – der Feminismus! In Anders' Augen eine kulturmarxistische Erfindung, die eingesetzt werde, um die gesunde westliche Familie zu zerstören, die Männer zu entmannen und die Frauen gegen sie aufzuwiegeln. Dadurch werde das Volk mehr und mehr verweichlicht und dem immer weiter vordringenden Islam zum Opfer fallen. Um diesen drohenden Untergang des norwegischen Volkes abzuwenden, ist für Breivik ein Terrorakt wie der seine nicht nur gerechtfertigt, sondern sogar notwendig. Ja, es ist sein persönliches Opfer für die gute Sache. Er ruft seine Anhänger zu einem bewaffneten Kampf auf, der kein Mittel unversucht lässt. Was diesen Aspekt betrifft, dienten ihm die dschihadistischen Terroristen als Vorbild.

Anders Breivik und Abu Bakr Naji sind sich völlig einig: Die Menschheit ist in einem unerbittlichen Kampf zwischen islamischen und christlich-europäischen Traditionen gefangen. Beide blicken in die Vergangenheit zurück, in eine mythische Ära, in der alles besser war. Diese Zeit müsse nun zurückkehren, auch wenn dafür alles, was heute existiert, zerstört werden muss. Aus Sicht Abu Bakr Najis und seiner dschihadistischen Anhänger müssen die Ungläubigen mit Gewalt bekehrt, aus der islamischen Welt vertrieben oder gleich umgebracht werden. Anders Breivik hingegen ist fest davon überzeugt, dass die Muslime die europäisch-christliche Welt verlassen müssen, im Guten oder im Bösen.

Der Erdball wird demzufolge also in zwei getrennte Hemisphären aufgeteilt werden müssen, die beide frei von fremden Einflüssen sind. Dafür wird noch viel Blut fließen müssen. Millionen von Menschen sind in die Regionen zu deportieren, aus denen ihre Vorfahren stammen. Wer sich widersetzt, muss getötet werden. Am Ende dieses Prozesses wird auf beiden Seiten der Welt die Reinheit des Volkes, die Reinheit des Glaubens wiederhergestellt sein.

Und dann? Dann ist die Welt bereit. Wenn es einmal so weit sein wird, können die beiden Welthälften nebeneinander in einem wehrhaften Frieden leben. Beide Lager misstrauen, bespitzeln und verunglimpfen einander. Von Zeit zu Zeit gibt es hier und da ein Scharmützel, das auch zu einem regelrechten Krieg eskalieren kann. So bleiben die Männer mutig, die Frauen bescheiden und die Herrschenden wachsam.

Die extremen Islamisten aus der Schule Abu Bakr Najis und die Rechtsextremisten vom Schlage eines Breivik können also letztlich miteinander auskommen. Ja, mehr noch, die Bestrebungen des einen dienen heute bereits den Zielen des anderen. Jeder dschihadistische

Anschlag in Europa oder Amerika verstärkt den Hass auf Muslime in den westlichen Reihen. Jede rechtsextreme Verunglimpfung des Islams und von Muslimen im Westen schürt den Fanatismus in islamischen Kreisen. In ihrer Erzfeindschaft sind sie auch Verbündete.[132] Das wissen sie. Und das nutzen sie.

Auf den ersten Blick befasst sich keiner von beiden mit den Angelegenheiten der Frauen. Sie haben viel bedeutendere Themen im Sinn. Breivik geht es um den Erhalt und die Wiederherstellung des nordischen Volkes; Abu Bakr Naji arbeitet mit Eifer an der Gründung eines neuen Weltkalifats unter der Scharia. Da fallen solche Kinkerlitzchen wie die Bildung von Mädchen oder Verhütung nicht ins Gewicht. Auf einer tieferen Ebene, über die sie sich lieber ausschweigen, sind sich Rechtextreme und Dschihadisten ebenfalls einig. Sie kämpfen Seite an Seite an der gleichen Front. Beide Parteien kämpfen gegen den Aufstieg der Frauen und wollen sie in eine untergeordnete Position zurückdrängen. Ihre lauthals verkündeten Parolen über »Volk« und »Umma« zielen im Grunde genommen vor allem auf die Wiederherstellung der männlichen Vorherrschaft ab.

Breivik spricht gelegentlich über Frauen, Naji erwähnt sie nicht einmal. Das muss er auch nicht. Breivik muss den Norwegern hingegen noch erklären, was er von der Frauenemanzipation hält, und seine Haltung wirkt auf die Norwegerinnen und Norweger doch einigermaßen überraschend. Naji muss dazu überhaupt nichts sagen, mit »Scharia!« ist alles gesagt, denn dort sind alle Regeln, die in islamischen Gemeinschaften in Fragen des Rechts, des Eigentums, der Gesundheit, der Etikette und der vernünftigen Lebensführung als Richtschnur dienen, aufgeführt. In der Interpretation der Dschihadisten ist es eine Art Gesetzbuch, das sich ohne jegliche Reflexion, Überlegung oder Textauslegung auf die Welt zu Beginn des 21. Jahrhunderts anwenden lässt. Darin ist buchstäblich alles festgehalten, was erlaubt und nicht erlaubt ist, und was getan werden muss. Die Dschihadisten entscheiden sich immer für die härteste, strengste Interpretation, denn sie glauben, diese entspräche den Traditionen des 7. Jahrhunderts. Und diese verheißen für Frauen noch immer nicht viel Gutes.

Das 20. Jahrhundert war durchaus einiges an Gewalt in destruktiven Pamphleten gewöhnt, von Lenins *Staat und Revolution* bis zu

Adolf Hitlers noch bösartigerem *Mein Kampf* und den Aufrufen zu revolutionärer Gewalt im Werk Mao Zedongs. In den Anfangsjahren des 21. Jahrhunderts erschallten erneut die Aufrufe zum Massenmord im Namen der hehren Ideale des Volkes und der Umma. Nun allerdings schwingt – wie ein sonorer Basston – immer wieder die Aversion gegen die Emanzipation der Frau mit. Rechtsextreme und Dschihadisten sind ebenso wie jüdische, hinduistische oder christliche Fundamentalisten im wahrsten Sinne des Wortes »reaktionär«: Ihre Bewegungen sind größtenteils als Reaktion auf die fortschreitende Emanzipation der Frauen zu verstehen. Sie sind auch in dem Sinne reaktionär, dass sie nichts Neues erfinden. Sie greifen immer wieder auf die uralten Argumente zurück, die zur Rechtfertigung der überlieferten Praktiken und Institutionen herhalten müssen. Die Vorhut des Patriarchats führt ihren Kampf in der Nachhut der Geschichte.

Fanatisierung

Ohne Hoffnung führt das Gefühl der Erniedrigung zur Verzweiflung und zu einem Verlangen nach Rache, das leicht in einen zerstörerischen Impuls umschlagen kann.[133]

Zur Zeit der großen Anti-Vietnam-Demonstrationen in den USA, der Studierendenunruhen in Frankreich im Mai 1968 und der ein Jahr später folgenden Maagdenhuis-Besetzung in Amsterdam kam es zu einer raschen Radikalisierung unter jungen Menschen, besonders unter Studierenden. Bei aller Lockerheit im Lebenswandel war ihnen doch eine Art Puritanismus zu eigen. Nicht, dass sie gegen Sex oder Drogen gewesen wären. Sie opponierten gegen jede Form von Gewalt, Krieg, Ausbeutung und Ausgrenzung, gegen Militarismus, Kapitalismus und Rassismus. Ihre Dozenten und Eltern stimmten ihnen teilweise zu, trugen aber selbst nicht allzu viel bei und führten ihr solides bürgerliches Leben weiter wie gehabt. Somit hatten sie den Vorwürfen auch nicht viel entgegenzusetzen. Alles, was diese tun konnten, war, ziemlich lahm zu murmeln, dass alles nun einmal zwei Seiten habe und man im Leben Kompromisse schließen müsse. Die jungen Rebellen hatten ihre Eltern links überholt. Sie waren strenger in ihrer Lehre und fester in ihrem Kurs als die Zweifler und Lavierer über 40. *Holier than thou*, »stärker von heiligem Ernst erfüllt«, das waren sie.

Vieles davon ist heute in der Radikalisierung muslimischer Jugendlicher, übrigens auch vieler niederländischer Konvertiten zum Islam, wiederzuerkennen. Was hatten sie sich nicht alles geleistet: Hin und wieder hatten sie einen Joint geraucht und nach Zigaretten gegiert, hatten regelmäßig ein Bier getrunken und ab und an auch was Hochprozentiges, waren mit christlichen Mädchen, holländischen »Schlampen«, ausgegangen, hatten die Straßen unsicher gemacht und auch mal ein Fahrrad geklaut oder eine baumelnde Umhängetasche heruntergerissen. Manchmal hatten sie ein Jahr gesessen, hatten fünfmal am Tag das Gebet vergessen und waren eine ganze Zeit lang nicht in die Moschee gegangen. Sie waren lange nicht in der Schule aufgetaucht und hatten keine Arbeit gefunden, oder noch nicht einmal danach gesucht. Sie hatten aus unerfindlichen Gründen Sozialhilfe bezogen und sich als Drogendealer oder Stricher noch etwas hinzuverdient …

»Zugegeben, das alles ist wahr, aber das war damals.« Und nun stehe ich hier, völlig erneuert, wie neu geboren, ein anderer Mensch, ein neuer Mensch: ein prinzipienfester Rechtgläubiger, ein sittsamer und streng nach den Regeln praktizierender Muslim allerreinsten Wassers. »Jetzt ist es an euch, Eltern und Erzieher, zuzugeben, dass ihr immer glaubensschwach und halbherzig wart, dass ihr oft mit der Lehre gemogelt und es mit der Praxis nicht so genau genommen habt, dass auch ihr euch gelegentlich ein Gläschen gegönnt habt, bei Bekannten brav in einen Schweinefleisch-Burger gebissen habt, immer noch keine Pilgerfahrt unternommen habt und die Locken eurer Töchter unbedeckt lasst … Wer lebt hier nun wirklich nach der Lehre und setzt sie täglich in der Praxis um? Der verlorene Sohn, der vor euch steht! Denn der steht nun tatsächlich nicht mehr mit einer falsch herum getragenen Baseballkappe da, sondern mit einer weißen Häkelmütze; nicht mehr mit unrasierten Bartstoppeln, sondern mit einem flusigen Bart; nicht mehr in Jeans und Kapuzenpulli, sondern in einem langen Gewand; nicht mit Sneakers, sondern mit Pantoffeln an den Füßen. Euer ureigenster

Sohn, dieser Junge, der nie etwas getaugt hat, ist jetzt ein Ausbund an devoter Tugendhaftigkeit.« All die Scham, die er einst über seinen lockeren Lebenswandel empfand, ist nun in moralische Überlegenheit umgeschlagen. Ein Durchschnittsmuslim kann mit ihm nicht mithalten. Vater, Mutter und die Lehrer in der Schule wurden rechts überholt. Triumph. Die Belohnung der Radikalisierung.

Die pakistanische Sozialwissenschaftlerin und Autorin Maleeha Aslam beschreibt ein sehr ähnliches Manöver des Rechtsüberholens von Drogenabhängigen in Islamabad. Sie übernehmen eine ultraorthodoxe Glaubensversion aus ihrer Kindheit und schließen sich dann oft dschihadistischen Gruppierungen an, um dort ein Gefühl männlichem Selbstwerts zu finden.[134]

Er arbeitet außer Haus, sie sieht innerhalb des Hauses nach dem Rechten. Das ist die uralte Rollenverteilung zwischen Männern und Frauen. Dieses Muster ist für Männer längst nicht immer vorteilhaft. Die Arbeit der Männer ist oft schwerer, gefährlicher, monotoner und geisttötender als die der Frauen. Und in Kriegszeiten riskieren die Männer ihr Leben. Es ist auch nicht so, dass Männer stets das bessere Essen bekämen, sich länger ausruhen könnten und mehr Freizeit hätten. Aber es geht dabei auch nicht um die faktischen Vor- oder Nachteile des Lebens der Frauen gegenüber dem der Männer. Es geht um Ansehen und Macht.

Der Mann ist das Oberhaupt der Familie; wenn es darauf ankommt, entscheidet er. Sie fügt sich. Er beschützt sie. Sie ist von ihm abhängig. Das klingt seltsam, weit weg, wie aus längst vergangener Zeit. Aber das ist ein Trugschluss. Auch im Westen, auch bei Nichtgläubigen, bei liberalen, großstädtischen, modernen Menschen, liegt diese Geisteshaltung noch dicht unter der Oberfläche. Sie gehört zur Welt, aus der wir kommen, zur Welt unserer Großeltern, vielleicht auch noch unserer Eltern. All das ist zwar bereits vergessen, aber noch nicht verarbeitet. Und es gibt noch viele Menschen, auch in modernen Gesellschaften, auch in exponierten Stellungen, die so empfinden, auch wenn sie anders darüber denken mögen. Nicht wenige Menschen denken aber auch heute noch so darüber.

Dies macht Männer – und ihre Frauen – anfällig für das Gefühl der Demütigung, wenn sie dem Ideal der männlichen Vorherrschaft nicht gerecht werden können. Menschen, die sich in ihren eigenen Augen und in den Augen anderer gedemütigt fühlen, schämen sich. Sie möchten lieber nicht gesehen werden, »im Boden versinken«. Menschen, die sich schämen, schlagen oft die Hände vors Gesicht, als ob sie selbst nicht sehen und nicht gesehen werden wollen. Sie haben ihr Gesicht verloren. Der Amsterdamer Psychiater und Psychoanalytiker Louis Tas (1920-2011), der das Thema Scham in den Mittelpunkt seiner Praxis und seiner Reflexionen stellte, fasste es einmal so zusammen: »Scham ist das Gefühl, in den Augen anderer völlig wertlos zu sein und das auch noch zu Recht.« Und er fügt dem hinzu: »Scham ist einer Depression sehr ähnlich und kann letztlich sogar zum Suizid führen.«[135]

In den vergangenen 30 Jahren haben sich Psychiater, Psychologen und Soziologen intensiv mit Demütigung und Scham, und mit der Wut, die daraus entstehen kann, befasst. Der amerikanische Psychiater James Gilligan, der inhaftierte Gewalttäter untersucht hat, kommt zu dem Schluss, dass diese fast ausnahmslos in ihrer Kindheit oder Jugend eine unerträglich demütigende Erfahrung gemacht haben, die sie später nie verarbeitet konnten. Sie haben sich von ihrer Schande zu befreien versucht, indem sie stabil, groß, hart und gemein waren: starke, kämpferische Männer. Und weil diese Stabilität so brüchig war, mussten sie diese jedes Mal gegen jeden Herausforderer und jede Provokation um jeden Preis wieder unter Beweis stellen, selbst wenn ihnen dafür eine jahrelange Haft drohte.[136] Aggressive Straftäter erklären ihre eigenen Gewalttaten immer wieder als Reaktion auf die Respektlosigkeit (*disrespect*, oder *he dissed me*), die ihnen ihr Opfer entgegengebracht habe. Männer, die sofort und hart zuschlagen, verschaffen sich damit in ihrem hyper-maskulinen Milieu tatsächlich Respekt. Doch was den Täter selbst angeht, gab es immer noch jemanden, der nicht an ihn glaubte: ihn selbst.

Gilligans Erkenntnisse scheinen auch für die Täter zu gelten, die scheinbar sinnlose Schüsse auf ihre Mitschüler oder zufällige Passanten abgeben. Der amerikanische Soziologe Thomas Scheff fand in den Lebensgeschichten dieser einsamen Massenmörder immer wieder eine Episode von Ablehnung, Herabsetzung oder Ausgrenzung. Sie erlebten diese Erfahrung als eine beschämende Demütigung, die um jeden Preis gerächt werden musste. Ähnliches konstatiert Scheff auch für ganze Völker beim Ausbruch von Kriegen. Die französische Nation sah sich durch die Niederlage von 1871 zutiefst gedemütigt, und die Scham darüber führte zum *Revanchismus*: einem allgemeinen Verlangen nach Rache und zur Vorbereitung eines neuen Krieges. Im darauffolgenden Ersten Weltkrieg war es Deutschland, das 1918 besiegt und im Vertrag von Versailles gezwungen wurde, im Staub zu kriechen.[137] Nun waren es militärische und reaktionäre Kreise in Deutschland, die rundheraus leugneten, dass das Land tatsächlich im Kampf unterlegen gewesen sei: Der Krieg sei vielmehr durch Verrat der Linken im eigenen Land verloren worden. »Durch einen Dolchstoß in den Rücken.« Die Demütigung wurde geleugnet, die Schande überspielt, aber diese »versteckte Scham« führte dennoch zur Bildung unzähliger Terrorgruppen, die auf Rache sannen. Letztendlich führte das zum Aufstieg Hitlers, der mit seinen Anhängern dem Rachedurst in einem beispiellosen Ausmaß frönen sollte.

Der Kreislauf aus Demütigung, versteckter Scham und Rache funktioniert bei individuellen Gewalttätern und allein agierenden Massenmördern. Er findet sich sogar im Dasein ganzer Nationen. Die Argumentation lässt sich auch auf kleine Gruppen, insbesondere fundamentalistische Terrorgruppen jeder Couleur, anwenden. Der amerikanische Religionssoziologe Mark Juergensmeyer konstatiert, dass diese Terroristen oft aus marginalen, im Abstieg begriffenen Milieus kommen. Das ist an sich schon demütigend. Er konstatiert, dass sie »durch Frömmigkeit und Kampf weiteren Ehrverlust zu verhindern versuchen«. Auf diese Weise versuchen sie, symbolische Macht zu erlangen. Oft trachten sie danach, die Frauen in ihre traditionelle Position der Unterordnung zurückzudrängen. Juergensmeyer nennt als Beispiel die Taliban in Afghanistan: »Solche Fälle verdeutlichen beispielhaft die Behauptung und öffentliche Wiederherstellung von Männlichkeit [...].«[138]

Der amerikanische Soziologe Michael Kimmel hat umfangreiche Forschungen unter rechtsextremen gewalttätigen Jugendlichen in den USA durchgeführt und erkennt in fast allen Studien über diesen Rechtsextremismus einen blinden Fleck: Die Autoren übersehen immer wieder, dass es sich in der überwiegenden Mehrheit um junge *Männer* handelt. Diese rechtsgerichteten Männer, so Kimmel, leben in einem *aggrieved entitlement*, sie fühlen sich, mit einem

Wort, zurückgesetzt. Sie sind voller Groll, weil man ihnen das vorenthält, worauf sie ein Recht zu haben glauben: die Anerkennung als vollwertiger Mann. Ein »echter Mann« ist für sie jemand, der als Ernährer, als Familienoberhaupt respektiert wird. Sie fühlen sich unverstanden, herabgesetzt, verachtet, von Frauen und von allen anderen, die es in der Gesellschaft besser getroffen haben als sie. Sie versuchen, diesen Mangel an männlicher Würde durch übertrieben maskulines Gebaren, durch Uniformen, Insignien und Tätowierungen, durch Saufgelage und Geprahle, Drohungen und Gewalt zu kompensieren. Die Kameraderie unter Männern in Motorradclubs, Kampfsportvereinen oder Milizen gibt ihnen das Gefühl, irgendwo dazuzugehören und geschätzt zu werden.

Für einen Mann ist es eine der demütigendsten Erfahrungen, wenn er sich gegenüber den Frauen als Waschlappen, als Weichei, als Warmduscher erweist, wenn er seine Frau nicht im Zaum halten kann, wenn sie ihm Hörner, die Hörner der Schande aufsetzt, indem sie ihn mit einem anderen und somit offensichtlich »stärkeren« Mann betrügt. Solch ein betrogener Mann wurde in den Niederlanden vor nicht allzu langer Zeit »cocu« genannt, nach dem französischen *coucou*, dem Kuckuck: dem Vogel, der seine Eier in fremde Nester legt. Der unfreiwillige Stiefvogel brütet dann arglos und mit aller Sorgfalt das untergeschobene Kuckucksei aus. Im modernen amerikanischen Englisch wird der Begriff *cuck* (die Kurzform von *cuckold*, auch von *cuckoo*, Kuckuck) verwendet. Ein Cuck ist ein Mann, der von seiner Frau betrogen wird, oder noch schlimmer, der sich von ihr mit einem anderen Mann betrügen und auf dem Kopf herumtanzen lasst. »Cuck« ist in rechten Chatrooms im Internet ein weit verbreiteter Begriff, und auf Alt-right-Sites taucht er ständig in verschiedenen Kombinationen auf, z.B. *cuckliberal*, etwa ein linker Schleimbeutel. Oder noch häufiger: *cuckservative*, ein Konservativer, der keinen Biss mehr hat. Sie gelten in rechten Kreisen als die Schlimmsten, die noch verachtungswürdiger sind als die Progressiven.[139]

Die schlimmste und häufigste Beleidigung in Alt-right-Kreisen ist also der Verlust der männlichen Überlegenheit, das Versagen hinsichtlich der gesellschaftlich geforderten männlichen Vorherrschaft. Das ist nur allzu oft eine Quelle unerträglicher Scham, die sich dann in Groll und Wut verwandelt.

Charakteristisch für den Fanatismus ist die Maßlosigkeit. Mäßigung hat schon per se etwas Schwaches. Man bildet sich eine Meinung, hat eine Überzeugung, und dann setzt man sich dafür ein. Voll und ganz. Für immer. Nehmen wir zum Beispiel das Leiden der Tiere. Ist das nicht schrecklich? Muss man dem nicht sofort ein Ende bereiten? So viele goldige Tiere werden schrecklich misshandelt! Wer jetzt nicht sofort zum Metzger geht, um ihn auf der Stelle aufzufordern, seinen Laden zu schließen, und zwar für immer, ist eine lahme Ente, ein Schlappschwanz, ein Schwächling. Der Fanatismus trägt seine Rechtfertigung in sich. Jede Mäßigung ist eine Verwässerung. Nun dreht sich alles um das Leiden der Tiere, die Umwelt, das Großkapital oder die großen Ungerechtigkeiten, die Migranten tagtäglich widerfahren. Aber wenn es um das Allerhöchste, was sage ich, den Allerhöchsten, den Herrn, um Gott selbst geht, dann ist doch jedes Zögern, jedes Aufschieben, jedes Gramm weniger, jede Mäßigung ein Gräuel, ein Verrat an seiner allumfassenden, alles beherrschenden Bedeutung wegen etwas, das, was es auch sein mag, im Vergleich zum unendlichen Gewicht Gottes immer eine vernachlässigbare Bagatelle ist.

Es gibt auf Erden nur *eine* Größe, die sich an moralischem Gewicht mit dem höchsten Wesen messen kann, und das ist die andere mythische Abstraktion: das Volk. Hier geht es um das Erbe der Ahnen, um ihr Blut, das unverdünnt und unvermischt in unseren Adern fließen muss; um ihre Werte und Bräuche, die durch die Jahrhunderte hindurch unvermindert gültig geblieben sind; um den Boden, den sie für uns erobert und kultiviert haben, und den sie uns hinterlassen haben, damit wir ihn bis zum letzten Blutstropfen und bis zum letzten Atemzug bebauen und verteidigen. Das Volk steht über allem. Daher ist alles erlaubt, um das Volk vor fremden Elementen, von innen wie von außen, zu schützen, mit allen erdenklichen Mitteln, Plünderung und Vergewaltigung, Mord und Totschlag inklusive.

Der deutsche Psychiater Günter Hole beschreibt Fanatismus als »eine abnorme Intensität bei der Verfolgung und Verwirklichung einer einzigen Idee oder Haltung von besonderem Wert«.[140] Der harte Kern eines jeden Fanatismus ist die Verabsolutierung: Nichts kann das absolute Recht aufwiegen, das sich auf Gott oder das Volk beruft. Es gab auch eine dritte Variante dieses modernen

Absolutismus, den Kommunismus, der im Namen der Arbeiterklasse, des Proletariats, im 20. Jahrhundert unsägliches Unheil angerichtet und dessen Raserei nun ein unrühmliches Ende gefunden hat.

Der Fanatismus verabsolutiert immer nur *eine* Grundidee: Er ist monomanisch. Diese eine Idee wird auf alles angewendet. Der wahre Fanatiker kann alles in seinem Leben politisieren oder »religionisieren«: Er macht aus allem eine politische oder religiöse Frage.[141] In dieser Hinsicht ähnelt die Struktur des Fanatismus jener der Perversion: Auch der Perverse reduziert sich auf *ein* erotisches Thema, in das er – absolut – seine gesamte sexuelle Energie investiert. So kann der Perverse alles in seinem Leben erotisieren: es kommt zu einer »Panerotisierung«. Alles, was ihm oder ihr widerfährt, kann in sexuelle Fantasien rund um ein einziges erotisches Thema überführt werden. Dies hilft probat, Gefühle von Angst, Enttäuschung und Verlassenheit durch sexuelle Erregung zu neutralisieren.[142] Die Fantasien Perverser sind peinlich, und was sie tun, ist beschämend. Auch sie haben unter der Scham zu leiden. Das ist der Preis der Panerotisierung.

Desgleichen kann den Fanatikern nichts widerfahren. Alles, was ihnen begegnet, wird sofort unschädlich gemacht, jedes Gefühl kann abgespalten werden, indem es zu einem Phänomen umgedeutet wird, das in die heilige Überzeugung passt, zu einer Emotion, wie sie die Lehre vorschreibt. So kann jedes Ereignis und jede Emotion durch Fanatisierung als psychisches Manöver neutralisiert werden.

Worum es hier geht, ist das ewige Recht des Fanatismus, um das »gute Recht«, auf das sich die Fanatiker zur Rechtfertigung ihrer wahnsinnigen Taten und Ideen immer wieder berufen. Jeder Fanatisierung beginnt mit einem Gefühl der Entrechtung und Demütigung. Fanatiker meinen, dass ihnen ein großes Unrecht angetan und sie dadurch herabgesetzt worden seien. Sie schämen sich und wollen sich rächen. Die Scham verwandelt sich in blinde Wut. Günter Hole weist auf diesen unerträglichen Mangel an Selbstwertgefühl hin, der die Fanatiker kennzeichnet, was dazu führt, dass sie alles todernst nehmen, ihnen ein relativierender Sinn für Humor fehlt und sie gleichzeitig überempfindlich sind und sich schnell verletzt fühlen.

Was ist es, was sowohl Dschihadisten als auch Rechtsextreme in eine solche Raserei getrieben hat? Sie alle sind jederzeit in der Lage, eine lange Liste von Kränkungen anzuführen. Ihnen ist eine Menge Übles angetan worden. Selbst dort, wo sie in der Mehrheit sind, empfinden sie sich als eine bedrohte Minderheit. Die Täter sind in den eigenen Augen fast immer die Opfer, und jeder Angriff ist eigentlich ein Akt der Selbstverteidigung. Gilligan schreibt: »… niemand fühlt sich unschuldiger als der Kriminelle.«[143]

Eine Kränkung haben sie alle gemeinsam: ihr ewiges, heiliges Erbrecht, die Vorherrschaft des Mannes über die Frau, ist ausgehöhlt worden. Schlimmer noch, sie hat sich in ihr Gegenteil verkehrt. Das ist gegen Gottes Wille und gegen die wahre Natur des Volkes. Der Kampf der Dschihadisten und der Rechten richtet sich hauptsächlich gegen die Emanzipation der Frauen. Es ist daher an der Zeit, sich ihre Einlassungen einmal genauer anzusehen.

Dschihad: Die Vernichtung von Frauen durch den IS und Gleichgesinnte

> *[…] es handelt sich um eine grundlegende Frage, die man sich nicht zu benennen wagt. In diesem Krieg geht es auch – und zwar zutiefst – um Sex. Für die Dschihadisten ist der Einsatz im Krieg gegen die Ungläubigen die Macht über die Frauen.*[144]

Wie in der Bibel ist auch im Koran die Frau dem Mann unterlegen. Die Schlüsselstelle findet sich in Sure 4, Vers 34 mit dem Titel »Die Frauen«:

> Die Männer stehen über den Frauen, weil Gott sie ausgezeichnet hat und wegen der Ausgaben, die sie von ihrem Vermögen gemacht haben.[145]

Zu diesem ersten Satz ließe sich viel sagen, aber ich werde davon absehen. Die gelehrtesten Autoritäten sind zu den unterschiedlichsten Auslegungen dieses Satzes gekommen. Wie könnte ich Unwissender entscheiden, welche die Beste ist? Ich halte dafür, dass der erste Satz in etwa bedeutet: Der Mann kümmert sich um die Angelegenheiten der Frau, weil Allah ihn über sie gestellt hat und weil der Mann sie versorgt.

Und der Koranvers geht weiter:

> Und die rechtschaffenen Frauen sind (Gott) demütig ergeben und geben acht auf das, was (den Außenstehenden) verborgen ist, weil Gott (darauf) acht gibt. Und wenn ihr fürchtet, dass (irgendwelche) Frauen sich auflehnen, dann vermahnt sie, meidet sie im Ehebett und schlagt sie! Wenn sie euch (daraufhin wieder) gehorchen, dann unternehmt (weiter) nichts gegen sie! Gott ist erhaben und groß.

Die Bedeutung jedes einzelnen Wortes in diesem Text ist seit Jahrhunderten umstritten. Aber auch als Laie kann ich erkennen, dass diese Passage für Frauen nichts Gutes verheißt. Daran muss also noch kräftig herumgebastelt werden.[146]

Die Stellung der Frau wird in der Sammlung der überlieferten Verhaltensregeln, die zusammen das islamische Recht, die Scharia, bilden, näher ausgearbeitet. Darin ist die Frau dem Mann in vielerlei Hinsicht unterlegen. Bei einer Zeugenaussage vor Gericht hat das Wort eines Mannes ebenso viel Gewicht wie das zweier Frauen. Bei der Aufteilung eines Erbes erhält die Tochter halb so viel wie der Sohn. Ein Mann kann seine Frau verstoßen, indem er dreimal eine entsprechende Formel wiederholt. Für sie ist es nahezu unmöglich, sich von ihm zu trennen. Die Scharia erlaubt die Kinderehe, nicht die erwachsener Frauen mit kleinen Jungen, sondern die kleiner Mädchen mit erwachsenen Männern. Sie kommt auch häufig vor, selbst in Ländern, in denen es die nationale Gesetzgebung verbietet. Wie bereits erwähnt, gesteht es die Scharia in vielen islamischen Ländern einem Vergewaltiger, auch einem Kinderschänder, zu, sich der Strafe zu entziehen, indem er sein Opfer heiratet. Bringt das Opfer hingegen die Vergewaltigung zur Anzeige, kann es wegen Ehebruchs angeklagt werden. Kurzum, in zahllosen Regeln der Scharia wird die Frau dem Mann gegenüber benachteiligt.

Über all diese Regeln lässt sich diskutieren. Rechtsgelehrte haben sie oftmals frauenfreundlicher interpretiert oder in der Praxis einfach ignoriert. Die meisten islamischen Länder haben eine nationale Gesetzgebung, in der das Familien- und Erbrecht unabhängig von der Scharia verbindlich geregelt ist. Dieses Bürgerliche Gesetzbuch orientiert sich häufig an westlichen Vorbildern. In der Rechtsprechung wird die Scharia in diesen Fällen mitunter völlig ignoriert, manchmal wird sie mitberücksichtigt, und manchmal wird das traditionelle islamische Recht angewendet, insbesondere in Fragen der Ehe, der Scheidung, der Vormundschaft und bei Erbangelegenheiten.[147]

Gemäßigte Muslime neigen dazu, jeden Zusammenhang zwischen Terrorismus und Islam zu leugnen. Und auch viele progressive westliche Interpreten beteuern nur allzu gerne, dass die dschihadistische Lehre und Praxis nichts mit dem Islam zu tun haben. Natürlich will man in beiden Kreisen verhindern, dass die Islamophobie, die Aversion gegen den Islam, angefacht durch den Schrecken des islamistischen Terrors, noch weiter um sich greift: »Man darf der extremen Rechten nicht auch noch in die Karten spielen.« Aber Al-Qaida, der IS, Al Nusra oder Boko Haram rechtfertigen nun mal all ihre Ansichten und Aktivitäten mit Verweis auf den Koran, die Scharia und die Überlieferung, die Hadithe. Sie treffen dabei eine ganz gezielte Auswahl aus diesen islamischen Schriften und Traditionen. Alles, was ihnen nicht in den Kram passt, wird ignoriert. Gemäßigte Muslime tun alle religiösen Aussagen der Dschihadisten als Heuchelei und Propaganda ab. Gemäßigte Progressive erklären den Dschihadismus mit den psychischen Problemen der Militanten oder mit deren sozialen Verhältnissen wie Armut, Entbehrungen und Diskriminierung. Sie weigern sich, sich in die Welt der religiösen Überzeugungen der Dschihadisten hineinzuversetzen, obwohl diese selbst sich mit aller Leidenschaft zu ihrem Glauben bekennen. Sie schweigen über die Religion als Inspirationsquelle für den Islamismus. Das ist das »fromme Schweigen der Linken zum Dschihadismus«, wie es der französische Essayist Jean Birnbaum nennt.[148]

Birnbaum hat recht, wenn er anmerkt, dass fortschrittliche, aufgeklärte Denker schlecht mit religiösen Gefühlen und Überzeugungen umzugehen wissen. Nach Ansicht der Modernisten sollten diese Ansichten und Emotionen längst verschwunden und auf dem Müllhaufen der Geschichte gelandet sein. Ich stimme Birnbaum ebenfalls darin zu, dass der heutige islamische Terrorismus tiefe religiöse

Wurzeln hat. Doch der Dschihadismus ist aus ihnen heraus zu einem perversen, destruktiven Fanatismus ausgewuchert. Diese Fanatisierung bedarf durchaus einer psychologischen und soziologischen Erklärung.

Auf der anderen Seite behaupten die eingeschworenen Feinde der muslimischen Extremisten hartnäckig, dass es gerade die Dschihadisten sind, die das wahre Wesen des Islam verkörpern.[149] Diese Meinung sind die Dschihadisten selbst natürlich auch. Dschihadisten und Islamhasser sind sich in diesem Punkt also völlig einig. In einer realistischeren und folglich pluralistischen Sicht auf die Religion bilden die Dschihadisten *eine* Strömung innerhalb des großen islamischen Stromgebiets, einen giftigen Pfuhl inmitten der friedlichen Seen, lieblichen Bäche, heftigen Stromschnellen und breiten Flüsse des Islam.

In den Schriften extremistischer Muslime ist über Frauen nicht viel zu finden. Schließlich ist alles, was das Verhältnis zwischen den Geschlechtern betrifft, bereits in dem Begriff »Scharia« enthalten. Wie alle Fundamentalisten geben auch die Islamisten vor, ihre Interpretation des Textes sei die einzig mögliche. Ihre Lesart ist ausnahmslos die strengste und weitreichendste Interpretation. Es gibt einen Koranvers (Sure 24, Vers 31), in dem die Frauen aufgefordert werden, sich bescheiden zu verhalten und sich zu bedecken. Was genau bedeckt werden soll, darüber gehen die Gelehrtenmeinungen weit auseinander: in jedem Fall die Schamteile, die im Koran ziemlich prüde beschrieben werden, was zu großer Verwirrung und vielen Meinungsverschiedenheiten führt. Die am weitesten verbreitete Auslegung schreibt vor, dass gläubige Frauen ihr Haar mit einem Kopftuch bedecken sollten, es sei denn, es befinden sich nur Verwandte und andere Mitbewohner im Raum. Die weitreichendste Auslegung besagt, dass sich Frauen in jedem Falle außerhalb des Hauses von Kopf bis Fuß bedecken sollten, einschließlich der Hände und des Gesichts. Für Salafisten und Wahhabiten und erst recht für die Dschihadisten gilt zweifelsfrei: Wenn Frauen das Haus verlassen, müssen sie sich von Kopf bis Fuß in ein dunkles, weit fallendes, schwarzes Gewand hüllen, damit auch noch die Konturen des weiblichen Körpers vor neugierigen männlichen Blicken verborgen bleiben. Auch das Gesicht darf unter dem Schleier nicht zu sehen sein. Kurzum: Frauen können die Geborgenheit ihrer eigenen Wohnung nur in einer Art tragbarer Umkleidekabine verlassen. Diese Kleidung ist für ein heißes Klima nicht besonders geeignet und gestattet der Frau auch nur wenig Bewegungsfreiheit. Aber das ist ja auch gewollt, denn Frauen sollen unauffällig bleiben, ihre Absätze dürfen kein Geräusch machen und sie sollten immer leise oder besser überhaupt nicht sprechen.

Das sei doch gerade für die Frauen selbst angenehm, beteuern die Vertreter dieser Auffassung beschönigend, denn in dieser Aufmachung fühlten sie sich auf der Straße frei und sicher. Zweifellos haben sich Juden, die unter dem Naziregime auf der Straße sichtbar einen gelben Stern tragen mussten, mit diesem Stern außer Haus auch »sicherer« und »freier« gefühlt als ohne. Ein Jude, der ohne Stern erwischt wurde, riskierte die Deportation in ein Vernichtungslager. So schlimm ist es in der dschihadistischen Welt nicht. Frauen im Islamischen Staat, die eine Haarsträhne zu viel zeigen, laufen nur Gefahr, von der speziellen Frauenpolizei verhaftet zu werden, die allerdings mitunter sehr hart durchgreift.

Selbst in der vorgeschriebenen Verpackung dürfen die Frauen nicht allein auf die Straße. Ein männlicher Verwandter muss sie immer begleiten: ein Vater, Bruder, Ehemann oder Sohn. Das sei alles nur zu ihrem eigenen Besten. Schließlich könnten sie einen Mann in Versuchung führen oder selbst durch das Verlangen, Männern gefallen zu wollen, in Versuchung geraten.

Die jemenitische Bloggerin Hind Al-Eryani stellt genau die richtige Frage:[150] Wenn die Gefahr des sexuellen Begehrens wirklich so allgegenwärtig und so bedrohlich ist, *warum tragen Männer dann keinen Schleier?* Sind Männer nicht manchmal attraktiv für Frauen, und können gutaussehende Männer eine Frau nicht auch auf erotische Gedanken bringen? Die islamische Lehre verbietet den Männern, Seide, Silber oder Gold zu tragen. Aber dieses Verbot wird, selbst von den Scharfmachern, nie eingehalten. Die Anwendungen dieser Vorschriften sind daher im Kern sexistisch.[151]

Die muslimischen Fundamentalisten geben vor, nur sie verhielten sich der Grundbedeutung und dem Urtext der Scharia gegenüber konform. Oft beziehen sie sich in diesem Zusammenhang auf Schriften aus den ersten Jahrhunderten nach Mohammeds Tod: die klassische Scharia. Aber diese Texte sind oft sehr nebulös und in sich widersprüchlich. Unzählige Gelehrte und Richter haben seit dieser Zeit fast 1500 Jahre über diese Texte nachgedacht und debattiert. Die islamische Rechtstradition ist ebenso reich und vielfältig wie die westliche Tradition, die auf das römische Recht zurückgeht.

In manchen Regionen und zu bestimmten Zeiten herrschte unter den Muslimen eine strenge religiöse Praxis vor. Häufiger überwog hingegen eine liberale Auslegung der Scharia, die auch Raum für konträre Ansichten ließ.[152] In den meisten islamischen Ländern basiert der Fundamentalismus keineswegs auf einheimischen Traditionen, sondern ist ein moderner Import: ausländische Neutönerei.

Der niederländische Islamkenner Michiel Leezenberg weist darauf hin, dass die Emanzipation der Frauen in der heutigen muslimischen Welt nicht deshalb so schleppend vorangeht, weil der Islam »noch nicht modern« sei. Ganz im Gegenteil, das Problem liegt ihm zufolge darin, dass dieser konservative Islam durchaus modern ist, »wenn auch nicht unbedingt auf eine Weise, die den liberalen, säkularen Menschen im Westen gefällt«.[153]

Die äußerst orthodoxe, strenge Glaubensauffassung war vor allem eine Reaktion auf den Zusammenbruch des Osmanischen Reiches und die Konfrontation mit dem Westen. Nordafrika und später der Nahe Osten wurden von Frankreich und England besetzt, und das hat die Stimmung geprägt. Die Niederlage der islamischen Völker gegen die »Christen«, die westlichen »Kreuzfahrer«, war eine ernüchternde Erfahrung. Für viele Muslime war gerade dies ein Grund, die Technologie, die Wissenschaft und die Ideen der Sieger zu übernehmen. Diese Errungenschaften mussten wohl besser sein. Das war die vorherrschende Reaktion »der Jungtürken« in der Türkei und auch anderswo im Nahen Osten. Vor allem in Iran und Ägypten hatten diese progressiven, westlich orientierten Strömungen zeitweise die Oberhand.

Mit dem westlichen Einfluss kamen westliche Ideologien: Marxismus, Nationalismus, (demokratischer) Sozialismus, Faschismus. Auch der Panarabismus (die Vorstellung, dass alle Araber in *einer* Kulturnation vereint leben sollen) knüpfte an europäische Bewegungen wie den Pangermanismus und den Panslawismus an. Der arabische Sozialismus und Nationalismus schienen damals neue, inspirierende Ideale voller Versprechungen auf eine umfassende Erneuerung und eine große Zukunft zu sein.

In der Zwischenzeit war man hier und da im Nahen Osten auf Öl gestoßen, das von westlichen Unternehmen mit großem Eifer aufgespürt, gefördert, exportiert und größtenteils in Europa und Amerika raffiniert wurde. Dort verbreitete sich das neue Automobil in rasantem Tempo, ebenso wie Flugzeuge und motorgetriebene Schiffe. Sie alle benötigten Benzin, Diesel, Kerosin, also Treibstoffe, die aus Öl hergestellt wurden. Der Großteil der arabischen Bevölkerung kam kaum in den Genuss dieses neuen Reichtums. Einige lokale Clans konnten Rechte an dem Land geltend machen, aus dem das Öl gefördert wurde, und erhielten dafür fürstliche Lizenzgebühren. Die Clanchefs wurden zu Königen, ihre Söhne wurden reihenweise zu Prinzen. Absurde Vermögen wurden umgehend unter nahen Verwandten aufgeteilt, und für den Rest des eigenen Clans fielen auch noch Brosamen ab. Das muss viel Neid und Rivalität hervorgerufen haben. Einige Clans, etwa die Saudis, heuerten theologische Apologeten an, um der lokalen Bevölkerung zu erklären, warum nun gerade die Saudi-Dynastie zu unbegrenzter Macht und Reichtum auserkoren war.

Bereits in den '30er Jahren des 20. Jahrhunderts wandten sich viele arabische Regierungen einer Variante des Faschismus zu und unterstützten das Hitler-Regime. Ebenso wie im Christentum wucherte auch im Islam von jeher der religiöse Antisemitismus, oder besser gesagt der »Antijudaismus«, denn die Araber gelten selbst auch als Semiten. Dies passte gut zur nationalsozialistischen Verurteilung und Verfolgung der Juden. Später, nach der Ausrufung des jüdischen Staates 1948, flammte der Judenhass erneut heftig auf. Die arabischen Staaten griffen Israel an, wurden jedoch vernichtend geschlagen. Die Abneigung wurde mit der israelischen Besetzung und Usurpation palästinensischer Gebiete seit dem Krieg von 1967 nicht geringer, und die mangelnde Bereitschaft und Unfähigkeit der arabischen Regime, Israel zurückzudrängen, muss von vielen Muslimen als große Demütigung empfunden worden sein.

Mehrere Regime im Nahen Osten haben mit westlichen Ideologien experimentiert. Versuche wie der arabische Sozialismus, der arabische Nationalismus und der Panarabismus scheiterten einer nach dem anderen. Allmählich verschwand in den meisten Ländern die Offenheit für westliche Ideen und die Aufgeschlossenheit für demokratische Werte oder Fortschrittsideale. Die Macht gelangte in den arabischen Ländern immer öfter in die Hände zynischer Despoten wie Saddam Hussein oder Vater und Sohn Assad, denen alle Religionen völlig gleichgültig waren. Die Sowjetunion und später die USA und ihre Verbündeten führten auf islamischem Territorium Kriege mit verheerenden Folgen.

Der Bankrott der westlich orientierten Reformbewegungen hinterließ ein ideologisches Vakuum. Nach einer Reihe von Desillusionierungen blieb nur *eine* Doktrin übrig, die als politische Ideologie lange Zeit nicht mehr ernst genommen worden war, die als Gesellschaftstheorie für die moderne Zeit hoffnungslos veraltet erschien, die aber mangels besserer Alternativen für viele immer attraktiver wurde: eine radikale politische Version des Islam. Natürlich war der Islam nie verschwunden gewesen. Im Gegenteil, diese Religion in all ihren Varianten war immer noch der Volksglaube schlechthin. Aber es gab auch politische Bewegungen, die sich auf den Islam stützten und sich immer schon gegen neumodische westliche Ideale wie Nationenbildung, Demokratisierung und gesellschaftliche Reformen gewandt hatten. So bekamen die ultraorthodoxen islamischen Strömungen den Raum, sich in der Politik Geltung zu verschaffen.

In Saudi-Arabien war der herrschende Clan bereits mehr als zwei Jahrhunderte zuvor eine monströse Allianz mit wahhabitischen Predigern eingegangen. Die Saudis konnten später mit ihren Öldollars jede Opposition im eigenen Land aufkaufen und jede Kritik mit salafistischen Predigten im Keim ersticken. Mit ihren Öldollars exportierten die Saudis auch eine erzkonservative Version des Islam in Moscheen auf der ganzen Welt. Dieser Salafismus hat manchen Konvertiten dazu inspiriert, sich dem bewaffneten Dschihad des Islamischen Staates oder seiner Ableger anzuschließen.

Die radikalen Versionen des Islams sind viel prüder, strenger und fordernder als die vergleichsweise flexiblen und toleranten Varianten, die von jeher in weiten Teilen Afrikas, des Nahen Ostens oder in Süd- und Südostasien dominierten. Die Imame vor Ort hatten im Islam stets einen großen Spielraum, ihre eigene Auslegung des Islam zu verkünden. Sie hielten sich oft an die einheimischen Traditionen. Und selbst den Regeln dieser ziemlich freisinnigen Auslegung folgen viele Menschen, insbesondere erwachsene Männer, nicht besonders genau.

In Südeuropa und Lateinamerika, wo eine relativ strenge Version des Katholizismus gepredigt wird, scheren sich die meisten Männer auch nicht besonders darum, was der Pastor predigt. So ungefähr stelle ich mir den liberaleren Islam vor, wie er *vor* 1917 in der Praxis existierte, und wie er auch noch lange danach fortbestanden hat und auch heute noch vielerorts, allen salafistischen Eiferern trotzend, besteht.

In der arabischen Welt liefen die Dinge nicht gut, auch nicht, nachdem sich die westlichen Eroberer nach dem Zweiten Weltkrieg aus der Region zurückzogen. Die wahhabitische Lehre, eine strenge und starre Version des Islam, kam in weiten Teilen des Nahen Ostens in Umlauf, nicht jedoch im schiitischen Iran. Dieser Wahhabismus, auch Salafismus genannt, erinnert in vielerlei Hinsicht an jene freudlose Variante des Protestantismus, die reformierte Glaubenslehre, die in den Niederlanden so vielen Kindern das Leben vermiest hat, von dem der Erwachsenen ganz zu schweigen. Das lässt sich zumindest aus zahlreichen Kindheitserinnerungen niederländischer Schriftsteller wie Jan Wolkers, Maarten 't Hart, Jan Siebelink, Maarten Biesheuvel schließen. Beide Glaubensrichtungen teilen eine Vorliebe für schier endlose Gottesdienste, fürs Predigen und Verkündigen, für häufiges, langes und inbrünstiges Beten, für schwarze Kleidung, und auch ihre Aversion gegen Bilder, Musik und Tanz.

Michiel Leezenberg hat in seiner kurzweiligen Studie gezeigt, wie sehr sich das Bild des Islams im Westen im Laufe des 20. Jahrhunderts verändert hat,[154] was er auf die wachsende Orthodoxie in den islamischen Ländern zurückführt. Auch muslimische Einwanderer, die seit Mitte des letzten Jahrhunderts verstärkt nach Westeuropa kamen, wurden frommer, wenn sie eine Frau aus ihrem Herkunftsland heirateten und Kinder bekamen.

Jeder, der schon einmal durch das Musée d'Orsay in Paris, das der Kunst des 19. Jahrhunderts gewidmet ist, geschlendert ist, hat dort die »orientalistischen« Maler gesehen. Sie stellten die muslimische Zivilisation in Nordafrika und im Nahen Osten als exotisch dar: farbenprächtig, sinnlich und schwül, mit üppigen Akten, sinnlichen Haremsszenen und grausamen Kriegern oder Schergen. Diese Gemälde waren natürlich als pikante Darstellungen für die vornehmen Salons der europäischen Hauptstädte gedacht. Sie waren gewagt, gingen aber gerade noch als kostbare Prunkstücke durch, die die faszinierenden Sitten ferner Völker ins Bild setzen.

Die Zivilisation des Islams als Softporno – kein Künstler oder klammheimlicher Konsument gewagter Fotos würde heute noch wagen, das in Betracht zu ziehen. Und nicht alles war reine Fantasie. Die Moralvorstellungen in der islamischen Welt waren in der Tat oft weniger restriktiv, und von der prüden Angst vor der Sexualität, die im Westen zu dieser Zeit vorherrschte, war weniger zu spüren. Im Gegenteil. Es gab islamische Gelehrte, die vollkommen sachlich über Details und Varianten der Sexualität schrieben, ungefähr so, wie hier und heute in Kochbüchern über die Zubereitung von Gerichten referiert wird.[155] Ein Mann sollte als guter Liebhaber einer Frau im Ehebett und auch außerhalb des Ehebettes Freude bereiten. Gegen Homosexualität, bei Frauen wie bei Männern, gab es kaum Einwände. Aber ein Mann durfte nicht zulassen, dass man ihn penetriert. Das war unmännlich und eher etwas für junge Knaben. Die Knabenliebe wurde also auch nicht von vornherein abgelehnt. Diese lockeren und lustvollen Sitten blieben noch lange Zeit prägend und wurden erst in jüngerer Zeit, selbst in Ländern wie Indonesien oder Malaysia, wo Muslime mit Menschen anderen Glaubens zusammenleben, immer weiter zurückgedrängt.

In den Emiraten und Scheichtümern müssen die Einwohner ihren Wohlstand nicht selbst erwirtschaften. Das Öl ist vorhanden und muss nur noch gefördert werden. Das macht sie nicht gerade unternehmerisch. Genauso wie die Wahrheit seit 1500 Jahren in einem einzigen Buch bereitliegt; die Gläubigen müssen nur eine passende Passage aufschlagen. Auch das macht nicht gerade innovativ. Es lähmt sogar jede Initiative und jeden Erfindergeist.

Nirgendwo zeigt sich diese mangelnde Innovationskraft so deutlich und messbar wie an der Zahl der international anerkannten Patenten aus diesen Ländern. Diese Zahl liefert zwar ein einseitiges und vielleicht auch verzerrtes Bild, aufschlussreich ist sie dennoch. In den arabischsprachigen Ländern Nordafrikas und des Nahen Ostens hat in den letzten 35 Jahren einer von 21.000 Einwohnern ein solches Patent erworben. Im Iran wurde im selben Zeitraum ein Patent pro 1400 Einwohner erteilt. Und in Israel, das in derselben

Region liegt, wurde in diesen Jahren einem von 116 Israelis ein Patent erteilt. Das sind 181-mal so viele wie bei den Arabern.[156]

An Geld mangelt es nicht. Und auch am Bildungsniveau liegt es nicht allein. Obwohl die arabischsprachigen Länder hinter dem Bildungsniveau in Israel und Iran zurückbleiben, kann dies nur einen kleinen Teil des Unterschieds im Erfindungsreichtum erklären. Offensichtlich liegt es auch nicht an mangelnder Begabung der arabischsprachigen Bevölkerung. In New York, London und Paris studieren und arbeiten viele Araber auf höchstem Niveau in ihren jeweiligen Fachgebieten.[157]

Nein, es muss an der alles lähmenden Idee liegen, dass vor langer Zeit alles besser war, dass Reichtum bereits unter der Erde bereitliegt, dass alles Wissen von Bedeutung schon vor fast 1500 Jahren in einem einzigen Buch ein für alle Mal niedergeschrieben wurde. Der Salafismus trägt diese Wahnvorstellung bereits in seinem Namen: Das Wort *salaf* bedeutet Vorfahren. Sie wussten es besser. Jede Innovation ist also nicht nur überflüssig, sondern letztlich ein Rückschritt. Es ist unnötig, ja sogar schädlich, wenn sich jemand beispielsweise eingehend mit der Evolutionstheorie befasst, denn Allah hat die ganze Welt ein für alle Mal erschaffen. Und deshalb geht mit dem Regen nicht das Wasser auf die Erde nieder, das aufgrund von Sonnenerwärmung von der Erdoberfläche verdunstet ist. Nein, Allah entscheidet, wann und wie viel es regnet.[158] Er will, dass es regnet. Also regnet es.

Nach der Evolutionstheorie sind alle Lebensformen auf der Erde das Ergebnis von Vererbung, Mutation, Konkurrenz und Selektion. Passt dieses eine, ganz einfache und allumfassende Grundprinzip nicht viel besser zu einem allwissenden, allmächtigen Gott als die tagelange Tüftelei mit unzähligen einzelnen Arten während der Schöpfungswoche? Wird die Idee des Urknalls als Erklärung für den Ursprung des gesamten Universums der allmächtigen Einfachheit Gottes nicht eher gerecht als die ersten Verse des Buches Genesis?

Diese selbst gewählte Rückständigkeit hat in den arabischen Städten nicht immer geherrscht; es gab auch Blütezeiten der Wissenschaft und Kunst. Die heutige Unwissenheit wird bewusst als moderne Gottesfurcht kultiviert, als Zeichen höchster Frömmigkeit. Das ist kein Alleinstellungsmerkmal des Islams. In den

USA gibt es rechtsextreme Obskuranten, die behaupten, die Erde sei eine Scheibe. Auch im Christentum gibt es Strömungen, die die Evolutionstheorie ablehnen, weil sie der Schöpfungsgeschichte widerspricht. Diese Finsterlinge haben im Westen nicht viel zu melden. Im Nahen Osten haben sie jedoch das Sagen.

In diesen heiligen Büchern steht vieles, aber nicht, wie man einen Blinddarm operiert oder einen Polio-Impfstoff herstellt, nicht, wie man einen Viertaktmotor, einen Laptop oder auch nur ein Feuerzeug zusammenbaut, nicht, wie man ein Integral oder die Entfernung zur Sonne berechnet. Alle Werkzeuge und Waffen, mit denen die Dschihadisten Tod und Verderben bringen, stammen aus dem gottlosen Westen oder dem noch gottloseren Osten. Selbst können sie nicht einmal eine Nagelschere herstellen. Sie basteln allenfalls eine Straßenbombe oder einen Bombengürtel mit einem importierten Mobiltelefon als Zünder.

Kurz gesagt, nach dem Ersten Weltkrieg wurde in den arabischen Ländern praktisch kein Fortschritt erreicht, weder in politischer, noch in wirtschaftlicher, noch in kultureller, und schon gar nicht in technischer oder wissenschaftlicher Hinsicht. Ich kenne die Erklärung für dieses monumentale Versagen auch nicht, aber ich habe meine Vermutungen. Seit einem Jahrhundert sprudelt das Öl einfach aus dem Boden, und dieser verdiente Reichtum hat es den arabischen Staaten ermöglicht, in ihrem Wahn und Wahnsinn weiterzuleben, ohne dafür je einen Preis bezahlen zu müssen. Denn für Erdöl kann man alles, wirklich alles kaufen. Und wenn man ein Leben lang mit Reichtum überschüttet wird, ohne selbst etwas dafür tun zu müssen, beginnt man vielleicht zwangsläufig an ein besonderes Verhältnis zu dem höchsten Wesen, das die Pumpe betätigt, zu glauben. Jedenfalls entwickelt sich eine Gesellschaft nicht zum Besseren, wenn die Kinder in der Schule den Koran auswendig lernen müssen oder die Hälfte der erwachsenen Bevölkerung, die Frauen, nicht außer Haus arbeiten dürfen und in jeder Hinsicht dumm, kurz und klein gehalten werden. In ihrer sozialen, wirtschaftlichen und auch erotischen Frustration richten immer mehr religiöse Männer ihr Sinnen und Trachten auf das Jenseits, ein Paradies, in dem grenzenlose Sinnesfreuden mit unzähligen *Huris* auf sie warten.[159]

Alle fundamentalistischen Weltanschauungen, ob sie nun dem Hinduismus, dem Konfuzianismus, dem Buddhismus, dem Islam oder dem Christentum entsprungen sind, verstärken die Unterdrückung der Frau, die stets als den Männern unterlegen gilt. Die Dschihadisten bilden da keine Ausnahme. Sie gehen in ihrem Frauenhass und ihrer Gewalttätigkeit nur noch weiter als die meisten anderen Sekten. Obwohl sie nicht gerne darüber sprechen, ist die Unterdrückung der Frauen für sie keine Nebensächlichkeit. Wie sollte sie das auch sein können? Immerhin geht es hierbei um die Entrechtung der Hälfte der Menschheit. In dieser Hinsicht ist der Dschihad in erster Linie ein Kampf gegen den Aufstieg und die Gleichberechtigung der Frauen.

Wie schon erwähnt, hat sich das Bildungswesen selbst in den reaktionärsten arabischen Ländern in den letzten 50 Jahren enorm entwickelt. Erwachsene Frauen können heute, auch in der arabischen Welt, ebenso gut lesen und schreiben wie die Männer. Sie sind nicht mehr die ungebildeten, unzivilisierten, naiven, charmanten kleinen Geschöpfe von einst. Mehr noch, eine jüngere Generation von Mädchen hat für gewöhnlich weiterführende Schulen besucht, sogar eine höhere Ausbildung absolviert. Eine Vielzahl von Frauen hat inzwischen einen Hochschulabschluss. Doch die Anerkennung bleibt diesen neuen, kompetenten Frauen verwehrt. »Die niedrige Beschäftigungsquote von Frauen ist eine tragische Verschwendung von Ressourcen«, schreibt der verdienstvolle *Arab Human Development Report*.[160]

Gleiches Wissen, aber nicht die gleichen Rechte. Um diesen Status quo aufrechtzuerhalten, braucht es einen umfangreichen Repressionsapparat. Eine Sittenpolizei soll Frauen von der Straße fernhalten, sie daran hindern, auf öffentlichen Plätzen zu erscheinen, und darüber wachen, dass kein Haar und kein Zeh von ihnen zu sehen ist.[161]

Al-Qaida spielte sich als der große Kämpfer gegen die morschen arabischen Regime auf. Ihr Nachfolger, der Islamische Staat, ging mit noch größerer Härte gegen die in der Region herrschenden Ölscheichs vor. Doch wenn es um die Anwendung der Scharia in ihrer strengsten und extremsten Form geht, unterscheiden sich die amtierenden Regierungen und die rebellischen Dschihadisten nicht groß voneinander. Die konservativen arabischen Länder unterdrücken die Frauen nur im eigenen Land. Die Dschihadisten hingegen wollen allen Muslimen weltweit eine *noch* gewaltvollere Schreckensherrschaft über Frauen auferlegen. Ihre Frauenfeindlichkeit treibt sie im Extremfall zur Vernichtung von Frauen.

Auch der IS unterhielt eine spezielle Frauenpolizei, eine Polizeitruppe von Frauen gegen Frauen: die Al-Khansaa-Brigade. In einer Broschüre, die sich an junge Frauen richtet, die in Erwägung ziehen, sich dem IS anzuschließen, schreibt der anonyme Verfasser: »In der Tat, eine Frau kann ihre Rolle nicht erfüllen, wenn sie nicht alphabetisiert oder unwissend ist.«[162] Im Alter zwischen sieben und neun Jahren werden die Mädchen in Religion, in der arabischen Sprache des Korans unterrichtet und … in *science*! Dabei handelt es sich offenbar um »Buchführung und Naturwissenschaften«. Damit hat es sich. Danach lernen die Mädchen dann nur noch etwas über *Fiqh* (islamisches Recht), vor allem über die Regeln für Ehe und Ehescheidung. Auch Weben, Stricken und einfaches Kochen werden unterrichtet. In späteren Jahren werden die Mädchen noch in handwerklichen Fertigkeiten unterrichtet, insofern diese für die Erziehung ihrer Kinder nützlich sind. Nach diesen wenigen Lehrjahren können sie heiraten, am besten mit 16 oder 17, wenn sie noch »rein« sind. Streng genommen sind sie nach dem Gesetz der Scharia schon ab einem Alter von neun Jahren heiratsfähig.

Jede Feministin – und alle, die es gut mit den Mädchen meinen – ärgert sich darüber grün und blau. Aber immerhin. Immerhin durften beziehungsweise mussten sie zur Schule gehen, jedenfalls nach Aussagen der Frauenbrigade der doktrinärsten, orthodoxesten und reaktionärsten Bewegung der Welt. Warum ist das so? Lasst diese Mädchen doch so schnell wie möglich heiraten und einfach das tun, was der Ehemann ihnen sagt, wie es ihnen doch so nachdrücklich aufgetragen wird. Nein, selbst in diesem Milieu, dem absoluten Tiefpunkt an Frauenverachtung, werden die Mädchen trotz allem zur Schule geschickt und im Arabisch des Korans unterrichtet. Sie lernen die Grundlagen der Sprache des heiligen Buches, des islamischen Rechts und der klassischen arabischen Literatur. Das bedeutet, dass sie im Prinzip als vollwertige Gläubige anerkannt werden.

Aber mehr ist nicht zu erwarten. Denn, so heißt es im Handbuch der Al-Khansaa-Brigade weiter (in fast schon amüsantem Ton):

> Frauen müssen nicht so hart schuften, nicht von einem Ort zum andern reisen, um sich damit den westlichen Lebensstil in einer wesensfremden Gesellschaft zu eigen zu machen oder die Hirnzellen von Krähen, Sandkörner oder die Adern von Fischen zu studieren.

Sie sollen einfach im Haus bleiben, ihren Ehemännern dienen und ihre Kinder erziehen, fünfmal am Tag beten, einen Monat lang fasten, ihren Körper pflegen und ein keusches Leben führen. »Sie muss nicht von hier nach dort eilen, um Abschlüsse oder so etwas zu machen, nur um zu beweisen, dass ihre Intelligenz die eines Mannes übertrifft.«

An dieser Textstelle scheint es, als ob für einen Moment, zufällig, ein Lichtstrahl in einen verdunkelten Raum fiele. Plötzlich leuchtet eine bis dahin verborgene Möglichkeit sehr hell auf: »… beweisen, dass ihre Intelligenz die eines Mannes übertrifft«. Könnte sie wirklich intelligenter als ein Mann sein? Würde das diesen Mann nicht eifersüchtig machen oder verunsichern? Sollte sie ihre Intelligenz nicht besser verbergen?

Die Frauen müssen im Haus bleiben, sich ruhig verhalten, sich stets im Hintergrund halten. Aber, so tröstet Al-Khansaa, ihnen falle die schwierigste aller Rollen zu: Sie führen in gewisser Weise Regie, ähnlich einem Regisseur, der wichtigsten Person bei einem Fernsehdreh, die hinter den Kulissen alles regelt und entscheidet.[163] Ist da vielleicht doch noch eine zweite Fantasievorstellung im Spiel? Die Frau ist zwar außerhalb des Hauses nicht mehr als eine Schattengestalt, aber innerhalb des Hauses trotz allem der Boss?

Das ist der älteste, immer gern mit einem komplizenhaften Augenzwinkern zitierte Satz aus dem patriarchalischen Lehrbuch: »Da kannst du sicher sein, die liebe Frau entscheidet, zu Hause hat sie die Fäden in der Hand und den Daumen auf dem Geld.« Mitunter wird das sicherlich so sein, in manchen Haushalten mehr, in anderen weniger. Aber die gesellschaftliche Macht, die Macht des Rechts, des Gehalts, der Geschäftsfähigkeit, des Zugangs zu Institutionen, des Kontaktes zu Geschäftspartnern, der Körperkraft, all das liegt in patriarchalen Gesellschaften deutlich mehr auf Seite des Mannes. Während die Frau damit beschäftigt ist, die Regie über die saubere Unterwäsche und die Töpfe auf dem Herd zu führen, treibt den Mann die Leitung einer Terrorgruppe oder die Planung eines Volksaufstands um.

Die Frauen von Al-Khansaa lamentieren: Die Männer hätten ihre Männlichkeit verloren; wären sie noch Männer, wären die Frauen auch noch Frauen. Weil die Männer aber Schwächlinge seien, führten sich die Frauen wie die Herren im Haus auf. Auch diese Klage kommt aus den verschiedensten Ecken, selbst von den ärgsten Feinden der Dschihadisten, den Rechten in den USA: Der Mann müsse wieder zum Mann werden; dann werde die Frau wieder eine Frau sein. Darüber sind sie sich alle einig. Demzufolge sind die existierenden Männer und Frauen gar keine »echten« Männer oder Frauen, sondern nur ein schwacher Abglanz des wahren männlichen oder weiblichen Wesens. Und was dieses wahre Wesen ausmacht, wissen sie beim IS (zumindest bei seinem weiblichen Zweig, Al-Khansaa) genauso gut wie bei Alt-right-Aktivisten oder christlichen Fundamentalisten.

Frauen erwartet eine noch schwierigere Aufgabe: »In der Tat, einen Sohn Adams zu gebären, zu nähren und aufs Leben vorzubereiten, ist eine schwere Aufgabe, die Gott Adams Frau anvertraut hat.«[164] Dass dieser Sohn Adams auch ihr Sohn ist, bleibt unerwähnt. Um Töchter geht es hier schon gar nicht. Der männliche Mehrwert ist eine Selbstverständlichkeit, die keiner Erwähnung bedarf.

Im Folgenden zitiere ich Amjad Al-'Ubeidi, den Kommandanten des Islamischen Dschihad in Dschenin (im palästinensischen Westjordanland). Er spricht über eine Mutter, die nach ihrem Sohn nun auch eine Tochter, Hanadi, bei einem Selbstmordattentat verloren hat.[165]

> Sie [die Familienangehörigen] haben ein Recht auf Trost. Aber Worte sind nicht genug. Sie haben [*vor* Hanadi] einen Sohn verloren. Nichts ist wertvoller als ein Sohn. Sie haben einen Sohn verloren. Der Verlust eines Sohnes berührt in unserer Gesellschaft die Seele um ein Vielfaches mehr als der Verlust einer Tochter. Der Verlust von zehn Töchtern ist nicht so schlimm wie der Verlust eines Sohnes. So ist es in unserer Gesellschaft. Ein Sohn ist seinen Eltern lieber als eine Tochter. Weil seine Rolle im Leben größer ist, ist auch das Leid schwerer.

Kommandant Al-'Ubeidi meint es gut. Ihm ist sogar völlig klar, dass es nicht ganz selbstverständlich ist, Männern einen höheren Wert zuzusprechen als Frauen. In anderen Kulturen liegen die Dinge anders. Und das ist nicht ganz an ihm vorbeigegangen: »in unserer Gesellschaft« präzisiert er daher zweimal.

Die Mutter der Märtyrerin Hanadi und des getöteten Sohnes antwortete:

> Wenn ich das gewusst hätte, hätte ich meine Tochter dann in den Tod gehen lassen? Ich hatte bereits ein Kind geopfert. Würde ich noch eines opfern? Würde jemand so etwas zu seinen Eltern sagen? Nichts ist so wertvoll wie ein Kind. Selbst wenn sie einem ganz Palästina anbieten würden, würde man lieber alles aufgeben, als einen Sohn zu verlieren. Wenn man ein Kind hat, ist nichts anderes wertvoller. So hat Allah es gewollt. Gepriesen sei Allah.

Die Mutter spricht über ihre toten Kinder.

Die Propaganda für die Rekrutierung von Frauen für den IS steht in diametralem Gegensatz zur Realität des Lebens im Islamischen Staat. Hatten sich die Frauen einmal beim IS gemeldet, kamen sie unter die Aufsicht der Frauenpolizei. In der syrischen Stadt Raqqa patrouillierten Al-Khansaa-Brigadistinnen mit Gewehren und Granaten durch die Straßen, um Frauen des IS, die sich »unislamisch« verhielten, zu bestrafen. Frauen, die sich nicht an die strenge Kleiderordnung hielten, konnten zwischen der Peitsche oder dem »Beißer« wählen. Wer glaubte, mit dem Beißer besser davonzukommen, irrte sich gewaltig: Es handelt sich um eine scharf gezahnte Klemme, die vorzugsweise auf die Brust gesetzt wird und dort tiefe Wunden hinterlässt, oft mit irreversiblen gesundheitlichen Folgen.[166]

Die Frauen, die sich dem Islamischen Staat anschlossen, können sicherlich nicht allesamt als Opfer betrachtet werden, sich selbst sahen sie ohnehin nicht so. Die niederländische Expertin für Frauen im Islam, Annelies Moors, »chattete« in den sozialen Medien mit einer Reihe junger Frauen, die sich freiwillig dem IS in Syrien angeschlossen hatten.[167] Die meisten von ihnen wollten vor allem unter einem reinen Scharia-Regime leben und waren dort fast ausschließlich mit ihrer häuslichen Existenz als Ehefrau, Mutter und schon bald, und immer häufiger, auch als Witwe beschäftigt. Diese Frauen waren erst in die Region gekommen, nachdem der IS bereits Gebiete unter seine Kontrolle gebracht hatte, und sie äußerten sich, bevor die Dschihadisten dort mit viel Gewalt wieder vertrieben wurden. Ihr Witwenstatus verschaffte ihnen Ansehen und das Anrecht auf eine finanzielle Unterstützung.

William McCants schreibt über Frauen beim IS, die sich nicht auf die Haushaltsführung beschränkten, sondern vollauf am Kampf beteiligten.[168] Ebenso wie die Männer waren sie auf Abenteuer aus, wollten Teil von etwas Größerem sein, waren entrüstet über das Leid ihrer Glaubensbrüder oder glaubten, dass das Ende aller Zeiten angebrochen war. Sie akzeptierten die strengen Restriktionen, die der IS Frauen auferlegte, aus tiefster Überzeugung. In Blutdurst und Fanatismus standen sie den Männern nicht nach. Manche von ihnen standen bei den Massenvergewaltigungen gefangener Frauen Wache und bejubelten die Massenexekutionen durch Enthauptung. Es kam nicht oft vor, dass Frauen direkt am bewaffneten Kampf beteiligt waren, sie wurden hauptsächlich als Wachposten und für Selbstmordattentate mit dem Bombengürtel eingesetzt.

Frauen waren unter den Freiwilligen, die sich dem IS anschlossen, in der Minderheit, aber auch aus Westeuropa haben sich Hunderte auf den Weg gemacht. Der französische Psychoanalytiker Fethin Benslama und der Soziologe Farhad Khosrokhavar weisen darauf hin, dass diese jungen Frauen in den Dschihadisten den idealen Mann sahen: männlich, ernsthaft und aufrichtig, bereit, sich zu opfern.[169] Sie fühlten sich stark zu dem islamischen Familienideal hingezogen, das für die Frau Unterordnung und Häuslichkeit vorsah. Darin erblickten sie eine klare und stabile Alternative zu den chaotischen Beziehungen in modernen Familien, in denen niemand mehr Autorität ausübt und die allzu oft durch Scheidungen auseinandergerissen werden.

Der tiefe Glauben war für die Frauen, die sich entschlossen, sich dem IS anzuschließen, häufig nicht der einzige und noch nicht einmal der wichtigste Grund. Oft spielten auch persönliche Probleme eine Rolle oder eine allgemeine Unzufriedenheit mit der westeuropäischen Gesellschaft, in der sie aufgewachsen waren.[170] Benslama und Khosrokhavar gehen davon aus, dass der radikale politische Extremismus sowohl von links als auch von rechts praktisch verschwunden ist. (Der Rechtsextremismus macht sich inzwischen allerdings wieder bemerkbar.) In dieser ideologischen Leere ist für Menschen mit einem Hang zum Fanatismus allein der Dschihadismus als wirklich radikale Alternative geblieben. Nur dort können Anhänger in der Verherrlichung von Unterwerfung, Gewalt und Tod schwelgen. Wie ich weiter unten zeigen werde, bieten auch die extremen Varianten der neuen, westlichen Rechten ihren Anhängern dazu reichlich Gelegenheit.

Die Stellung der Frauen unter der Herrschaft des IS war ein mehr oder weniger getreuer Vorgeschmack auf den Platz, den Frauen einnehmen würden, wenn das Kalifat einmal die gesamte islamische Welt beherrschen und die klassische Scharia unverwässert Anwendung finden sollte.

Frauen, die nicht als Musliminnen, als sunnitische Musliminnen galten, hatten unter dem IS keinerlei Rechte. Patrick Desbois, ein französischer Priester, der früher die Vernichtung der Juden in der Ukraine durch die Nazis untersucht hatte, ist unmittelbar nach dem Zusammenbruch des IS gemeinsam mit Costel Nastasie in das Gebiet gereist, das die Dschihadisten bis dahin besetzt gehalten hatten. Die beiden wollten auf dieser Expedition dokumentieren, was mit den Jesiden geschehen war, einem zahlenmäßig kleinen Bergvolk, das fast vollständig in die Hände des IS gefallen war.[171] Die Autoren sammelten möglichst viele Beweisstücke und Zeugenaussagen von Überlebenden.

Die jesidischen Männer wurden größtenteils umstandslos umgebracht. Die Frauen als rechtlose Sexsklavinnen betrachtet. Als Kriegsbeute wurden sie meistbietend verkauft und landeten in Bordellen in nahöstlichen Ländern. Darüber hinaus unterhielt der IS auch eigene Bordelle, in denen die Kämpfer Befriedigung finden konnten. Auch Kinder verschonte man dort nicht. Mädchen, die neun Jahre oder jünger waren, wurden von vier oder fünf Soldaten vergewaltigt. Während einer sich an dem Mädchen verging, wurde es von den anderen festgehalten. Frauen vom IS beteiligten sich als Wächterinnen und Bordellbetreiberinnen an diesen Schändungen. Dabei handelte es sich nicht um vereinzelte, heimlich begangene Verbrechen gegen die Menschlichkeit. Sie waren Teil der öffentlichen Praxis und der offiziellen Ideologie des IS. Nicht anders verhielt es sich mit der seelenverwandten Boko Haram in Nigeria.[172]

Die Dschihadisten räumen ganz offen ein, dass sie gefangene Gegner versklaven und rechtfertigen auch ihren sexuellen Missbrauch geraubter Mädchen mit Verweis auf den Koran und die Tradition, Beispiele gibt es dafür viele.[173] So wurde ein geraubtes jesidisches Mädchen gefesselt und geknebelt, ein IS-Krieger kniete neben ihr nieder, um zu beten, vergewaltigte sie und kniete anschließend erneut zum Gebet nieder. Er hatte seine muslimische Pflicht im Sinne der vom IS offiziell propagierten Vergewaltigungs-Theologie getan.[174] Bei solchen Vergewaltigungen geht es nur nebensächlich darum, dass der Täter dabei seine Lust befriedigt. Was bedeutet eine gewaltsame Vergewaltigung darüber hinaus für die Täter? Welchen Zweck verfolgen sie damit, kleine Kinder zu zerstören? Welche Bedeutung hat es, wenn sich eine Handvoll Männer, Seite an Seite mit dem Vergewaltiger, der gerade an der Reihe ist, tatkräftig beteiligt?

Die jesidischen Mädchen, die den IS-Kämpfern als »Braut« zugeteilt wurden, mussten jederzeit an der Seite ihres Mannes bleiben. Manchmal trugen sie wie er einen Bombengürtel, um stets zur Selbstaufopferung bereit zu sein. Sie mussten Folterungen und Massenexekutionen von Jesiden durch ebenjene IS-Kämpfer miterleben und durften weder Abscheu noch Ablehnung zu erkennen geben. Mit der Zeit wurden sie »selbst IS«, wie sie später erklärten. Denn sie konnten sich nur die Gedanken und Gefühle leisten, die ihnen aufgezwungen wurden. »Was hast du dabei gefühlt?« »Ich fühlte nichts. Ich war auch IS.«[175]

Diese ach so frommen Männer waren immer bereit zu sterben. Sie liebten und lieben den Tod. Was zum Teil daran liegt, dass sie, wie so viele Gläubige, die Realität des Todes einfach leugnen. Sterben ist für sie nur ein Schritt, ein kurzer Übergang von diesem Leben durch das Tor des Todes zur ewigen paradiesischen Glückseligkeit. Nicht ihre Bereitschaft zu sterben ist es, die überrascht, sondern ihre Gutgläubigkeit. Die Islamisten teilen diese Liebe zum Tod mit den Faschisten in aller Welt: »Viva la muerte«, es lebe der Tod, war der Schlachtruf der Franco-Kämpfer. Offenbar waren sie so von Hass und Mordlust erfüllt und so begierig darauf zu töten, dass sie bereit waren, das Risiko, selbst zu sterben, sozusagen als Kollateralschaden, als Begleiterscheinung, bereitwillig in Kauf zu nehmen.[176]

Die Vorstellungen vom Paradies der Islamisten offenbaren einmal mehr ihre Besessenheit von Frauen und Sexualität, die sie ein Leben lang im Griff hält, bis der Tod eintritt. Denn was bedeutet für sie Herrlichkeit und Seligkeit bis in alle Ewigkeit? Frauen, bildschöne Frauen, so viele und so oft man will, immer wieder aufs Neue jungfräulich, verfügbar, immer makellos, immer willig. Aber eben posthum. 72 sind es in einigen Schriften, jede begleitet von 70 Dienerinnen, die zwischendurch auch genommen werden dürfen. Das macht 5112. Hinzu kommen noch jene Frauen, die der Sterbliche in seinem irdischen Leben geliebt hat, auch sie sind erneut verfügbar. Nie hat eine ihre Tage, nie wird eine schwanger oder hat gerade mal keine Lust. Es versteht sich von selbst, dass der Auserwählte im Paradies mit nie endender Erektion begnadet ist und jedes Mal zum Orgasmus kommt. In maßgeblichen Texten aus früheren Epochen stehen dem Liebhaber im Jenseits auch Knaben zur Verfügung.[177] Zugegeben: als Fantasie ist das deutlich farbenfroher als die christliche Erdichtung, wonach der auserwählte Gläubige in alle Ewigkeit zu Füßen Gottes sitzen und Psalmen singenden Chören lauschen darf.

Der unbekannte Gelehrte, der unter dem Pseudonym Christoph Luxenberg schreibt, führt die Bezeichnung *Huris* für diese himmlischen Frauen auf ein aramäisches Wort zurück, das »weiße Weintraube« bedeutet.[178] Nach dieser Deutung wäre also alles ein großes Missverständnis. Das muss in islamischen Kreisen wohl Anstoß erregt haben (daher das Pseudonym). Die radikalen Salafistenprediger, die junge Muslime für den bewaffneten Kampf begeistern sollen, versprechen schließlich keine zarten Früchte, sondern unbegrenzte Sinnesfreuden im Jenseits.

Diese erotische Phantasmagorie steht in einem engen Zusammenhang mit der sexuellen Misere in der arabischen Welt. Im letzten halben Jahrhundert ist die Moral immer prüder und die Religion immer puritanischer geworden. Viele junge muslimische Männer kommen nicht zum Zug. Folglich müssen auch viele junge muslimische Frauen zu kurz kommen. Davon, wie es den Frauen dabei ergeht, hört man viel weniger. Als Lektüre zum Thema empfehle ich an dieser Stelle *Excellent Daughters* von Katherine Zoepf, die über die Eskapaden junger, wohlhabender arabischer Frauen schreibt.[179]

Mag die Frau auch zu Hause verborgen und außer Haus verhüllt sein, so sind doch Männer *und* Frauen von erotischen Gedanken und Wünschen besessen. Sie sorgen sich, dass andere auch solche schändlichen Fantasien haben könnten, und müssen deshalb selbst ständig daran denken. Extreme sexuelle Entbehrung in diesem Leben geht Hand in Hand mit dem Versprechen einer ebenso extremen erotischen Befreiung im nächsten Leben. Was kann zu einer perversen Faszination von Sex und Tod führen kann.

In all diesen Fantasien sind Frauen keine Mitmenschen, Bettgenossinnen oder Geliebten, die sich mit einem Mann vergnügen, mit ihm streiten oder einfach nur reden. Sie sind – auch und gerade im Himmel – nichts als Objekte, im günstigsten Fall äußerst begehrenswerte Körper. Immer sind sie in Besitz eines Mannes, aber allzu oft eines anderen Mannes. Solche weiblichen Objekte müssen in diesem Leben daher immer unter Verschluss oder in Verwahrung gehalten werden. Sie könnten weglaufen oder, was noch viel schlimmer wäre, ein anderer Mann könnte zu seiner eigenen Lustbefriedigung Gebrauch von ihnen machen. Im Paradies hingegen werden sie umsonst und dauerhaft von Gott selbst zur Verfügung gestellt.

So funktioniert das perverse Paradoxon der dschihadistischen Prediger: Indem sie die Frauen im alltäglichen Leben durch extrem prüde Lehren und Verhaltensregeln immer unerreichbarer machen, wird auch die sexuelle Befriedigung für junge Männer – und Frauen – immer unerreichbarer, außer für diejenigen, die sich für den Dschihad entscheiden, für Kampf und Tod. Denn für die dschihadistischen Kämpfer werden Bräute gesucht, die sich ganz und gar den Wünschen ihrer kriegerischen Ehemänner fügen. Für diese Krieger gibt es als Kriegsbeute auch Sexsklavinnen. Mit ihnen können sie tun, was ihnen in den Sinn kommt. Und es gibt keine Niederträchtigkeit, die diesen frommen prüden Oberhäuptern nicht prompt in den Sinn käme. Und sollte ein Dschihadist umkommen, erwarten ihn jenseits der Schwelle des Paradieses ewige und grenzenlose Sinnenfreuden mit 5112 Jungfrauen.

Die radikalen Faschisten und Nationalsozialisten wurden 1945 nach einem überraschend schnellen Aufstieg vernichtend geschlagen. Diese Bewegungen existierten gerade mal ein Vierteljahrhundert, aber in dieser Zeit haben sie unvorstellbare Verwüstungen und Blutbäder angerichtet, nichts als Zerstörung. Der Kommunismus begann seinen Aufstieg früher, und er dauerte länger: fast das ganze 20. Jahrhundert hindurch. Er hat mindestens ebenso große Verwüstungen angerichtet. Nach dem Zerfall der Sowjetunion und der Kehrtwende in China ist von dieser Ideologie auch nicht mehr viel übrig, höchstens noch ein paar fossile Tyranneien und unangebrachte Nostalgie. Es sind nicht mehr viele extreme Alternativen übriggeblieben.

In der arabischen Welt bot sich immerhin noch *eine* radikale Option an: der Islamismus, in dem sich alles um die Unterwerfung der Frauen dreht. Der große Kampf der Islamisten richtet sich tatsächlich nicht so sehr gegen den Westen selbst, sondern gegen die Ideen der Emanzipation, die als westlich betrachtet werden. Sie sind es, die die radikalen Islamisten mit aller Macht bekämpfen. Sie wenden sich nicht vorrangig gegen die herrschenden arabischen Regime, sondern gegen jeglichen Angriff auf männliche Vorherrschaft. Das mit so viel Fanatismus verkündete Weltkalifat wird nicht kommen. Aber dort, wo Islamisten das Sagen haben, sind sie in der Lage, jeden Schritt zur Befreiung der Frau zu blockieren oder rückgängig zu machen. Infolge der perversen Unterdrückung der Frau sind sie nicht imstande, sich Frauen als Menschen vorzustellen, die den Männern gleichgestellt sind. Die männliche Sexualität verharrt so in Besitzdenken und Machtstreben. Natürlich, auch im Islamismus können sich ein Mann und eine Frau gegenseitig respektieren und lieben, aber in ihrer Ideologie gibt es dafür keine Worte oder Umgangsformen. Die Sprache der Liebe wird im Islamismus weder gesprochen noch verstanden. Und doch passt sie zum Islam.

Der radikale Islamismus, der Dschihadismus, ist eine Ideologie der Frauenunterdrückung, der Verherrlichung von Gewalt und Tod, der Vertreibung und Ausrottung Andersgläubiger und des religiösen Zwangs. Faschismus im islamischen Gewand.[180] Denn der Faschismus als reine Gewaltdoktrin braucht immer ein Gewand, um seinen eigenen Nihilismus zu verdecken: das Volk, den Führer, die Umma, das Weltkalifat.

Der Islamismus ist nicht der Kern des Islams, er ist ein Auswuchs, ein Seitenarm. Im weiten Stromgebiet des Islams gibt es zahlreiche Ausprägungen, die sich sehr gut mit Menschenrechten,

Demokratie und Toleranz gegenüber Andersdenkenden und Anderslebenden vereinbaren lassen. Ein derart Gesinnter muss allerdings mit einigen hinderlichen Regeln in den heiligen Büchern oder den Überlieferungen ein wenig mogeln. Allal al-Fassi, ein progressiver Salafist und Begründer der Demokratie in Marokko, verkündete, dass der Islam gekommen sei, um die Frau zu befreien. Frauen hätten in allen Bereichen die gleichen Rechte und Pflichten wie Männer. Sie sollten mit den Männern im Haushalt, im Beruf und in der politischen Arena zusammenarbeiten.[181] Auch dies ist im Islam zweifellos eine vertretbare Ansicht. Alle Religionen gehen hin und wieder klammheimlich über einige Grundsätze ihrer Glaubenslehre hinweg. Es gibt allen Grund zur Hoffnung, dass sich ein liberaler Islam auch in Westeuropa entfalten wird. Der französische Politikwissenschaftler Dominique Moïsi schreibt:

> Eine wachsende Zahl gut ausgebildeter muslimischer Frauen der zweiten Einwanderergeneration in Europa, Amerika und in den islamischen Staaten kämpft innerislamisch für Frauenrechte. Dies mag sich mit der Zeit als die wirkkräftigste Revolution überhaupt erweisen.[182]

Die anderen großen Weltanschauungen Asiens – Hinduismus, Buddhismus, Konfuzianismus und Shintoismus – verkünden ebenfalls die Vorherrschaft des Mannes über die Frau. Ebenso wie die Buchreligionen, das Judentum, das Christentum und der Islam, sind sie aus Agrargesellschaften hervorgegangen. Dort bestimmten die Clan- und Familienverbände die sehr ungleichen Beziehungen zwischen Männern und Frauen. Frauen finden sich in diesen asiatischen Gesellschaften auch heute noch in einer untergeordneten Position. In dieser Hinsicht unterscheidet sich die Praxis nicht so sehr von der alltäglichen Realität in Gemeinschaften, in denen der jüdische, christliche oder islamische Fundamentalismus dominiert. Auch die extremen Auswüchse der Misogynie unterscheiden sich davon kaum. Das Patriarchat war nicht nur ein westliches Phänomen, es war eine nahezu universelle Erscheinung, ein Allgemein Menschliches Muster, das in Asien ebenfalls noch fortbesteht.

Auch in Asien befinden sich die Frauen im Aufschwung, sie gehen in immer größerer Zahl immer länger zur Schule, bekommen weniger Kinder, arbeiten häufiger außer Haus und setzen sich für die Gleichberechtigung ein. In Ländern wie Indien, China oder Japan versuchen reaktionäre Männer, sie in eine untergeordnete Position zurückzudrängen, wenn es sein muss mit Einschüchterung und Gewalt. Von Zeit zu Zeit berichten westliche Medien über Männer, die Frauen durch Zudringlichkeiten und sexualisierte Gewalt auf der Straße und in öffentlichen Verkehrsmitteln das Leben außerhalb des Hauses unmöglich machen. Gelegentlich erfährt man von extremen Grausamkeiten gegen Frauen und Mädchen, die angeblich gegen dieses oder jenes traditionelle Gebot oder Verbot verstoßen haben. So werden sie in die Unterwürfigkeit zurückgescheucht. Um die asiatische Despotie der Männer über die Frauen adäquat zu beschreiben, wäre ein ganzes Buch nötig, ein anderes Buch. Ich bin kein Allwissender und muss mich beschränken. Es ist an der Zeit für eine Welt-Enzyklopädie der Frauenfeindlichkeit. Darin fände sich leider noch sehr viel mehr von der gleichen Art.

Die Alte und Neue Rechte im Westen

Früher war alles besser.

Rechte Gruppierungen im Westen sind ein bunter Haufen, der von frommen Eiferern bis zu libertären Atheisten reicht. In *einem* Punkt sind sie sich jedoch alle einig, und zwar darin, dass Frauen dort bleiben sollten, wo sie hingehören: zu Hause, in der Küche, im Schlafzimmer und im Kinderzimmer. Fast immer wenden sie sich gegen Immigration, fordern ein hartes Durchgreifen gegen Kriminelle, wollen das »Volk«, die »weiße Rasse« oder die »Gemeinschaft der Gläubigen« vor fremdem »Schmutz« schützen, sehen das kulturelle Erbe und die altehrwürdigen Traditionen durch Neuerungswahn bedroht und lehnen in großer Mehrheit Abtreibung, Empfängnisverhütung und Homosexualität ab. Darüber hinaus betrachten sie den Islam im Allgemeinen und den Dschihad im Besonderen seit Jahren als die größte Gefahr für die westliche Zivilisation.

Wähler aus dem rechten Spektrum setzen sich weniger für die Gleichberechtigung der Frauen ein als der Rest der Wählerschaft. Der European Social Studies Dataset umfasst Daten aus Meinungsumfragen, die in fast allen europäischen Ländern in den Jahren 2004, 2008 und 2010 durchgeführt wurden. Darin sind zwei Fragen zur mangelnden Gleichstellung der Geschlechter enthalten: Haben Männer ein größeres Anrecht auf einen Arbeitsplatz als Frauen, wenn Arbeitsplätze knapp sind? Und: Sollten Frauen dazu bereit sein, zum Wohle der eigenen Familie weniger bezahlte Arbeit zu leisten? Wähler der rechten Parteien beantworteten beide Fragen deutlich häufiger mit »ja« als andere. Wähler linker Parteien hingegen antworten eher mit »nein«. Umgekehrt gilt: Auch wenn man den Einfluss anderer Variablen eliminiert, wählen die Befragten, die sich stärker für die Gleichheit der Geschlechter einsetzen, offensichtlich häufiger linke Parteien und seltener rechte als andere Wähler. Der erwartbare Zusammenhang wird also durch die vorliegenden Zahlen bestätigt.[183]

Auch die religiöse Rechte ist keine homogene Gruppe. Jede Religion kennt einen – mal engeren, mal breiteren – Rand von politischen Extremisten. Der katholische Faschismus, der unter Mussolini in Italien und Franco in Spanien triumphierte, hat bis heute eine starke Anhängerschaft in Lateinamerika und verfügt über vereinzelte Splittergruppen in den USA. Die Speerspitze der orthodoxen Katholiken bildet die Anti-Abtreibungsbewegung. Aber auch die evangelikalen Protestanten, die vor allem in den Vereinigten Staaten eine starke Basis haben, gewinnen in Lateinamerika und aktuell auch mancherorts in Asien und Afrika immer mehr Anhänger. Gerade diese Glaubensrichtung vermag auch viele Frauen anzuziehen. Und das obwohl sie eine sehr patriarchalische Haltung hinsichtlich der Beziehungen zwischen den Geschlechtern verkündet. Auch unter gläubigen Juden treten ultraorthodoxe Sekten mit einer extrem reaktionären Auffassung zu Frauenrechten in Erscheinung. Es ist nicht schwer, unter Hindus und Buddhisten ähnliche extrem sexistische Strömungen auszumachen. Wer also denken sollte, dass nur Muslime von männlicher Vorherrschaft besessen sind, wird seine Meinung schnell revidieren müssen. Patriarchalische Lehren und Traditionen sind ein wesentliches Merkmal aller etablierten Religionen. Sie wurzeln in den sozialen Verhältnissen, die in der Zeit herrschten, als diese Religionen entstanden sind bzw. an Einfluss gewonnen haben. Die Vorschriften, die heute als

Beschränkung der Frauen angesehen werden, trugen damals oft gerade zu einer Verbesserung ihrer Stellung bei.

Man muss freilich nicht an Gott glauben, um rechts zu sein. Die rechtsradikalen Gruppierungen, die im letzten Vierteljahrhundert in den USA und Europa aufkamen, sind selten offen atheistisch. Eigentlich ignorieren sie jegliche Religion völlig. Wenn es passt, nutzen sie die Religion für ihre Zwecke. In Westeuropa passt dieses Muster gut zur fortgeschrittenen Säkularisierung. Religiöse Streitpunkte, die in den 1950er und 1960er Jahren noch tiefe Gräben zwischen den Wählern aufwarfen, sind schon seit Jahrzehnten kaum noch von Bedeutung. Streitpunkte wie Abtreibung oder gleichgeschlechtliche Ehe sind größtenteils beigelegt und spielen in den meisten westeuropäischen Ländern kaum noch eine Rolle.

Für die rechten Parteien in Europa ist »Nation« oder »Volk« zentral, wobei sich die Liebe zum eigenen Volk in der Regel negativ zum Ausdruck bringt: als Widerstand gegen Immigration, die den inneren Zusammenhalt der Nation und die nationale Identität beeinträchtigen würde. Auch die fortschreitende Globalisierung der Wirtschaft, der Medien und der Universitäten wird von der rechten Seite als Angriff auf überlieferte heimische Werte empfunden. Immigration und Internationalisierung bedrohen die Arbeitsplätze der angestammten Bevölkerung. Diese Gedanken sind auch der Linken nicht völlig fremd. Manchen erscheint die Europäische Union als bürokratisches Monstrum, das mit immer neuen aufoktroyierten Vorschriften die Unabhängigkeit und Individualität der Mitgliedsländer unterdrückt.

Die rechten Bewegungen in Europa müssen sich von einer Erblast befreien: Viele der Ideen, die sie vertreten, sind im Laufe des letzten Jahrhunderts von Nationalsozialisten und Faschisten formuliert und in die Praxis umgesetzt worden. Schlüsselwörter wie »Rasse«, »Volk«, »volksfremd«, »kosmopolitisch« sind seither kontaminiert. Das macht sie umso attraktiver für Extremisten am Rande der Gesellschaft, die sich damit auf provokante Weise profilieren können. »Anständige« Rechte hingegen ziehen es vor, diese Art von Begrifflichkeiten zu vermeiden, sie verwenden stattdessen ein Codewort: Kultur. Das läuft bei ihnen in etwa auf das Gleiche hinaus. In diese Kultur wird man geboren, die können sich Außenstehende nie zu eigen machen, wie sehr sie sich auch bemühen. Diese Bedeutungszuschreibung bildet das genaue Gegenteil zur sozialwissenschaftlichen Verwendung des Wortes Kultur: alles, was Menschen im Laufe ihres Lebens voneinander *lernen*.

Die Tabuisierung von Nazi-Vokabular ist in den Vereinigten Staaten vielleicht weniger ausgeprägt. Sie wurde gerade in den letzten Jahren durch die ambivalente Haltung des ehemaligen Präsidenten Donald Trump noch weiter aufgeweicht. Amerika hat seine eigene, heimische Rassismustradition, die direkt auf die Sklaverei zurückgeht: *white supremacy*, die Vorstellung von der Vorherrschaft der Weißen. Ihre Anhänger sind überzeugt, dass die Weißen den Schwarzen überlegen sind, was schon als Rechtfertigung der Sklaverei herhalten musste. Seit fast anderthalb Jahrhunderten wird diese Rassenlehre von den Terrorgruppen des Ku-Klux-Klans und allen möglichen rassistischen Splitterparteien propagiert.

In den sozialen Medien sind noch andere Gruppen – und Grüppchen –, für die die Rassenfrage und der Volkscharakter weniger entscheidende Rollen spielen, auf Widerstandskurs. Sie lehnen sich vehement gegen den Aufstieg der Frauen und natürlich gegen die organisierte Speerspitze der Frauenbewegung, den Feminismus, auf. Hier wird der Kampf der Geschlechter mit persönlichen Angriffen auf jede Frau, die es wagt, sich in der Öffentlichkeit für Frauenrechte einzusetzen, offen ausgetragen. Dies ist die virtuelle Welt der *mannosphere*, Websites, auf denen der »echte Mann« verherrlicht wird: der *Alpha Male, der Alphamann*, der sonst vor allem in der Werbung für Zigaretten, Sportwagen und Armbanduhren weiterlebt. Ein solcher wahrer Mann ist nur an »echten Frauen« interessiert. Und von denen gibt es zwei Arten: die »Schlampen«, mit denen es »erlaubt« ist und die für die Lust da sind, und die Mütter, für die es »eine Pflicht ist« und die man heiratet und mit denen man Kinder bekommt. Ganz gleich wie sehr sich diese Websites auch bemühen, Kraft und Stärke auszustrahlen, sind sie doch wie von einer Kruste muffiger Spießbürgerlichkeit überzogen. Den verfestigten Vorurteilen der Eltern und Großeltern darüber, was ein Mann tun darf und was eine Frau tun muss, begegnet man auf diesen Seiten erneut als neue, radikale Erkenntnisse. Die Mannosphäre ist das Vexierbild des Feminismus, sein bis in die Lächerlichkeit verzerrtes Gegenteil. Und in der Tat könnte man fast glauben, die Feministinnen der 1960er Jahre hätten diese Websites konzipiert, so perfekt entsprechen sie den Plattitüden über die Beziehungen zwischen Mann und Frau, die feministische Vorgängerinnen bereits herausgestellt hatten. Aber für Jungen in der Pubertät, die einem Mädchen noch nie nähergekommen sind, geht hier eine Welt auf. Leider die verkehrte Welt.

Marianismo und Machismo im katholischen Lateinamerika

Der römisch-katholischen Kirche gehören weltweit mehr als 1,3 Milliarden Gläubige an (Stand 2020), von denen etwa ein Drittel in Lateinamerika lebt. Dort verkündigt die Kirche in aller Gemütsruhe völlig unbehelligt eine fanatische frauenfeindliche Doktrin. Kurz gefasst läuft es darauf hinaus, dass Frauen nicht über ihren eigenen Körper verfügen dürfen, nicht darüber bestimmen können, ob sie schwanger werden, eine Schwangerschaft abbrechen oder sich von ihrem Mann scheiden lassen wollen. Denn eine Frau, so heißt es, brauche männlichen Schutz, um sie vor ihren eigenen Schwächen und vor der Bedrohung durch fremde Männer zu bewahren. Nur zu ihrem eigenen Besten also.

Das männliche Personal der Kirche, die Priester und Mönche, legen das Keuschheitsgelübde ab und leben nach ihrer Weihe unverheiratet und ohne Sex. Zumindest ist dies die offizielle Doktrin. Das weibliche Personal, die Nonnen, trägt den »Habit«, der viel Ähnlichkeit mit einem Tschador hat, aber die Ähnlichkeit fällt selten jemandem auf. Vor einer solch frommen Zuhörerinnenschaft steht auf einem kleinen Podest ein Mann im langen Gewand, das einer Frau sicher auch nicht schlecht stehen würde. Er hält den Gottesdienst ab und übt damit eine Funktion aus, von der Frauen auch in der römisch-katholischen Kirche auf ewig ausgeschlossen sind. Warum akzeptieren die Frauen das? Sie sind doch oft mindestens ebenso gut ausgebildet wie Männer, verdienen nicht viel weniger als ihre männlichen Kollegen, verschaffen sich Gehör in Gesprächen und stehen ihren Ehemännern kaum noch in etwas nach. Und doch lassen sie sich in der Kirche von einem Mann im langen Kleid ein bestimmtes Verhalten diktieren.

Auch in der jüdischen Synagoge oder der islamischen Moschee kann von Gleichberechtigung zwischen den Geschlechtern keine Rede sein. Die Frauen sitzen getrennt, auf einer Art Galerie. Bei den orthodoxen Juden und Muslimen dürfen Frauen ebenfalls keinen Gottesdienst abhalten, sie dürfen nicht einmal eine Nebenrolle spielen, was männlichen Laien natürlich durchaus zugestanden wird. Kurzum, in dieser Hinsicht sind die Katholiken Teil einer größeren Familie. Und auch in den meisten protestantischen Konfessionen ist der Dienst am Wort einem Mann, einem Pfarrer, nicht einer Pfarrerin vorbehalten.

In allerlei liberalen Nebenflüssen der rechtgläubigen Hauptströmung wird an dieser Erhöhung des Mannes und der Herabsetzung der Frau gerüttelt. Es gibt Rabbinerinnen und Pfarrerinnen, hier und da sogar Imaminnen.[184] Priesterinnen gibt es keine. Strenggläubige Katholiken lehnen diese ab. Die Frauen gehen trotzdem weiterhin in die Kirche, auch wenn sie dort als Menschen zweiter Klasse angesehen werden.

Was die katholische Kirche anbelangt, so sind ihre Reißzähne in Europa und den USA etwas abgeschliffen. In den Ländern, in denen die Kluft zwischen steinreich und bettelarm am größten ist, in denen zahllose Mittellose nur eine kümmerliche Ausbildung erhalten haben und in denen die Kirche mit all ihrer dogmatischen Unerbittlichkeit die Frauen zu unterdrücken weiß, ist ihr Biss hingegen noch scharf. In Lateinamerika hat die Befreiungstheologie progressiv inspirierter Katholiken zwar viel Staub aufgewirbelt, doch der hat sich inzwischen wieder gelegt. Denn die ganze Zeit und auch heute noch herrscht in weiten Teilen Süd- und Mittelamerikas die katholische Kirche in ihrer reaktionärsten und doktrinärsten Form. Der politische Konservatismus in diesen Ländern stützt sich daher auch völlig auf die kirchliche Lehre. Ein weltlicher Konservatismus hat sich dort nie entwickelt. Es ist übrigens ohnehin eine offene Frage, ob es irgendwo auf der Welt einen autonomen Konservatismus gibt, denn Konservative sind überall eng mit der Kirche, der Wirtschaft und dem Staat oder mit allen drei etablierten Mächten gleichzeitig verbunden.

Seit der kolonialen Eroberung durch die Spanier wurden auf den festen Stamm der katholischen Glaubenslehre verschiedenste indigene Bräuche und religiöse Vorstellungen aufgepfropft. Sie gediehen dort offenbar prächtig. Die Marienverehrung ließ sich gut mit der Vergötterung der Frauen in den überlieferten Religionen der Indigenen vereinbaren. Die extreme Demonstration männlicher Macht, die auf die spanischen Konquistadoren zurückgeht, wirkte als Kontrast zum kirchlichen Marienkult.[185]

In der Frau trafen das Spirituelle und das Körperliche aufeinander. Sie war die Trägerin neuen Lebens, die Verkörperung der Liebe Gottes. Doch für diese Ehre musste sie den Preis der faktischen Unterordnung unter den Mann zahlen. Die Frau musste nach dem Vorbild Marias, der Mutter Gottes, leben. Ihre Aufgabe war es, zu nähren und zu versorgen, zu gebären und zu ertragen. Die Männer waren geistig von viel minderer Gesinnung, sie waren spirituell unterlegen. Wie sollte man es ihnen also übelnehmen, dass sie streitlustig und ausschweifend waren? Die Frauen hatten das zu akzeptieren.

In vielen Regionen Lateinamerikas dominiert auch heute noch vollauf der sprichwörtliche »Machismo«. Mit »Männlichkeit« lässt sich dieser Begriff nicht übersetzen, denn er idealisiert den kindlichen Mann. So ein Macho ist eigentlich ein großer, übermäßig schnell gewachsener Junge, der vor allem sinnlich und potent, kurz gesagt »geil« ist. Er scheint es mit jeder Frau, die fruchtbar ist und nicht zu seiner engsten Familie gehört, treiben zu wollen. Der Macho ist aber auch ein kleiner Ehrenmann. Wer etwas über die Keuschheit seiner Mutter, seiner Schwester, seiner Frau oder seiner Tochter sagt, lernt ihn kennen. Da lässt er gerne seine Muskeln spielen. Und wer seinen Mut in Zweifel zieht, erhält umgehend einen handfesten Beweis für seine Kampfkraft.

Das Ehrgefühl des Machos, wie aufgebläht es auch sein mag, reicht jedoch nicht weit darüber hinaus. In der Ehe, in der Politik und im Geschäftsleben kommt es auf Treue und Ehrlichkeit weit weniger an. Außerdem ist ein Macho für sein eigenes Handeln nicht verantwortlich, nicht rechenschaftspflichtig. Es scheint, als sei er zu begierig und zu hitzköpfig, um sich beherrschen zu können. Deshalb darf man ihm seine Exzesse auch nicht anlasten. Er ist für immer ein großes Kind, allerdings ein sexbesessenes und übermütiges.

Jede Eroberung ist vor allem ein Sieg über andere Männer, die noch keinen Treffer gelandet haben. Die höchste Ehre legt der ein, der die Tochter eines anderen Mannes verführt, denn damit wird der Vater des Mädchens zutiefst gedemütigt, schließlich konnte er als Mann nicht einmal seine eigene Tochter beschützen. Für ihn kommt es einer halben Entmannung gleich.[186] Diese Lebenseinstellung lässt sich auch auf die Zeit der Sklaverei zurückführen, als die Sklavenhalter es sich herausnehmen konnten, mit ihren Sklavinnen zu schlafen, ohne dass die schwarzen Männer etwas dagegen tun konnten. Auch die Frau des Sklavenhalters musste das ergeben hinnehmen. Die versklavten Frauen gaben manchmal nach, um Vergewaltigung oder Bestrafung zu vermeiden und um für sich und ihre Kinder bessere Lebensbedingungen oder sogar die Freiheit zu erlangen. Man nannte sie dann *sin verguenza*: schamlos. Diese perversen und asymmetrischen Verbindungen wirken in verdeckter Form in den Beziehungen zwischen den heutigen Marias und Machos fort, mit der Schlampe und dem Hahnrei in den Nebenrollen.

Der Verführer stellt mit seinen Eskapaden unter Beweis, dass er ein unwiderstehlicher Frauenheld ist. So gesehen, haben die Frauen kaum etwas zu melden. Sie sind beim Erhalt des Ehrenpreises, der durch die Entehrung eines anderen Mannes gewonnen wird, nur das Wechselgeld. Um es mit den Worten von Geoffrey Fox zu sagen: »*The prize is not the woman, but the esteem of other men*«:[187] Der Preis ist nicht die Frau, sondern der Respekt anderer Männer. Der Machismo, der sicherlich nicht nur in Lateinamerika vorkommt, ist ein »Kult der Virilität«. Ein Zurschaustellen übertriebener Aggressivität im Umgang von Männern untereinander. Und es ist auch ein Zeichen der Arroganz und sexuellen Aggression im Umgang von Männern und Frauen.[188]

Der Machomann wird die Ehre seiner Frau bis zum Äußersten verteidigen. Aber wenn sie ihm nicht zu Willen ist, wird er es bei einer anderen versuchen. Und auch wenn sie ihm zu Willen ist, wird er das tun. Er ist nun einmal der Spielball seiner eigenen Triebe, wer könnte ihm das verdenken? Männer sind schon immer so gewesen, seit dem Sündenfall. Dagegen lässt sich nichts tun. Die Stärke und Erhabenheit der Frau zeigt sich gerade in ihrer Bereitschaft, dies ohne Murren zu akzeptieren.

Dies ist in vielen Gesellschaften und in vielen Ehen die stillschweigende Praxis. Doch die katholische Kirche in Lateinamerika hat diese Doppelmoral unter dem Banner des *Marianismo* zu einem religiösen Ideal erhoben. Der Marianismus ist ursprünglich eine Auswirkung der intensiven Marienverehrung im katholischen Kultus. Die lokale Bevölkerung bekennt sich manchmal so inbrünstig dazu, dass es selbst dem Klerus zu weit geht. Er spricht von »Mariolatrie«, wenn die Verehrung der Heiligen Jungfrau zum Götzendienst wird, zur Anbetung einer Urgöttin. Der Marianismus ist hingegen eine religiöse Strömung, die Frauen dazu gemahnt, ihr ganzes Leben nach dem Vorbild der Heiligen Maria zu führen.

Maria steht in erster Linie für die jungfräuliche Mutterschaft. Sie ist die Mutter Jesu, der durch den Heiligen Geist in ihr gezeugt wurde. Auch Maria selbst wurde ohne fleischliche Gemeinschaft gezeugt. Streng genommen verweist der Begriff »unbefleckte Empfängnis« nicht auf die Empfängnis des Jesuskindes, sondern auf die Empfängnis Mariä. Damit wird bereits jede Sexualität, auch wenn sie nur der Fortpflanzung dient, in ein unheiliges Licht gerückt.

Der Marianismus lehrt die Frau, ihr Leid nach dem Vorbild Marias zu tragen, die nach der Kreuzigung ihres Sohnes in nicht endender Trauer lebte. So soll sich auch die Frau in dunkle, alles bedeckende Kleidung hüllen und sich still und demütig verhalten. Sie muss immer bereit sein, den Kummer und die Last der Welt als ihr unvermeidliches Schicksal in dieser irdischen Existenz anzunehmen. Das Leben ist für sie eine einzige große Prüfung. Und genau deshalb ist es die Vorbereitung auf das ewige Leben im Jenseits. Das wird letztendlich ihre Belohnung sein.

Der Marianismus gemahnt die Frau zu weitgehender Keuschheit. Natürlich muss sie bereit sein, ihren Mann zu empfangen. Sie muss jede Annäherung seinerseits freudig annehmen. Sie darf ihren Mann im Bett nicht zurückweisen. Selbst darf sie jedoch am Sex in der Ehe keinen oder kaum Genuss empfinden. Sie muss es ergeben über sich ergehen lassen. Frigidität ist eine Zierde. Sexuelles Verlangen oder Vergnügen kennt sie nicht. Sie schläft nur mit ihrem Mann, um ihm zu Willen zu sein: »*Le hizo el servicio*«, sie erweist ihm den Dienst. Frauen, die Sex genießen und sogar die Initiative ergreifen, gelten als schlechte Frauen.[189]

Eine Frau muss auch die möglichen Folgen von ungeschütztem Sex mit Gleichmut hinnehmen. Was in ihrer fruchtbaren Lebensphase dann mindestens jedes zweite Jahr zu einer Schwangerschaft führt. Natürlich ist sie zum Austragen der Schwangerschaft verpflichtet, denn Abtreibung ist kein Thema, und sie durchführen zu lassen, ist für die Frau keine Option. Ist ihr Mann trunksüchtig, ehebrecherisch, streitsüchtig oder gewalttätig, so hat sie auch das zu ertragen.[190] Eine Scheidung ist ausgeschlossen. All ihr Leid in dieser Welt wird ihr schließlich in einem nächsten, dem himmlischen Leben reich vergolten.

Die peruanische Ärztin Marta B. Rondon fasst es treffend zusammen:

> Die marianistische Frau ist die *mater dolorosa* [Mutter der Schmerzen] par excellence. Sie ist schwarz gekleidet, unfähig, Genuss zu empfinden, und trauert um die Männer, die sie verlassen oder verletzt haben, immer bereit, deren Missbrauch und Verschwinden zu verstehen, denn als die Kinder, die sie sind, können sie weder verantwortlich gemacht noch beurteilt, sondern nur verstanden werden.[191]

Diese marianistische »Leidenssucht«[192] hat ihr perfektes Pendant im Machismo, dem »Mannismus«. In dieser doppelten Buchführung ist die Frau in ihrem irdischen Leben dem Mann unterworfen, ihm aber zugleich spirituell überlegen. Und obwohl der Mann ihr übergeordnet ist, ist er zugleich ein großes, unartiges Kind, unverbesserlich, nicht ganz zurechnungsfähig. Das Leben der Männer findet auf der Straße statt, sie trinken, spielen, zanken sich, balgen sich mit anderen Männern und stellen den Mädchen nach. Die Frauen bleiben zu Hause, halten die Familie zusammen, kümmern sich um die Kinder, pflegen die verwandtschaftlichen Beziehungen, sorgen dafür, dass die Schulden nicht überhandnehmen und das Essen auf den Tisch kommt. Und stehen damit auch im Alltag über dem Mann.

Die Frauen sind tief fromm, zumindest geben sie es vor, während die Männer höchstens an Ostern in die Kirche gehen. Dabei ist es nicht so, dass sie nicht gläubig wären, aber sie gehen davon aus, dass ihre Frauen schon für ihr Seelenheil beten werden. Machismo und Marianismus stehen also wie Spiegelbilder zueinander, ein wenig wie Sadismus und Masochismus: Sie sind eine moralische Maskerade. Für Marianistinnen braucht es allerdings den Priester, den guten, heiligen Mann, der sie zu einer Lebenshaltung der Annahme, der Duldsamkeit, der Untertänigkeit, der Gram und der Trauer abrichtet. Er, die Vaterfigur, muss sie dazu anhalten, noch mehr zu leiden, auf noch mehr Glück in diesem irdischen Leben zu verzichten, um die Seligkeit im ewigen Leben zu erlangen, das sicher kommen wird – nach dem Tod.

Für die Machos braucht es genau das Gegenteil, eine unheilige Frau, eine Schlampe, die nicht sittsam im Haus bleibt, sondern mit den Männern ausgeht, ihnen frivole Blicke zuwirft, tanzt und trinkt – und manchmal mit ihnen nach oben geht, eine Frau mit lockeren Sitten also: eine *mujer de la mala vida*.[193] Der Kreis würde sich perfekt schließen, wenn es der Pfarrer gewesen wäre, der sie als kleines Mädchen zum ersten Mal als sein kleines Flittchen missbraucht hätte.

Gerade weil so eine schlechte Frau zu haben ist, ist sie auch ohne Wert. Mit ihr ist im Wettstreit der Eroberer kein Ehrenpreis zu gewinnen. Mit ihr möchte man auch außerhalb von Kneipen und Bordellen nicht gesehen werden. Und sie ist schon gar keine Frau zum Heiraten. Denn das wäre die ultimative Demütigung für den Mann: eine Frau zu heiraten, die bereits von einem anderen Mann gebraucht, also »besessen« wurde. Eine Jungfrau ist unberührt und hat daher noch nie jemand anderem gehört. Der Kult um die Jungfräulichkeit ist auch ein Kult um das männliche Alleinverfügungsrecht und die männliche Besitzgier.

Der Machomarianismus kann nur mit einer möglichst scharfen Unterscheidung zwischen Mann und Frau existieren. Daraus folgt zugleich, dass jede »abweichende Form« abzulehnen, ja zu verabscheuen ist. Homosexualität darf es nicht geben, weil sie gegen die strenge Trennung der Geschlechter verstößt. Macho-Männer bevorzugen die Gesellschaft anderer Männer, haben nur selten Sex mit ihrer eigenen Frau, treiben es aber mit Schlampen, die mit jedem ins Bett gehen, also auch andere Männer »im Schlepptau« haben. Einem Macho käme es nie in den Sinn, Sex mit einem Mann zu haben. Dieser Versuchung muss er sein Leben lang widerstehen. Schon deshalb muss der Macho Homosexuelle hassen und verachten. (Die andere todsündige Versuchung ist natürlich der Inzest.)

Der Machomarianismus ist eine perverse Spirale, in der Männer und Frauen wie Gegenpole umeinander kreisen und sich immer tiefer in deformierte Fantasien über sich selbst und den anderen verstricken. Diese Konstellation kann letztlich nur mit brutaler

Gewalt aufrechterhalten werden. Das junge Mädchen, das es wagt, Jungs hinterherzuschauen, verdient eine Bestrafung. Die jugendliche Braut, die sich nicht in die freudlose Selbstaufopferung fügen will, kann mit einer Tracht Prügel und einigen frommen Ermahnungen zu einer wahren marianistischen Lebensweise gezwungen werden. Aber eine Tochter oder Ehefrau, die mit einem fremden Mann durchbrennt, setzt ihr Leben aufs Spiel. Der Ehrenmord ist die tödliche Drohung, die widerspenstige Frauen disziplinieren und allen anderen Frauen Angst einjagen soll.

Das Szenario von der Maria und dem Macho ist in der katholischen Kultur Lateinamerikas wohlbekannt und nur allzu vertraut. Es wird von der Kirche und ihren Laienorganisationen auch aktiv propagiert, doch wirkt es nicht in einem luftleeren Raum. Die Beziehungen zwischen Männern und Frauen sind in ihr soziales Milieu eingebettet. Landarbeiter oder ungelernte städtische Arbeiter können sich einen solchen Macho-Lebensstil gar nicht leisten, sie haben weder das Geld noch die Zeit dafür. In der Regel müssen ihre Ehefrauen doch außer Haus arbeiten. Das ermöglicht ihnen trotz aller Kärglichkeit eine gewisse Selbständigkeit gegenüber ihren Männern. Sie sind nicht vollständig auf ihre Männer angewiesen. In den besser situierten Milieus hat nicht nur der Mann eine Hochschulbildung und ein entsprechendes Einkommen und Vermögen, auch die Frau hat studiert und verfügt häufig über eigene Mittel und ein eigenes Einkommen. Das macht sie weniger abhängig von ihrem Mann. Sie kann, wenn es sein muss, sich und die Kinder selbst versorgen oder vor Gericht Unterhalt einfordern. Gewisse Grenzen kann sie also setzen. Der Machomarianismus ist wahrscheinlich im Mittelstand am weitesten verbreitet.

Im Szenario des Machomarianismus sind die Texte nicht festgelegt. Man improvisiert von Tag zu Tag. Die Frauen sind in der Realität keine willenlosen Wesen, die sich alles gefallen lassen. Zur Rolle der duldsamen, aber hochstehenden Frau gehört auch die Macht des moralischen Vorwurfs: Ihr Mann ist schuldig, und er soll das auch wissen. Nicht viele Männer sind dem auf die Dauer gewachsen. Die Frau hat zudem oft das Gesetz auf ihrer Seite und kann die Kinder in einem Konflikt in Stellung bringen. Und natürlich gibt es viele Männer, die von sich aus Rücksicht auf ihre Frauen nehmen oder es mit der Zeit lernen. Kurzum, es hängt immer auch von den Menschen selbst ab.

Trotz der Predigten der Priester, der verführerischen Blicke der Schlampen, der Gewaltandrohung der Machos und der stillen Vorwürfe der Marias kann sich die Spirale nicht endlos weiterdrehen. Es gibt so etwas wie gesunden Menschenverstand, und es gibt auch noch so etwas wie aufrichtige Wertschätzung, Respekt und vielleicht auch Liebe zwischen Mann und Frau. Die Umgangsformen unterscheiden sich von Dorf zu Dorf, von Viertel zu Viertel, von Land zu Land und von Haus zu Haus. Die vorherrschende Moral des Machomarianismus ist per se schon ambivalent, in sich gespalten und innerlich widersprüchlich. Jeder kann ihn neu und anders interpretieren und andere Formen des Zusammenlebens finden. Was tatsächlich schon ein Aufbegehren gegen die kirchliche Unterdrückung darstellt.

Der Katholizismus ist in Lateinamerika allgegenwärtig, aber er ist keine totalitäre Macht. Es gibt starke Gegenkräfte, liberale und sozialdemokratische Parteien, die feministische Bewegung, Mediziner und Psychologen und auch progressive Strömungen innerhalb der katholischen Kirche selbst. Die Kirche unterhält allerdings häufig Verbindungen zur konservativen politischen Partei im Land. Sie verfügt zudem über eigene Stoßtrupps, Organisationen, die für die »natürliche« Ordnung, die »Normalität« kämpfen, wie sie im kirchlichen Naturrecht vorgezeichnet ist. Danach soll Sexualität grundsätzlich auf Fortpflanzung ausgerichtet sein, entsprechend ist die Empfängnisverhütung prinzipiell tabu und die Mutterschaft die letztendliche Bestimmung einer jeden Frau. Eine Schwangerschaft ist eine Manifestation der Liebe Gottes und darf nicht abgebrochen werden, unter keinen Umständen. Und da die Ehe das unverbrüchliche Band zwischen Mann und Frau ist, ein Sakrament, ist eine Scheidung grundsätzlich ausgeschlossen, eine Wiederheirat unmöglich. Eine Beziehung zwischen zwei Menschen desselben Geschlechts ist unnatürlich und daher verwerflich, weshalb eine Ehe zwischen ihnen nicht in Frage kommt.

Da die Kirche diese Grundsätze nicht selbst durchsetzen kann, braucht sie den Staat, um Gesetze zu erlassen und Strafen zu verhängen. So wird die fundamentalistische Kirche zu einer politischen

Organisation. Sie wird von verschiedenen Institutionen und Gruppen unterstützt, die ihr bei der Verwirklichung ihrer Ziele helfen sollen. In Peru beispielsweise gibt es ein Netzwerk katholischer Organisationen, die die offiziell als unfehlbar geltende päpstliche Lehre über die natürliche Ordnung in die Praxis umsetzen sollen.[194] Das beginnt schon bei der Bildung. Der international agierende katholische Orden Opus Dei (Werk Gottes) betreibt ein Netzwerk von Schulen, in denen ein großer Teil der peruanischen Eliten ausgebildet wurde. Die Alumni bleiben einander eng verbunden und bekleiden Schlüsselpositionen in Kirche, Wirtschaft, Wissenschaft und Politik. Laienorganisationen mit Niederlassungen in ganz Lateinamerika verkünden die orthodoxe Lehre in den Medien, in Schulen und in Vereinen. Konservative Katholiken sind in der Ärzteschaft und in der Sexualerziehung sehr aktiv. All diese Organisationen versuchen, Druck auf den Staat auszuüben, um jegliche Form der Abtreibung zu verbieten und die Geburtenkontrolle noch weiter zu erschweren. Kurz gesagt: »Trotz allem wurde und wird die katholische Kirche in Peru, obwohl sie eine zentrale Rolle bei der Entwicklung der Befreiungstheologie spielte, von konservativen Gruppen dominiert und übt einen starken Einfluss auf die Politik und die alltäglichen Einstellungen zu Sex und Sexualität aus.«[195] Dies gilt auch für etliche andere Länder Lateinamerikas.

Evangelikale Bewegungen

Sie fordern den allgemeinen Zugang zu den Instrumenten der Moderne und lehnen gleichzeitig die Werte dieser Moderne ab.[196]

Schon seit mehr als 100 Jahren treten Menschen in Europa in großer Zahl aus ihren Kirchen aus. In den letzten 50 Jahren hat sich diese Entwicklung in den Niederlanden und den Nachbarländern noch stärker beschleunigt als im übrigen Europa. In Malta und Polen halten die Menschen an ihrem katholischen Glauben fest, und in Russland findet eine religiöse Belebung statt; viele kehren dort in den Schoß der orthodoxen Mutterkirche zurück. Im erzkatholischen

Irland hingegen wenden sich die Gläubigen heute massenhaft von der katholischen Kirche ab. Womit auch dieses Land dem Trend folgt, der sich fast überall in Europa durchgesetzt hat.

Außerhalb von West- und Nordeuropa geht es oft ganz anders zu. Fast überall in der islamischen Welt ist gerade eine Intensivierung der religiösen Praxis zu beobachten. Auch die Hinduisten werden noch hinduistischer. China bleibt offiziell so atheistisch, wie es das seit 1948 ist, doch was sich hinter den Kulissen von Zensur und Verfolgung abspielt, wissen wir nicht.

Ebenso unklar ist, ob die Menschen in Lateinamerika frommer werden. Wer einer Kirche angehört, muss deshalb noch lange nicht gläubig sein. Andererseits wenden sich viele Menschen in aller Stille von ihrer Kirche ab, obwohl sie noch in den Kirchenregistern eingetragen sind: »*belonging without believing*«. Man gehört dazu, glaubt aber nicht daran.

Bemerkenswert ist, dass unter den wohlhabenden, entwickelten Industrienationen die Vereinigten Staaten nach wie vor einen stark religiösen Einschlag haben: Etwa vier Fünftel der Bevölkerung bezeichnen sich als religiös, davon etwa drei Viertel als Christen. Die Zahl der Atheisten, Agnostiker und Deisten (»Ietsisten«, die an ein unbestimmtes transzendentales *Etwas* – niederländisch: *iets* – glauben) wächst seit den 1950er Jahren stetig und macht heute etwa ein Fünftel aller Amerikaner aus.[197]

Seit Mitte des vorigen Jahrhunderts verliert der Mainstream-Protestantismus ständig an Anhängern. Den evangelikalen Kirchen ist es gelungen, etwa die Hälfte von ihnen für sich zu gewinnen.[198] Eine Ursache dafür liegt sicherlich im Kampf gegen den »gottlosen Kommunismus« in der Sowjetunion, dem die US-Amerikaner mit ihrem Patriotismus, ihrer demokratischen Gesinnung und ihrer christlichen Überzeugung etwas entgegenzustellen suchten. Aber das war nicht der einzige Grund. Präsident Franklin Roosevelt setzte mit seinem New Deal eine ganze Reihe tiefgreifender Reformen durch: Sozialversicherung, Krankenversicherung, Arbeitsschutz, Beschäftigungspolitik. In rechten Kreisen erklang der Warnruf: »Schleichender Sozialismus!« Große Unternehmer lehnten sich gegen den wachsenden Einfluss des Staates auf. Sie glaubten, dass ein militantes Christentum das beste Bollwerk gegen die nach links driftende Roosevelt'sche Politik sei. Und so unterstützten sie populäre Prediger, insbesondere solche mit evangelikalem Hintergrund wie den Pfingstgemeinden und manchen Baptistenkirchen.[199] Diese hatten die Mittel, um Sendezeit im neuen Medium Radio zu kaufen. Sie mieteten auch Theater und Stadien an, um zu den Gläubigen zu sprechen, manchmal zu Zehntausenden. Auf diese Weise gelang es, riesige Menschenmengen zu begeistern, oft mit nachhaltigem Erfolg.[200]

Der einflussreichste Evangelist war Billy Graham (1918-2018), der ein halbes Jahrhundert lang in Radio und Fernsehen und auf großen Veranstaltungen die Massen zu Umkehr und Bekehrung aufrief. Er trat in Begleitung einer ganzen Reihe von Präsidenten auf, von Harry Truman bis zu Barack Obama, und zog mit seinen begeisternden Predigten ein großes Publikum auf allen Kontinenten an. Er war gegen die Rassentrennung und setzte sich für die ökumenische Sache ein. Doch auch seinem Weitblick waren Grenzen gesetzt. Er hielt hartnäckig an der »jüdisch-christlichen« Bestimmung der wahren Frau fest, die darin bestand, Ehefrau, Mutter und Hausfrau zu sein. Seinen eigenen Töchtern verbot er sogar, eine Berufsausbildung zu machen. Was seine Tochter Anne allerdings nicht daran hinderte, selbst eine sehr erfolgreiche Evangelistin zu werden.

Wer wie Billy Graham an den überlieferten Rollen der Geschlechter festhält, ist zwangsläufig auch ein Gegner von Homosexualität und gleichgeschlechtlicher. Graham war und blieb in dieser Hinsicht ein Fanatiker: Homosexualität sei »eine sinistre Form der Perversion«. Noch im hohen Alter wetterte er gegen die gleichgeschlechtliche Ehe.[201] Unter den Evangelisten zählte Tim LaHaye (1926-2016) zu den populärsten: ein Prediger, der euphorisch das bevorstehende Ende aller Zeiten und die baldige Ankunft des Königreiches Gottes verkündigte. Er verkaufte 60 Millionen Exemplare seiner Werke, jedem fünften Amerikaner eines.[202]

Neben Graham und LaHaye präsentierten sich der Öffentlichkeit eine ganze Reihe von medial wirkenden Pastoren, die mit ihren Predigten weltlichen Reichtum und Ruhm erlangten. Politisch war jeder Einzelne von ihnen erzkonservativ und fixiert auf die Themen Frauen und Sexualität. Sie kämpfen auch heute noch gegen das öffentliche Schulwesen, weil es den Zugriff der Kirche und der Familie auf das Leben der Kinder schwächt. Sie wenden sich vehement gegen Sozialhilfe, Sozialversicherung und staatliche Krankenversicherung, weil damit die kirchliche Nächstenliebe nicht länger unverzichtbar ist und die kirchliche Armenfürsorge dadurch ihren Einfluss auf das Familienleben der Armen schwinden sieht. Soziale Sicherheit befreit arme Menschen zumindest zum Teil von existenziellen Bedrohungen, wodurch das Beten und Flehen weniger dringlich erscheinen mag. Die Ausbildung des Wohlfahrtsstaats hat auch im Westen viel zur Säkularisierung beigetragen, wie die Prediger sehr wohl wussten. Auch aus diesem Grund wollten sie den staatlichen Einfluss begrenzen, die Steuern niedrig und die Arbeitnehmer in Abhängigkeit halten. Zunehmend fanden sie dafür Unterstützung bei den evangelikalen Wählern und der konservativen Unternehmerschaft. Diese wählten immer häufiger die Republikanische Partei, auch wenn dies ihren eigenen Interessen regelrecht zuwiderlief. Das kämpferische soziale Christentum, das die Gewerkschaftsbewegung inspiriert hatte, ist in den USA heute so gut wie verschwunden. Die Titanen der Wirtschaft hatten ihr Geld gut angelegt.

Der neuerliche Einfluss des Glaubens machte sich insbesondere in der Politik bemerkbar. Dwight D. Eisenhower war der Erste, der im Wahlkampf fromme Slogans vom Kaliber *»God bless you, God bless the USA«* von sich gab. Er wurde mit einer überwältigenden Mehrheit gewählt und wiedergewählt. Seitdem hat jeder Präsidentschaftskandidat Eisenhowers Rezept angewendet, mal mehr, mal weniger überzeugt. Für den Katholiken John F. Kennedy war dies in einem überwiegend protestantischen Land etwas schwieriger. Ronald Reagan war in seinem Leben als Hollywoodschauspieler nie ein Ausbund an Gottesfurcht gewesen, aber im Weißen Haus übertraf er alle seine Vorgänger in der Zurschaustellung von Frömmigkeit. Nach ihm wollte kein Präsidentschaftskandidat oder designierter Präsident im öffentlichen Bekenntnis seines religiösen Glaubens nachstehen. Auch Barack Obama wusste, wie es geht, wenn es ihm von Nutzen war. Solche präsidial zur Schau gestellten Frömmigkeiten haben viele gläubige Unentschlossene überzeugt. Sonst hätten die Politiker sicherlich nicht so oft und so inbrünstig ihren Gott angerufen.

Im Gemüt vieler Amerikaner muss es eine Empfänglichkeit für kirchliche Bekehrungsarbeit gegeben haben, sonst hätten die *Televangelisten* nicht so eine große Resonanz gefunden. Sie predigten eine sehr individualistische Version des Evangeliums, wobei sie

Nachdruck auf die persönliche Wiedergeburt und die freie Entscheidung legten. Weltlicher, wirtschaftlicher Erfolg wird im Protestantismus von jeher als ein Zeichen der besonderen Gnade Gottes angesehen.

Die evangelikalen Strömungen in England und den Vereinigten Staaten nehmen den Text der Bibel wörtlich, sie betrachten ihn als *inerrant*, als unveränderliche und unfehlbare Grundlage. Die Ankunft des Königreichs Gottes und die Wiederkunft Jesu Christi verkünden sie als ein reales Ereignis, das durchaus noch zu Lebzeiten der heutigen Gläubigen eintreten könnte. Dann werden einige zu jenen gehören, die *saved*, gerettet, sind, andere werden auf ewig verdammt sein. Lauterkeit und Innigkeit des Glaubens werden den Ausschlag geben. Viele Menschen erleben eine Bekehrung: Sie sind dann wiedergeborene Christen und wissen, dass sie auserwählt sind. Manche glauben, dass Erfolg und Reichtum im irdischen Leben Zeichen für göttliche Auserwähltheit sind: »*God wants you to be happy, God wants you to be rich, God wants you to prosper.*« Gott will, dass du glücklich, reich und wohlhabend bist.[203]

Diesen evangelikalen Christen geht es vor allem um ihr eigenes Seelenheil. Sie legen großen Wert auf eine intensiv gelebte und gefühlte Empfängnis des Glaubens und eine leidenschaftliche Glaubenserfahrung. Aber die Bekehrung des Nächsten durch Evangelisation gehört nun auch zu den vorrangigen Aufgaben. In vielen evangelikalen Kirchen wird die Predigt von schwungvoller Popmusik und mitreißendem Gospelgesang sowie manchmal von ekstatischen Bekenntnissen gerahmt.

Die evangelikale Bewegung stellt neben Patriotismus vor allem *family values* in den Vordergrund, der Familie wird der höchste Wert zugesprochen. Natürlich steht auch hier die Frau im Zentrum der Aufmerksamkeit. Sie lenkt und organisiert Familie, das ist ihre Bestimmung. Sie trägt die Kinder aus, gebärt und nährt sie. Das verleiht ihr eine gewisse Machtposition im Haus, die sie geltend machen kann, solange sie der Autorität, dem Herrn des Hauses, Respekt erweist.[204] Ihr Ehemann arbeitet, um den Unterhalt der Familie zu sichern, wacht über Frau und Kinder und ist bereit, sie nötigenfalls gegen jede Bedrohung von außen zu verteidigen. Die Arbeitsteilung zwischen Mann und Frau ist offensichtlich, klar, uralt und ewig gültig. Es gibt eine kleine patriarchalische Strömung, die auf der Basis des biblischen Textes an einer männlichen Vormachtstellung festhält (schließlich ist Gott eindeutig ein Mann und Jesus auch), sowie eine fortschrittlichere Schule, die Egalitaristen, die glauben, dass Männer und Frauen prinzipiell gleich sind (»Gott schuf sie als Mann und Frau, nach seinem Ebenbild«).[205] Doch überwiegend befürworten die Evangelikalen den »Komplementarismus«: Mann und Frau sind danach gleichwertig, aber unterschiedlich, sie ergänzen sich gegenseitig. Und (Überraschung!) die eine Hälfte sei zu Hausarbeit, Schwangerschaft und Kinderbetreuung berufen, die andere zum Leben außerhalb des Hauses, zu politischer Macht, wirtschaftlichem Gewinn und kirchlicher Autorität. Frauen können nicht ordiniert werden: Es ist ihnen nicht gestattet, Gottesdienste zu leiten. Sie können auch kein kirchliches Lehramt ausüben. Auch in Unternehmen, Vorständen, Verbänden, in der Armee, in politischen Parteien und im Parlament sollten sie möglichst nicht über Männern stehen. Dennoch sind in letzter Zeit einige Frauen mit evangelikalem Hintergrund in der Politik in Erscheinung getreten, wie zum Beispiel die Anführerin der Tea Party, Sarah Palin.

Evangelikale Christen machen mehr als ein Viertel der amerikanischen Wählerschaft aus und sie unterstützen in überwiegender Mehrheit die Republikanische Partei. Dort haben sie einen beispiellosen Einfluss auf die Auswahl der Kandidaten und auf die politische Ausrichtung. Diese evangelikalen Republikaner sind überdurchschnittlich häufig der Meinung, dass männliche Politiker besser für ihre Interessen eintreten und besser führen könnten als Frauen.[206]

All dies ist nichts anderes als allgegenwärtiger Sexismus, hauchdünn mit Bibelzitaten kaschiert. Die evangelikalen Christen lassen es dabei jedoch nicht bewenden. Es reicht ihnen nicht, dass Frauen in ihrer eigenen Gemeinschaft aus dem öffentlichen Leben verdrängt werden. Sie wollen der gesamten amerikanischen Gesellschaft die Einschränkungen ihrer Glaubenslehre auferlegen. Dabei sind sie ebenso kämpferisch wie aufdringlich. Sexualität war von Anfang ein wichtiger Streitpunkt für die Evangelikalen. Sie führten massive Kampagnen gegen Pornografie und Unsittlichkeit durch, vor allem im Kino. Sie bekämpften Homosexuelle und widersetzten sich später mit aller Macht der gleichgeschlechtlichen Ehe.

Im speziellen Fokus steht jedoch der Kampf gegen Abtreibung, und das ist relativ neu, denn bis vor einem halben Jahrhundert war dies noch kein so bedeutsamer Streitpunkt. Viele evangelikale Christen akzeptierten die Unterbrechung der Schwangerschaft in einem relativ frühen Stadium. Erst nach und nach wurden sie in ihrem Kampf gegen die Abtreibung fanatischer.[207] Seit dem Urteil des Obersten Gerichtshofs von 1973 (Roe vs. Wade), mit dem die wichtigsten Abtreibungsbeschränkungen aufgehoben wurden, haben evangelikale Christen beharrlich mit allen Mitteln versucht, das Abtreibungsverbot wieder in Kraft zu setzen. Diese Kampagnen führten regelmäßig zu individuellen Exzessen wie Brandstiftung, Gewalttätigkeiten und sogar zu Mordanschlägen auf Ärzte, die eine Abtreibung durchgeführt hatten. All dies im Namen des höchsten Wertes, der Heiligkeit des Lebens. Die große Mehrheit der evangelikalen Christen befürwortet übrigens auch die Beibehaltung bzw. die Wiedereinführung der Todesstrafe, in der sie offenbar keinen Verstoß gegen dieses Grundprinzip sehen. Erst kürzlich, im Juni 2022, hat der Supreme Court der USA in der Rechtssache Dobbs gegen Jackson entschieden, dass die US-Verfassung kein Recht auf Abtreibung enthält; daher obliegt es den einzelnen Bundesstaaten, ihre eigenen Gesetze zu diesem Thema zu erlassen, bis der US-Kongress sich entschließt, dazu ein Bundesgesetz zu verabschieden.

Die evangelikale Bewegung hat sich in den letzten 40 Jahren in Lateinamerika rasch ausgebreitet und wächst nun auch in Asien und Afrika. Was auf eine intensive Missionstätigkeit, in die sehr viel Geld fließt, und auf einen großen persönlichen Einsatz der Missionare zurückzuführen ist. Die Evangelikalen stehen an der Spitze des Kampfes gegen die Frauenbefreiung. Und dennoch ist ihre Ausbreitung in den USA und anderswo vorwiegend auf ihre Anziehungskraft gerade auf Frauen zurückzuführen. In diesen Kirchen wird den Frauen viel mehr Raum gegeben als in anderen Glaubensrichtungen. Die evangelikale Botschaft harmoniert mit der untergeordneten häuslichen Rolle, die viele Frauen in den ländlichen Gebieten und in der außerwestlichen Welt ohnehin einnehmen. Viele der Neubekehrten leben erst seit relativ kurzer Zeit in der Stadt und tun sich schwer mit den modernen, urbanen Werten. Es herrscht große Sehnsucht nach der »guten alten Zeit«, als die Menschen noch ihren Platz kannten, auf dem Land, im Dorf, »wo nun die früher noch stabile Rechtgläubigkeit ins Wanken geraten ist«.[208] Der Platz der Frau war zu Hause, in der Familie. Dort wurde sie wenigstens für ihr Engagement respektiert. In der evangelikalen – übrigens auch in der katholischen – Kirche bekommen Hausfrauen viel Anerkennung für ihre Arbeit in der Familie. Niemand schaut auf sie herab, weil sie keine Diplome oder Titel haben und keine beeindruckende berufliche Position außerhalb des Hauses einnehmen. Sie können einfach »normal« sein.

In der evangelikalen Kirche finden die weiblichen Mitglieder ein aktives Gemeindeleben vor, in dem die Frauen oft unter sich sind. Gemeinsam bewältigen die Frauengruppen einen großen Teil ihrer Aufgaben eigenverantwortlich – solange sie nicht die Glaubenslehre verkünden oder Autorität über Männer ausüben wollen. Auch die starke Emotionalität und die Intensität, in der der Glaube zum Ausdruck gebracht wird, spricht viele Frauen an. Dass sie nur an zweiter Stelle stehen, ist für sie eine Selbstverständlichkeit und kein Problem: Das war schon immer so, das ist die Ordnung der Dinge.

Frauen werden in den evangelikalen Kirchen respektiert. Durch einen frommen und rechtschaffenen Lebenswandel können sie sich auch über die Männer erhaben fühlen, die sich weniger um Glauben und Moral scheren. Oft gelingt es ihnen sogar, solche Männer doch noch zu bekehren und auf den rechten Weg zu bringen, sodass diese ihre Pflichten als religiöses Oberhaupt einer christlichen Familie akzeptieren. Die Ehefrauen empfinden dies als Belohnung für ihr eigenes Gottvertrauen, als Anerkennung ihres Status als verheiratete Frau und als Erneuerung des ehelichen Bandes.[209]

In ihrem Kampf gegen die »Genderideologie« sind die evangelikalen Kirchen in Lateinamerika eine monströse Allianz mit konservativen Parteien eingegangen. Sie machen dabei auch gemeinsame Sache mit der katholischen Kirche, die sich ebenso vehement gegen Abtreibung, Feminismus und gleiche Rechte für Homosexuelle ausspricht. Diese strategische Allianz von patriarchalischen, homophoben Kirchenoberen und ihrem gläubigen Anhang mit einer rechten Partei, die den Wohlhabenden dient, hat sich als sehr effektiv erwiesen. Die Kirchen liefern die Wähler, die rechten Parteien Netzwerke und Kapital.[210] Dies hat zwischenzeitlich auch in großen Ländern wie den Vereinigten Staaten und Brasilien zu einem Wahlsieg von Kandidaten des äußersten rechten Randes geführt.

Die Evangelikalen in den Vereinigten Staaten erkennen in der Republikanischen Partei zunehmend das geeignete politische Instrument zur Realisierung ihres Programms. Die republikanischen Regierungen haben freilich die Steuern für die höheren Einkommen gesenkt, die Sozialleistungen gekürzt und eine kollektive nationale Krankenversicherung blockiert. Alles Maßnahmen, die den Interessen der weniger wohlhabenden Mehrheit der evangelischen Christen zuwiderliefen. Sie erhielten keine Gegenleistung für ihre Stimmen. Einmal an der Macht, pfiffen die Republikaner auf den evangelikalen Kulturkampf gegen Unsittlichkeit, gleichgeschlechtliche Ehe, Abtreibung und gegen die Emanzipation der Frau.[211] Unter Donald Trump, einem Präsidenten, der gar nichts mit der Kirche am Hut hatte, aber mit ihren Stimmen gewählt wurde, hatten sie nun allerdings endlich die Chance, einige ihrer antifeministischen Forderungen durchzusetzen.

Ultra-orthodoxe Juden

> *… je mehr die Frauen in der Gesellschaft erreichen können, desto mehr fühlen sich die männlichen Anführer ängstlich und bedroht, und ihre religiösen Extremisten bedienen sich der Rhetorik der Angst, um diesem Fortschritt Grenzen zu setzen.*[212]

Innerhalb des religiösen Judentums zeichnen sich sehr unterschiedliche Gruppierungen ab. Auf der einen Seite die liberalen Richtungen, in denen Frauen in fast allen Belangen den Männern gleichgestellt sind und daher auch als Rabbinerinnen tätig sein können. Auf der anderen Seite die ultra-orthodoxen *Haredim* mit einer extrem konservativen Auslegung der Tora (der ersten fünf Bücher der jüdischen Bibel und manchmal auch, im weiteren Sinne, der gesamten jüdischen Glaubenslehre). Hier können Frauen weder Rabbinerinnen werden noch Funktionen im Gottesdienst übernehmen. In der Synagoge sitzen sie streng von den Männern getrennt, meist oben auf der Empore.

Die heutigen Haredim manifestierten sich Ende des 19. Jahrhunderts in Mitteleuropa als Reaktion auf die rasch fortschreitende Säkularisierung der Juden in einer Zeit der Industrialisierung und

Urbanisierung. Im Holocaust wurden ihre Gemeinden jedoch praktisch vollkommen ausgelöscht. Einige wenige Rabbiner, denen die Flucht gelang, gründeten neue Gemeinden, vor allem in New York und Jerusalem. Die Zahl ihrer Mitglieder ist im letzten Dreivierteljahrhundert rapide angewachsen, vor allem aufgrund der hohen Geburtenrate in diesen Kreisen, dem »natürlichen Zuwachs«.

Die überwiegende Mehrheit der Haredim zieht sich in ihre eigene Gemeinschaft zurück und vermeidet nach Möglichkeit den Kontakt zu Andersdenkenden. Sie streben danach, sich ganz dem Studium der Tora, des Talmuds (der Sammlung jüdischer Gesetzesbücher) und der Traditionen zu widmen. In Israel genießen sie seit der Staatsgründung besondere Privilegien. Sie erhalten eine finanzielle Zulage und sind vom Militärdienst freigestellt. Dabei waren sie von Beginn an gegen die Gründung des Staates Israel, weil diese menschengemachte Initiative Gottes Absichten für das jüdische Volk vorgriff.

Die Haredim sind politisch gut organisiert. Da sie zu aktuellen politischen Themen keine Stellung beziehen, es sei denn, es handelt sich um religiöse Fragen, können sie fast jede politische Koalition unterstützen, solange diese ihre religiösen Standpunkte respektiert. Sie sind das Paradebeispiel für das, was Robert Dahl als *intense minorities* bezeichnet hat: Minderheiten, die in einigen wenigen Fragen einen sehr starken Standpunkt vertreten und bereit sind, dafür in allen anderen Fragen mit jeder Partei zu stimmen, die sie darin unterstützt. So können sie mit wenigen Sitzen in dieser einen Hinsicht doch ihre Anliegen durchsetzen.[213] Die Orthodoxen erhalten zudem große Unterstützung von Geistesverwandten in den Vereinigten Staaten. Die israelische Bevölkerung tendiert mehrheitlich dazu, sie gewähren zu lassen, schließlich waren es die Orthodoxen, die die jüdische Tradition über Tausende von Jahren am Leben erhalten haben, die von den Nazis beinahe ausgerottet worden waren. Außerdem haben die meisten anderen Israelis ein latent schlechtes Gewissen, weil sie sich nicht stärker in Glaubensdingen engagieren.

Im überwiegend säkularen Israel hat es die Orthodoxie so doch geschafft, die ausschlaggebende Stimme im Ehe- und Familienrecht zu behalten, und auch bei der Entscheidung, wer jüdisch ist (und somit israelischer Staatsbürger werden kann) das letzte Wort zu haben. Frauen können sich ohne die Zustimmung ihres Mannes nicht scheiden lassen, und gleichgeschlechtliche Paare dürfen nicht heiraten. Viele Hunderttausende Immigranten müssen nachträglich nach den Regeln der Rabbinatsgerichtsbarkeit zum Judentum konvertieren. Da es in Israel keine Zivilehe gibt, müssen die Menschen von einem Rabbiner getraut werden. Der kann das ablehnen, wenn er von ihrem religiösen Status als Juden nicht überzeugt ist. Kurzum: die Trennung von Kirche und Staat wurde in Israel nie umgesetzt, obwohl die große Mehrheit der jüdischen Israelis nicht orthodox ist.[214]

Es wird niemanden überraschen, dass die rabbinische Anwendung von 1000-jährigen religiösen Gesetzen stets zum Nachteil der Frauen ausfällt. Allein die Tatsache, dass sie sich nicht eigenständig für eine Scheidung entscheiden können, bedeutet, dass sich das Machtgleichgewicht in der Ehe zugunsten des Mannes verschiebt. Er kann sich ihrer nämlich entledigen, wann immer ihm danach ist. Sie jedoch kann ihn nicht gegen seinen Willen verlassen. Tut sie es dennoch, verliert sie ihren Anteil am gemeinsamen Vermögen, aber vor allem muss sie ihre Kinder zurücklassen. Ein solches Machtgefälle wirkt sich schnell auf den alltäglichen Verhandlungshaushalt in der Ehe aus: »In Israel wird gewalttätigen Männern die vollkommene Macht über ihre Frauen eingeräumt.«[215]

Wie tief verankert sie in der 1000-jährigen Tradition auch sein mag, ist diese Hinwendung zur Orthodoxie und besonders zur Ultra-Orthodoxie doch recht neu. In allen Religionen und fast überall auf der Welt sind radikale, fundamentalistische Glaubensgemeinschaften auf dem Vormarsch. Das ist nicht nur bei den Orthodoxen in Israel der Fall. Und überall greifen diese orthodoxen Gläubigen auf das Erbe der patriarchalischen, frauenfeindlichen Lehren zurück, die in jeder Religion reichlich zu finden sind. Strenggläubige Männer versuchen nicht nur die Frauen in ihrer Mitte unter das traditionelle Joch zu zwingen, sie wollen es auch anderen Frauen außerhalb ihrer Gemeinschaft auferlegen.

In Israel führt das regelmäßig zu absurden Szenen. Immer öfter werden Männer und Frauen, Jungen und Mädchen voneinander getrennt, um den Ultra-Orthodoxen entgegenzukommen: getrennte Warteschlangen auf der Post, Sonderöffnungszeiten in der Bibliothek, getrennte Eingänge zu Geschäften, Bürgersteige auf verschiedenen Straßenseiten, getrennte Grabseiten bei einer Beerdigung und sogar die Weigerung, eine verstorbene Frau neben ihrem bereits früher verstorbenen Ehemann zu begraben. In all diesen Fällen arbeiteten die beteiligten Beamten unter dem Deckmantel der weltlichen Autoritäten bereitwillig mit.

In Jerusalem terrorisieren die Frommen, mit Bart, einem Hut aus Bibelpelz, in schwarzem Mantel und schwarzen Kniebundhosen, weibliche Fahrgäste in öffentlichen Verkehrsmitteln. Sie steigen in den Bus und schreien eine zufällig dort sitzende Frau an, weil sie in ihren Augen nicht bescheiden genug gekleidet ist. Außerdem hätte sie sich in den hinteren Teil des Busses setzen sollen, denn dort gehören die Frauen ihrer Meinung nach hin. Wenn diese Fanatiker ihren Willen nicht sofort durchsetzen können, bewerfen sie sie mit Müll oder versuchen, sie von ihrem Platz zu zerren. Im äußersten Fall schrecken sie auch nicht davor zurück, sie zu treten und zu schlagen.[216]

Die Haredim dürfen ihrem Glauben nach nicht neben einer fremden Frau sitzen, und schon gar nicht neben einer Ungläubigen. Frauen könnten unrein sein, sie könnten den gläubigen Mann auf unkeusche Gedanken bringen. Alles gute Gründe, um ein Taxi zu nehmen oder zu Fuß zu gehen. Aber *in the back of the bus*? Viele Haredim kommen ursprünglich aus den Vereinigten Staaten,[217] wo bis in die 1960er Jahre hinein Schwarze hinten im Bus sitzen mussten. Es handelt sich eindeutig um ein Demütigungsritual. Frauen sollten ihren Platz kennen: im hinteren Teil. Und überhaupt: Eigentlich gehören sie gar nicht in öffentliche Verkehrsmittel, in die Öffentlichkeit, ihr Platz ist zu Hause, bei den Kindern. Auch in vielen asiatischen Städten sind Busse und Straßenbahnen das Schlachtfeld, auf dem aufdringliche Männer allein reisende Frauen belästigen und ihnen Schlimmeres antun.[218] Meistens handeln sie aus sexueller Begierde heraus. Manchmal, wie in Jerusalem, berufen sie sich allerdings gerade auf ihre tief fromme Keuschheit. Was ihr Antrieb auch sein mag, immer versuchen sie, Frauen aus dem öffentlichen Raum zu verdrängen, es ihnen unmöglich zu machen, zur Schule oder zur Arbeit zu gehen, Bekannte zu besuchen, ins Kino zu gehen oder sich, wohin sie auch möchten, frei zu bewegen.

Nach Auffassung der Haredim haben Frauen auf der Straße gedeckte Farben zu tragen, vorzugsweise schwarz, keinesfalls rot; sie sollen Haare und Gliedmaßen keusch bedecken, ungeschminkt sein, keinen Schmuck und keine hohen Absätze tragen, die provozierend über das Pflaster klackern – das kennt man ja schon ... vom IS. Sie dürfen nicht zu laut reden oder lachen, nicht mit ihrem Smartphone telefonieren. Das könnte den Haredi-Mann von seinen frommen Betrachtungen ablenken.

Auch das ist eine Entwicklung, die erst in den letzten zehn oder 20 Jahren aufkam. Immer häufiger sieht man Sittenwächter patrouillieren, die Frauen öffentlich ins Kreuzverhör nehmen, wenn ihnen ihr Aussehen nicht passt. Das endet schnell in Beschimpfungen und lautstarken Schmähungen, Schubsereien und manchmal auch in Schlägen. Auch hier sollen die Frauen aus dem öffentlichen Raum zurückgedrängt werden, den sie doch gerade erst zu erobern begonnen haben. Überraschend ist dabei weniger, dass ultra-orthodoxe Juden im Umgang mit Frauen derart reaktionäre Ansichten und Konventionen vertreten, sondern dass sie darin exakt mit den Fundamentalisten der anderen Religionen übereinstimmen.

Die Welt der weltlichen Rechten

Den Ursprung aller Ängste Himmlers, die vor Homosexualität eingeschlossen, bildete die Gefahr, dass die Arbeitsteilungzwischen den Geschlechtern aufgehoben werden könne.[219]

Nach dem Untergang von Nazi-Deutschland begann für die extreme Rechte überall eine Ära der welken Trauer. Aber seit 20 Jahren ist der Rechtsradikalismus im Westen wieder kräftig aufgeblüht. Die Neonazis marschieren immer noch herum, meist Herren im fortgeschrittenen Alter. An ihnen ist nicht besonders viel »Neo«, es sind eher verstockte Nazis, fossile Überbleibsel einer elenden Vergangenheit. Sie feiern Hitlers Geburtstag, wedeln ein bisschen mit Hakenkreuzfahnen, stimmen hin und wieder ein munteres Marschlied an, bekennen sich öffentlich dazu, »dass das mit den Juden doch zu weit gegangen ist«, bedauern aber ganz insgeheim, dass »nicht alle vergast wurden«.

Mittlerweile ist jedoch im Internet eine ganz neue Generation von Nazis aufgetaucht, die in ihrem jugendlichen Elan Judenhass mit Mordlust paart und das Ganze gerne wiederholen würde.[220] In den Niederlanden und im vaterlandslosen Internet tummelt sich diskret die Nazigruppierung Erkenbrand, eine Vereinigung ausschließlich für hochgebildete und reinrassige Rassisten und Antisemiten.[221]

Auf manchen Sites beschränken sich die nationalsozialistischen Todeswünsche etwas wählerisch auf die Juden. Auf anderen werden auch Schwarze oder Latinos in einem Aufwasch in die Massenmordpläne einbezogen. Einige restlos Hirnverbrannte meinen sogar, dass nahezu die gesamte Menschheit aus rassischen Gründen ausgerottet werden sollte, damit danach ein kleiner Rest von lilienweißen Überlebenden einen blutreinen Heilsstaat gründen könne. Sollte sich das als nicht möglich erweisen, würde der weiße Teil der Menschheit notfalls mit einem Raumschiff zu einem anderen Planeten reisen, was jedoch schwierig werden dürfte, da die Erde eine Scheibe ist, und interplanetare Reisen »daher« unmöglich sind. »*My point?* Es gibt nicht genug Lebensraum, um ihn an Schwarze, Farbige und Semiten zu verschwenden. Kurz gesagt: DIE ERDE IST EINE SCHEIBE, ALSO ROTTET DIE NEGER AUS.«[222]

Das ist selbst für *white supremacists*, die die Wiederherstellung der weißen Vorherrschaft anstreben, etwas zu heftig. Aber an den Rändern brodelt und blubbert dieser mörderische Obskurantismus. Das ist kein Zufall. Viele Rechtsextremisten glauben, dass die Welt ganz im Geheimen von einer verschworenen Bande regiert wird, die sich aus der katholischen Kirche, den Freimaurern, den Rosenkreuzern, den Juden oder den Illuminaten zusammensetzt – vielleicht auch von allen gleichzeitig, das spielt keine große Rolle. Wichtig ist, dass sie dem Rest der Menschheit etwas vorgaukeln. Nichts ist, wie es scheint, die Presse lügt, die Wissenschaft betrügt, die Ärzte machen krank. Die USA zum Beispiel werden in Wirklichkeit von einem *deep state* regiert: etwa dem ZOG, dem Zionist Occupied Government. Doch wer einmal die »rote Pille« geschluckt hat, der durchschaut die sogenannte Wirklichkeit als Trugbild, er erkennt die »wirkliche Wahrheit« hinter all dem Betrug.[223] Richard Hofstadter hat diese Mentalität treffend als »den paranoiden Stil in der amerikanischen Politik« analysiert.[224] Selbstredend hängen nicht alle Rechten diesen Wahnvorstellungen an.

In den Vereinigten Staaten ist heute auch der Ku-Klux-Klan wieder präsent, die Mörderbande in Inquisitionsgewändern aus weißen Laken, die in den Südstaaten ein Jahrhundert lang schwarze Mitbürger mit Brandanschlägen, Femegerichten und *Lynchings* unter der Führung eines *grand wizard* (eines großen Zauberers) terrorisierte. Seit Jahr und Tag ist dies David Duke, der auch auf Nazi-Sites agitiert. Der Klan hat es auch auf Katholiken und Juden abgesehen. In den 1970er Jahren wurde diese kriminelle Organisation vom FBI großenteils ausgehoben. Aber sie ist zurück, genauso bösartig und mordlustig wie zuvor. Auch der Klan muss zu den *white supremacists*, den Verfechtern der Vorherrschaft der weißen Rasse, gezählt werden.

Auf diesen rechtsextremen Sites wird regelmäßig bekundet, dass das Christentum bedroht werde, wobei die christliche Religion hier eher als ein kultureller Wert betrachtet wird, den es gegen die Barbaren zu schützen gilt, als ein Glaube, dem die Rechten selbst mit Überzeugung anhängen. In erster Linie instrumentalisieren sie das Christentum: weil andere daran glauben, nutzen sie es, wenn nötig, zu ihrem Vorteil. Auf diese Weise können sie etwa eine »zivilisierte jüdisch-christliche Kultur« gegen einen »unzivilisierten Islam« ins Feld führen. Die »Zivilisationisten« des rechten Flügels setzen sich in diesem Kontext sogar für die Rechte von Homosexuellen und die Emanzipation der Frauen ein, um sich besser von den Muslimen absetzen zu können.[225]

Unter den *white supremacists* geht es beim ersten Hinhören kaum um Frauen, Frauenrechte oder Frauenhass. Alles, was Frauen betrifft, ist bereits im Kernbegriff des Volkes einkodiert. Dieser Begriff verweist mitunter auf Kategorien wie »Rasse«, dann geht es um Menschen mit übereinstimmenden Erbeigenschaften. Manchmal wird der Begriff Volk auch als »Kultur« kodiert, dann bezieht er sich auf Menschen, die das gleiche kulturelle Erbe teilen. Ein Fremder könne sich diese Kultur nicht zu eigen machen, ein Einheimischer hingegen nimmt dieses kulturelle Erbe gleichsam mit der Muttermilch auf. In dieser Sichtweise ist die Kultur also offensichtlich auch »vererbbar«.

Im Wesentlichen geht es bei dem Begriff »Volk« um die Wahrung der traditionellen Familie. Sie ist der Grundbaustein des Volkes. In dieser Familie ist die Frau vor allem Mutter von künftigen *white supremacists*. Sie ist die hingebungsvolle Versorgerin ihres prinzipienfesten und heldenhaften Ehemanns. Sie ermutigt ihn und steht ihm in seinem Kampf für das Volk zur Seite. Die *white supremacists*, einschließlich der Nazis und der Klan-Mitglieder, bilden die unheimlichste Sparte im rechten Spektrum. Eine breitere Bewegung bilden die *white identitarians*. Sie sind weniger gewaltbereit, wollen aber dennoch die weiße Identität vor fremder Verunreinigung schützen: Eine Flutwelle von Immigranten überschwemmt in ihrer Wahrnehmung die westliche Welt, entwurzelt das historische Erbe und untergräbt die jüdisch-christlichen Werte. Die lateinamerikanische Immigration in die Vereinigten Staaten führt demnach zu einer zunehmenden Latinisierung des Landes, und die fortschreitende Islamisierung in Europa verdünnt die eigene Kultur auf »homöopathische Dosen«.[226] Da eine homöopathische Verdünnung eins zu einer Milliarde bedeutet, liefe dies rein rechnerisch darauf hinaus, dass bald eine halbe Milliarde Import-Europäer in Europa leben würde und nur noch ein halber echter Europäer. Der wird es in der Tat sehr schwer haben.

Diese rechten Grüppchen und Gruppierungen verabscheuen alle, die sie als »die Anderen« betrachten, auch wenn die Anderen jedes Mal anders definiert werden. Die Identitären sind ihrem eigenen – an keiner Stelle näher definierten – Volk treu ergeben. Sie marschieren hinter dem Banner der Nationalkultur her, sprechen aber nie über vaterländische Literatur, Kunst, Wissenschaft oder technische Errungenschaften. Wenn sie mit Kultur und Erbe überhaupt etwas verbinden, dann ist es nationale Folklore, behaglich und gemütlich: Tänze, Melodien und Reime, regionale Leckerbissen, Umzüge, Feste und Maskeraden. Alles in allem dem sehr ähnlich, was in der Nachbarnation hinter der Grenze ebenso gepflegt wird.

Ein Großteil des rechtsradikalen Rumors spielt sich in der Unterwasserwelt des Internets ab. Ab und zu tauchen Unterstützer auf der Straße auf. Zuweilen greift einer von ihnen zu Gewalt, dann gibt es Verletzte, vielleicht sogar Tote. Aber die Welt der extremen Rechten ist doch überwiegend virtuell. Wer mehr darüber wissen will, muss sich im World Wide Web informieren und überdies bereit sein, sich die Codes, Abkürzungen, Emoticons und Schimpfwörter anzueignen. Der Neuankömmling betritt eine pubertäre Welt, in der sich jeder unter einem Decknamen in wenigen Worten, aber mit umso größerem Nachdruck an aggressiver, verletzender, obszöner

Prahlerei ergötzt: an Sprüchen, wie sie früher an die Innenwände der Schultoilette geschmiert wurden. Provokant, schockierend sogar, aber vermutlich nicht immer ganz ernst gemeint.

Der Cybernaut bewegt sich in diesem virtuellen Raum auf eigenes Risiko. Es kann vorkommen, dass die Website Daten von Passanten speichert, Besucher von böswilligen Stammgästen der Website, von Netzadministratoren oder vielleicht von Nachrichtendiensten nachverfolgt werden, oder dass sie von Schadviren oder Nonsenswerbung heimgesucht werden. Extremistische Websites, die zu Rassenhass und Gewalt aufrufen, werden regelmäßig gesperrt, tauchen aber oft unter einem leicht geänderten Namen oder bei einem Netzwerkbetreiber in einem anderen Land wieder auf. Die Rubriken auf diesen Websites ändern regelmäßig ihren Namen und ihr Layout. Es ist daher gut möglich, dass die hier angegebenen Quellen von Internet-Zitaten nicht mehr erreichbar sind. Bei jedem dieser Zitate handelt es sich um eine wörtliche Wiedergabe oder eine möglichst getreue Übersetzung einer Passage, die auf der betreffenden Website zum Zeitpunkt der Recherche enthalten war. Sollte dieser Text inzwischen unauffindbar geworden sein, wird es in der Regel sehr wenig Mühe kosten, ähnliche Passagen auf Hassseiten zu eruieren.

Die amerikanische Autorin Angela Nagle, die eine Expedition in diese Unterwelt unternommen hat, hat darüber ein sehr aufschlussreiches Buch geschrieben: *Kill all Normies*.[227] In diesem Slogan klingen die Übertreibung, die Provokation und die Aversion gegenüber dem Durchschnittsmenschen an. Es geht darum, das gemeine Volk der *Normalos* zu schockieren. Wer sich dabei am weitesten vorwagt, erntet von seinen virtuellen Kameraden den größten Respekt. Es sind daher auch die überdrehtesten Slogans, die in den sozialen Medien, auf Blogs und Websites die meiste Aufmerksamkeit erregen. Jeder »Klick«, jeder Besuch wird gezählt. Je mehr Klicks, desto mehr Anzeigen, desto höher die Tarife. Viele Webmaster können davon leben und manche sogar blendend. Es geht nicht nur darum, zu schockieren, sondern auch darum, abzukassieren.

Dabei ist nicht immer alles ernst gemeint.[228] Man versetzt kleinere Stiche, aber nicht den eigenen Leuten, sondern den »politisch korrekten« Bewohnern der Außenwelt. Alles, was man zu Hause nicht durfte, ist hier erlaubt, ja sogar gefordert: fluchen und schimpfen, unflätig daherreden, über Frauen lästern, Schwarze diffamieren, Juden verletzen, Schwule beleidigen, über Latinos herziehen, Muslime verunglimpfen … Die Liste klingt vertraut, es sind genau jene Minderheiten, auf die anständige Menschen Rücksicht zu nehmen bemüht sind. Eltern lehren ihre Kinder, auf ihre Worte zu achten. Gerade dieses umsichtige, korrekte Verhalten finden die Rechten unerträglich: Sie erkennen darin scheinheilige und herablassende Speichelleckerei. Diese sogenannten zivilisierten linken Codes müssen endlich geknackt werden. Sei ehrlich, sag, was Sache ist, tritt offen für die Interessen deiner eigenen Gruppe ein, halte ein für alle Mal die vorrückenden Minderheiten auf, verteidige die angestammte unvergängliche Überlegenheit des weißen Mannes über die Farbigen, Ausländer, Juden, Schwulen und vor allem: die unverschämten Frauen.

Untereinander müssen die Rechten auf all diese »abweichenden« Gruppierungen keine Rücksicht nehmen. Die rechtsradikalen Jugendlichen müssen sich auch nicht um ihre braven Eltern oder wohlmeinenden Lehrer scheren, die diese benachteiligten Gruppen in Schutz nehmen. Vielleicht sprechen viele der sich hier tummelnden Heranwachsenden etwas laut aus, das die Erwachsenen zu denken vermeiden und bei ihren Kindern nicht mehr aufkommen lassen wollten. Die Rebellion der Jugend geht heute genau in die umgekehrte Richtung wie die Jugendrevolte vor einem halben Jahrhundert: Damals war sie links bis ins kleinste Detail und warf sich im Kampf gegen die herrschenden Mächte zum Verbündeten genau der Minderheiten auf, die heute von den Rechten niedergemacht werden.

Die Provokationen können sehr weit gehen. Es bleibt nicht immer bei ironischen Sticheleien, oft wird es bitterer Ernst. Dann werden in den Texten Todesdrohungen ausgesprochen. Lassen Sie uns in die tiefste Finsternis des Internets hinabsteigen, in die Domäne des *Daily Stormer*, einer echten Nazi-Seite, die daher auch regelmäßig gesperrt wird. Hier geht es fortwährend um den *deep state*, den geheimen Staat im Staate, in dem ein Netzwerk hoher politischer Amtsträger sich jeder Kontrolle entzieht und faktisch das ganze Land insgeheim und ohne jegliche Kontrollinstanz regieren könnte. Die Regierung werde, ohne dass die Wähler davon etwas mitbekämen, von Zionisten – einem Codewort für Juden –

übernommen. Damit ist die *Zionist Occupied Government*, ZOG, gemeint. Der Erzfeind des *Stormer* ist entsprechend das westliche Judentum. Mit ihm muss ein für alle Mal abgerechnet werden. Der *Stormer* lässt allerdings, sehr diskret, noch nicht verlauten, wie er sich die »Endlösung« vorstellt.

Eine andere, geistesverwandte, Website nennt sich *Daily Shoa*. Dieser Titel wird als Scherz präsentiert. Es ist ein Fluch: jeden Tag ein neuer Millionenmord. Das passt zu der Strategie der Normalisierung, der Bagatellisierung des Holocaust, der noch immer ein Klotz am Bein des Rechtsextremismus ist. Auch anderswo wuchert die Mordlust weiter: Ein Unterstützer des *Daily Sturmer* (jetzt *Stormer*) schrieb: »Ich wünschte, ich könnte die magischen sechs Millionen überweisen, aber hier sind erst einmal 500. 500 sind besser als gar nichts.« Diese »sechs Millionen« ist die Lieblingszahl der alten und neuen Nazis, sie verweist auf die Zahl der im Holocaust ermordeten Juden. Darüber machen sie sich auch heute noch gerne lustig.

So verliert sich etwa ein Benutzer auf der umstrittenen Chat-Site »4chan« in genozidalen Obszönitäten:

> *Come on shlomo [...] you're no better than all your oven roasted ancestors that got filleted alive [...] the only diff is you're just on borrowed time while we organize your next kebab removal.*
>
> (Komm schon, Schlomo [...] du bist nicht besser als all deine ofengerösteten Vorfahren, die bei lebendigem Leib filetiert wurden. [...] Der einzige Unterschied besteht darin, dass du noch einen Aufschub hast, während wir deine nächste Kebab-Beseitigung organisieren.)[229]

Das schreckt anständige Menschen ab und zieht reine oder halb überzeugte Antisemiten an. Auch Pubertierende, die sich so viel Brutalität und abscheuliche Grobheit zu Hause oder in der Schule niemals erlauben könnten, ergötzen sich daran. Spricht man die Autoren darauf an, dann war das … nur ein Späßchen. Und so treiben, behaglich vor ihrem Computerbildschirm, anonym und unerkannt, ordentliche Jungs und brave Familienväter wie die Wahnsinnigen ihr Unwesen: geifernd, johlend und höhnend in den elektronisch umzäunten Chatrooms des Internets. Und sollte jemand sie darauf ansprechen, wäre das bloß »Spaß«, eine kleine Rebellion gegen den allgemein erstickenden »guten Geschmack«, ein Aufstand gegen die von oben und von links auferlegte politische Korrektheit (noch so ein Lieblingsbegriff). Ist das jetzt auch schon nicht mehr erlaubt? Hinter ihrem angeblichen Humor verbirgt sich purer Ernst, aber sind sie nicht bereit, den Preis für die Ernsthaftigkeit zu zahlen. Sie sind die Gratishelden der Meinungsfreiheit. Sie geben vor, für die Freiheit der Meinungsäußerung einzutreten, indem sie die Grenzen so weit wie möglich ausdehnen. Den Spaß wollen sie, aber die Konsequenzen ihrer Meinungsäußerung scheuen sie.

In den Niederlanden lautet das Motto der parteiunabhängigen rechtsgerichteten Website *GeenStijl* (KeinStil): »tendenziös, unfundiert und unnötig beleidigend«. Das entspricht zwar tatsächlich der Wahrheit, gemeint ist es jedoch nicht so. Wer sie darauf festlegen will, hat die Ironie dahinter wohl nicht verstanden. Kuckuck! Wieder einmal gibt es einen linken Vorläufer: Die französische satirische Wochenzeitschrift *Hara Kiri* (1960-1986) schmückte sich von Beginn an mit dem Motto *Journal bête et méchant* – ein dummes und bösartiges Blatt. Angela Nagle spricht in diesem Zusammenhang von Transgression, einer Überschreitung der etablierten Normen. Das war, so merkt sie an, seit den 1960er Jahren das Privileg der Linken. In einer niederländischen Studentenzeitschrift wurde die Königin als Schaufenster-Prostituierte dargestellt, amerikanische Künstler schufen eine Jungfrau Maria aus Elefantenkot oder einen in Urin getauchten Christus. Das musste nach Ansicht des künstlerischen Flügels der Linken doch wohl erlaubt sein. 50 Jahre später zahlen ihnen das die Rechten mit gleicher Münze heim. »*Kill all normies*« ist der Schlachtruf einer selbsternannten Avantgarde, die sich weit über die Masse der Durchschnittsbürger erhaben wähnt.

Die Extreme berühren einander, aber sind nicht gleichzusetzen. Die linke Vorhut denkt in Begriffen *einer* Menschheit, wenngleich zunächst noch in Klassen unterteilt. Die rechte Avantgarde stellt ihr eigenes Volk über alle anderen Völker, die unter Umständen noch fortbestehen dürfen, solange jedes Volk nur separiert auf seiner eigenen Scholle bleibt. Rechte legen allen Nachdruck auf die unveränderlichen geschlechtsspezifischen Unterschiede zwischen Männern und Frauen: Linke geben zumindest vor, die Unterschiede zwischen den Geschlechtern ignorieren oder überwinden zu können. Der Erfolg in der Praxis ist überschaubar.

Tagtäglich wird der Kulturkampf um das Überleben des weißen Erbguts im Internet ausgetragen. Jede Sekte hat ihre eigene Website. Auch *Stormfront* ist so ein Knotenpunkt nationalsozialistischer Cliquen und Kränzchen. In den USA wurde die Website mehrmals vom Netz genommen. Dann zog die Redaktion auf eine andere Website um, allerdings mit einer ähnlichen Adresse: zuletzt stormfront.org/forum/. Eine Neonazi-Seite ist das nicht, denn »neo« ist nichts daran. Es ist reinster Nazismus der alten Schule, unverdünnt, ohne jegliche Zusätze, direkt von Hitler-Deutschland geerbt. Der Holocaust wird glattweg geleugnet, die Besucher stellen Bilder von Hitler im besten Licht auf die Website, ein Porträt von Himmler als größtes Vorbild aller Zeiten und präsentieren sich selbst, mit hakenkreuzartigen Symbolen und Mottos, die vor Judenhass nur so strotzen.

Der Rassismus gegen die »Injuns« (amerikanische Indianer) und die *mud people* (Schlammmenschen: Schwarze) könnte nicht widerwärtiger sein. »Neger« sind keine Menschen, höchstens Halbmenschen. Jedes Klischee, jedes Stereotyp wird gegen sie vorgebracht, in einer ständigen Sinnesverblendung von flammendem Rassenhass. Und dabei handelt es sich noch um Websites, die frei zugänglich sind. Was unter den Gullydeckeln der abgeschirmten Blogs und Foren, hinter Benutzername und Passwort alles brodelt, lässt sich nur erahnen.

Stormfront ist eine Sammelstelle für Nazis aus allen Ecken der Welt, natürlich aus den Vereinigten Staaten, aber auch ein Treffpunkt für Norweger, Kroaten, Deutsche und Österreicher, Niederländer und Flamen. Sie alle keifen, wie ihnen der Schnabel gewachsen ist. Judenhass ist hier der oberste Glaubenssatz, der imposant in fetten Lettern auf der Homepage abgedruckt wurde:

> *we name the »Jew« as the deadliest, if not the only, threat to our existence as a race. Forge this message in titanium.*[230]

> ([…] wir nennen den Juden die tödlichste, wenn nicht sogar die einzige Bedrohung für unsere Existenz als Rasse. Schmiede diese Botschaft in Titan.)

Viele Rechtsextremisten, wie Anders Breivik, wollen die Juden loswerden, nicht durch Völkermord, sondern durch Emigration oder Deportation nach Israel. Für dieses Land können sie manchmal sogar eine gewisse Sympathie aufbringen: Dort sind die Juden wenigstens unter sich und vermischen sich nicht mit anderen Völkern. Und außerdem: »Zugegeben, diese Juden geben den Muslimen wenigstens ordentlich Zunder.« Die *Stormfront*-Nazis sind sich alle einig: Die Juden sind die Quelle allen Übels. Sie kontrollieren die Medien, die Unterhaltungsindustrie, den Finanzsektor und haben das Sagen im *deep state*, dem *Zionist Occupied Government*.

Die Frauen von *Stormfront* machen in ihren Blogs und Threads deutlich, dass sie nur ein Ziel verfolgen: *beautiful white babies* zu gebären. Je mehr, desto besser. Dabei geht es nicht um die Kinder selbst, es richtet sich gegen die schwarzen, braunen und gelben »Bastarde«, die die weiße Gesellschaft zu überschwemmen drohen. Denn darauf könne man wetten, die minderen Rassen vermehren sich auf Teufel komm raus. Für diese Nazis gehört es zur Pflicht der Frau, Kinder zu gebären, die später für ein »europäisches Amerika«, für ein »weißes Europa« kämpfen werden. Frauen werden ihrer Berufung gerecht, indem sie Kindersoldaten, die der weißen Rasse zum Sieg verhelfen sollen, austragen und großziehen. Auch diese Wahnvorstellung von Kindern als Munition im Rassenkampf stammt direkt aus Nazi-Deutschland. Heinrich Himmler hatte das Projekt Lebensborn ins Leben gerufen, bei dem reinrassige SS-Männer mit ebenso reinen germanischen Frauen Kinder für den Führer und das Vaterland zeugen sollten. Heutige Nazis glauben, der Frau mit dieser hohen Mission Ehre zu erweisen, sie sogar auf ein Podest zu stellen. Die Frauen der *Stormfront* nehmen diese Position anmutig an und bekunden eifrig, wie bereitwillig sie sich ihrem Mann unterordnen: »Er hat bei mir das letzte Wort. Punkt. Aus. Ende.« Er beschützt sie, sie unterstützt ihn.

Zwischen den Zeilen lässt sich herauslesen, dass nicht alle Nazi-Männer so große Frauenbeschützer sind: Sie wettern ziemlich oft gegen die Frauen. Solche Aussagen werden offensichtlich entfernt. Für die »Damen« wurde ein separates Forum eingerichtet, in dem sie ohne ihre »Beschützer« sicher über die Produktion süßer weißer Babys für die Herrscherrasse chatten können.

Auf der schon erwähnten Nazi-Site *The Daily Stormer* beklagt sich die Redaktion über das mangelnde Interesse an ihrem Judenhass: Der Hass auf Frauen ist in der Öffentlichkeit viel beliebter:

> *The articles about women on this site are orders of magnitude more popular than the ones about Jews. This has been a statistical constant for years now. Exposing the truth about Jews is the core mission of this website, but it is hardly the way we drive traffic. We have to find other subjects to bring people in on that emotionally resonate with them, and as a consequence they get exposed to the information in our verticles (sic) like »Jewish Problem« and turned into proper anti-Semites.*[231]
>
> (Die Beiträge über Frauen auf dieser Website sind um Klassen beliebter als die über Juden. Das ist nun seit Jahren eine statistische Konstante. Im Wesentlichen besteht die Aufgabe dieser Website darin, die Wahrheit über Juden zu enthüllen, aber so bekommen wir keine Besucher. Wir müssen andere Themen finden, die bei den Leuten eine emotionale Resonanz hervorrufen und sie hierherlocken, damit sie mit den Informationen in unseren Artikeln wie »Das jüdische Problem« konfrontiert werden und zu ordentlichen Antisemiten werden).

Die Rechten träumen, ebenso wie die Dschihadisten, von einer innigen Gemeinschaft Gleichgesinnter: *ein* Volk, *eine* Nation, *ein* weltweites Kalifat, in dem alle Menschen in Brüderlichkeit und gegenseitiger Loyalität zusammenleben. *Sie* sind integer, erhaben und tugendhaft bis ins Mark. Und genau diese von persönlicher Tugend und gegenseitiger Verbundenheit getragene Gemeinschaft wird bedroht. Sie befindet sich in akuter Gefahr. Für die Rechten geht die Bedrohung von fremden Elementen im eigenen Land aus: von Immigranten, Muslimen und Juden, von Schwarzen, von Homosexuellen und anderen Abweichlern, aber auch und besonders von Frauen, die ihren Platz nicht kennen.

Wie auch in Anders Breiviks Manifest sind feministische Frauen nur Marionetten des Kulturmarxismus. Weil es den Marxisten mit ihrem Klassenkampf nicht gelungen ist, die westlichen Gesellschaften zu stürzen, versuchen sie es jetzt mit einem Kulturkampf: Die Emanzipation der Frau wird dazu eingesetzt, männliche Wehrhaftigkeit und weibliche Fürsorglichkeit zu untergraben. Auf diese Weise werden die Grundlagen der europäischen, der westlichen, kurzum der weißen Gesellschaft allmählich geschwächt. Es braucht nicht einmal einen gewaltsamen Kampf. Perverse Propaganda genügt schon, um den Widerstand der weißen Gesellschaft zu brechen. Die *white supremacists* hingegen ziehen in den Kampf, wenn möglich mit Gegenpropaganda, wenn nötig mit brutaler Gewalt.

Die rechtsextremen Bewegungen lassen sich anhand des Grads ihrer Feindseligkeit gegenüber ihren Widersachern auf einer Skala von »ziemlich extrem« bis »extrem extrem« einordnen. Die durchschnittlichen Extremisten sind der Meinung, dass Schwarze, Juden, Muslime oder Linke im täglichen Leben auf Distanz gehalten werden sollten. Die Gesellschaft sollte entsprechend organisiert sein, mit getrennten Schulen, separaten Krankenhäusern und segregierten Wohnsiedlungen. Die radikaleren Extremisten wollen diese andersartigen »Elemente« möglichst rasch und auf möglichst grausame Weise umbringen. Und die radikalsten unter ihnen haben damit bereits begonnen. Fanatiker wie Terry McVeigh, Anders Breivik, Dylann Roof oder Robert Bowers, die den Erzfeind bereits dutzendweise und eigenhändig niedergeschossen haben.

Splittergruppen wie die Minutemen, die Proud Boys, die Alt Knights und die Oath Keepers haben es sich zur Aufgabe gemacht, ihre eigenen rechtsextremen Reihen zu schützen: gegen die »Antifas«, die Antifaschisten, gegen andere Linksextremisten oder gegen die Frauen vergewaltigenden Muslime und Latinos. Diese Gruppen sind größtenteils aus den Hammerskins hervorgegangen, Fans der gleichnamigen Skinhead-Band, die ein weit verzweigtes Netz von gewaltbereiten Schlägertrupps bildeten.

In der Vorstellung dieser Kampfgruppen kann der *war on whites,* der Krieg gegen die Weißen, jeden Moment ausbrechen. Diese Milizen bereiten sich bereits auf die unvermeidliche Verteidigung der weißen Rasse gegen ihre farbigen Feinde vor, aber auch gegen die Verräter in den eigenen Reihen, wie etwa die halbherzigen Republikaner, die sich konservativ geben, sich aber in der Praxis stets offen zeigen, Kompromisse mit der ZOG einzugehen, oder die weich gekochten *cuckservatives*. Gruppen wie die Proud Boys gehörten zu den Stoßtruppen beim Angriff der Massen auf das Kapitol am 6. Januar 2021, als Reaktion auf die nicht allzu subtilen Andeutungen von Ex-Präsident Trump, die Wahl seines Nachfolgers Joe Biden ungeschehen zu machen. Seitdem existiert die extreme Rechte nicht mehr nur in den obskuren Abgründen des Internets, sondern ist Gegenstand intensiver öffentlicher Aufmerksamkeit (und rechtlicher Verfolgung), während eine Reihe von gewählten Vertretern viele ihrer Wahnvorstellungen offen ausspricht.

Diese Männer mögen aggressiv und gewalttätig sein, doch sie inszenieren sich gerne als Beschützer. Für ihre eigenen Leute und insbesondere für ihre eigenen Frauen. Es ist die Aufgabe jeden echten Mannes, seine Frau und seine Kinder vor den Angriffen volksfremder Gruppen zu schützen. Frauen können das nicht selbst. Sie brauchen Schutz, sind daher von den Männern abhängig. Also müssen sie sich der männlichen Autorität unterordnen. Nur so können sie in aller Gemütsruhe ihrer Bestimmung gerecht werden, Kinder zu gebären und aufzuziehen, um das Überleben des eigenen Volkes sicherzustellen. Das ist die natürliche Ordnung, und darauf ist das Familienleben ausgerichtet. Aus solchen Familien wird das Volk aufgebaut. Männer müssen sich in Kampfkunst und Waffengebrauch üben. Sie halten ihren Körper in Form und arbeiten an einem muskulösen Erscheinungsbild, selbstbewusst, furchtlos, aber wachsam.

Auch Frauen sind in diesen Milizen aktiv, manchmal in leitenden Positionen und bei Demonstrationen und Auseinandersetzungen in den vordersten Reihen, was nicht zu dem passiven Bild der Frau als »schwaches Geschlecht« zu passen scheint, das in diesen Kreisen so kultiviert wird. Und tatsächlich gelten alle Frauen außerhalb der Kampfgruppen als irrationale und abhängige Wesen, die von Immigranten und anderen volksfremden Elementen bedroht werden – und deshalb den Schutz der Milizen benötigen. Frauen jedoch, die sich der Kampfgruppe anschließen, gelten als dadurch wehrhaft, sie stehen im Kampf ihren Mann. Dieser offenbare Widerspruch wird dadurch aufgelöst, dass den weiblichen Milizen eine Doppelrolle auferlegt wird: Nur im Kampf marschieren sie Seite an Seite mit den Männern, außerhalb des Schlachtfelds müssen sie ihren Platz kennen, sich weiblich verhalten und den Männern den nötigen Respekt zollen.[232]

Eine träge Schlammlawine des Rassenhasses überschwemmt die Niederungen des Internets. Immer wieder wird darin die Obsession für den Feminismus und die Emanzipation der Frau, aber auch für die glückselige Mutterschaft an die Oberfläche gespült. Die Verherrlichung von Volk, Nation oder Rasse, der rabiate Antisemitismus, der manische Rassenhass, die Verunglimpfung des Islams, sie alle haben eine Funktion: All die Bedrohungen, denen sich die »weiße Rasse« ausgesetzt sieht, sollen glaubhaft machen, dass jede weiße Frau den Schutz eines weißen Mannes benötigt. Sie ist von diesem Mann abhängig und muss sich ihm unterordnen. Ohne diese Bedrohungen gäbe es nichts, was beschützt werden müsste. Keinen Rassenkampf und auch keine Notwendigkeit, Heerscharen weißer Babys zu produzieren. Die dämonisierten Juden, Muslime, Schwarzen und Latinos sind für die Rechten unverzichtbar, um die Vorherrschaft weißer Männer über weiße Frauen aufrechtzuerhalten.

Eine viel besuchte rechtsextreme Website ist die *American Renaissance*. Auch hier geht es um die *white supremacy*, aber ohne offenen Antisemitismus. Die große Bedrohung der »weißen Rasse« geht hier vom Islam aus. Im 1000-jährigen Kampf gegen das Christentum hätten die Muslime zu allen Zeiten versucht, christliche Mädchen zu erbeuten und sie als Sexsklavinnen zu missbrauchen. Das sei heutzutage nicht anders. Aber manche heutigen Feministinnen, die sonst keine Gelegenheit auslassen, den kleinsten Übergriff in die Belange von Frauen anzuprangern, schweigen zu den Untaten der Muslime an christlichen Frauen, oder schlimmer noch: Sie beschönigen sie. In einem Beitrag auf der Website heißt es: *»The unholy alliance between feminism and Islam – and everything African – never fails to amaze me.«* (Die unheilvolle Allianz von Feminismus und Islam – und allem was Afrikanisch ist – versetzt mich immer wieder in Erstaunen.)[233] Und: *»Feminists don't care about gang rape … [rapists] are excused by feminists because the perpetrators inflicting the violence tend to have brown skin.«* (Gruppenvergewaltigungen kümmern Feministinnen nicht, … [Vergewaltiger] werden von den Feministinnen von Schuld freigesprochen, denn die Gewalttäter haben nur allzu oft eine braune Hautfarbe.) Hier ist es Ayaan Hirsi Ali, die das, nicht ohne Übertreibung, formuliert.[234]

All diese rechtsextremen Gruppen und Grüppchen sind Teil eines viel breiteren Widerstandes gegen Einwanderung: des Nativismus. Nativisten verstehen sich als Patrioten, als Bewahrer der vaterländischen Kultur, »frei von fremden Einflüssen«. Sie sind davon überzeugt, dass Immigranten, Schwarze, Latinos und Muslime ihre eigenen Frauen unterdrücken und missbrauchen. Diese Frauen, die als Minderheit verstanden werden, sind entsprechend beklagenswerte Opfer und verdienen Mitgefühl und Schutz vor ihren eigenen Männern. Aber sie stellen auch eine Bedrohung dar, weil sie so viele Kinder bekommen und damit die »ursprünglichen« Weißen mutmaßlich in die Rolle einer Minderheit drängen. Der rechtsradikale Schlüsselbegriff lautet hier »Umvolkung«, die Bedrohung der Unterwanderung des eigenen Volkes durch »Fremdrassige«, meist als dunkelhäutig imaginierte Völker. Da die nicht-weißen Väter ihre eigenen Frauen nicht versorgen können oder wollen, müssen die alleinerziehenden Mütter und ihre Kinder bei der Sozialhilfe schmarotzen. Und wenn sie ohnehin schon Unterstützung erhalten, bekommen sie einfach noch ein Balg dazu. Hart arbeitende weiße Amerikaner und Europäer werden so dazu gezwungen, Steuern für den Unterhalt der volksfremden Sozialhilfeempfänger zu zahlen.

Männer haben seit Jahrhunderten aus ihrer überlegenen Position gegenüber Frauen ein starkes Bewusstsein ihres Selbstwerts abgeleitet. Eine Erschütterung dieser männlichen Überlegenheit untergräbt daher auch ihr Ehrgefühl. Männer, die die neumodische Gleichstellung mit den Frauen akzeptieren und sogar aktiv an der Umsetzung mitwirken, vergehen sich an der Solidarität der Männerbruderschaft. Sie sind nicht nur Weicheier und Faulenzer, im Grunde genommen sind sie nichts weniger als Verräter an der Sache der Männer.

Nicht nur die Emanzipation der Frauen hat das männliche Selbstwertgefühl unterminiert. Allmählich wandelt sich das traditionelle bürgerliche Familienmodell zu einem Modell, in dem Mann und Frau »Doppelverdiener« sind. In der Konsequenz müssen also auch die Kinderbetreuung und die Hausarbeit gemeinsam geleistet werden: also eine Art von Arbeit, die traditionellerweise reine Frauenarbeit ist.

Fast alles, was früher ausschließlich Männerarbeit war, wird heute auch von Frauen ausgeübt, sofern es diese Arbeitsbereiche überhaupt noch gibt. Das schleift das markante männliche Profil davon schon gehörig ab. Mittlerweile wurde in vielen Ländern der allgemeine Wehrdienst aufgehoben, womit im Leben junger Männer auch die lange Zeit, in der sie sich in einem überwiegend männlichen Umfeld bewegt hatten, wegfällt. Nur in den meisten Sportarten sind Männer und Frauen auf dem Spielfeld und in den Umkleidekabinen noch separiert. Auch wenn sie auf den Tribünen zusammensitzen und feiern. Schon allein das macht Mannschaftssportarten für viele Männer besonders attraktiv: es ist immerhin noch eine Möglichkeit, mit seinen Kumpels unter sich zu sein. Darin liegt wohl auch der Hauptgrund für die Existenz vieler Radsportgruppen, Motorradgruppen und anderer ausschließlich Männern offenstehenden Sportvereine.

Männer, die körperlich arbeiten, sehen sich regelmäßig mit Frauen in qualifizierten Positionen konfrontiert, die über ihnen stehen: als Vorgesetzte, Ärztinnen, Psychologinnen, Richterinnen usw. Viele sehen darin das Ergebnis einer feministischen Verschwörung, die auf die Unterstützung einer aus ihrer Sicht viel zu frauenfreundlichen Regierung bauen können. Hinzu kommt, dass sich linke Eiferer als Menschenfreunde, als *Do-gooders* oder *Gutmenschen*, kurzum als *social justice warriors*, als Verfechter der sozialen Gerechtigkeit auf Kosten der hart arbeitenden weißen Bürger in Szene setzen. Sie sind dafür verantwortlich, dass so viele Immigranten wie möglich ins Land strömen, vorzugsweise solche mit einem fremdländischen, exotischen Hintergrund. Womit die einheimischen, traditionell christlichen Werte noch weiter untergraben würden.

Diese rechtsextremen Bewegungen werden auch unter dem Sammelbegriff »Alt-Right«, alternative Rechte, zusammengefasst. Dieser Begriff wurde ursprünglich eingeführt, um neonazistische Gruppierungen und weiße Rassisten auf der einen Seite von den traditionelleren Konservativen, Neokonservativen und *libertarians*, die für die völlige Freiheit des Marktes eintreten und fast alle staatlichen Regulierungen ablehnen, auf der anderen Seite zu unterscheiden. Diese Differenzierung ist im allgemeinen Sprachgebrauch allmählich unscharf geworden. Auf Wikipedia findet sich unter dem

Eintrag »Alt-Right« eine bunte Mischung von Bewegungen und Strömungen, die so bezeichnet werden. Deutlich wird immerhin, dass alle diese Gruppen in erster Linie *gegen* etwas sind, und zwar gegen all jene Menschen, die sie für anders als sich selbst halten.[235]

Ihre Anhänger sehnen sich nach einem imaginären Volk zurück, aus dem Ausländer und Farbige noch ausgeschlossen werden konnten. Damals hätten noch echte Männer das Sagen über echte Frauen gehabt, die ihren Platz und ihre Aufgabe kannten: die Familie. In der sogenannten Volksgemeinschaft seien die Männer stolz darauf gewesen, aus eigener Kraft für den Unterhalt ihrer Frauen und Kinder sorgen und sich mit ihren eigenen Händen gegen fremde Angreifer verteidigen zu können. Sie mussten nicht die Hand aufhalten, und niemand versuchte, von ihren Anstrengungen zu profitieren. All das habe sich mit dem Ausbau des Wohlfahrtsstaats geändert, und das viele Gejammer der *social justice warriors* mache es nur schlimmer.

Die Ausführungen Breiviks und seiner Vorgänger über die Kulturmarxisten, die auf hinterhältigste Weise den Feminismus ins Leben gerufen hätten, schließen daran nahtlos an: Diese weiblichen Hilfstruppen dienen dazu, den Männern ihre Männlichkeit und dem Volk seine Lebenskraft auszusaugen, damit die Kulturmarxisten kampflos die Macht übernehmen können.

So würden Fremde den eigenen Leuten gegenüber bevorzugt, Immigranten den Einheimischen, Schwarze den Weißen, Juden den Christen, Homosexuelle und andere Abweichler den gesunden Männern und Frauen, Sozialhilfeempfänger und Drogenabhängige den ehrlichen Arbeitern, hart arbeitenden Bauern und anständigen Mittelständlern. Und vor allem würden Frauen auf Kosten der Männer begünstigt. In den Worten von Arlie Hochschild: Die schweigende Mehrheit ist zu »Fremden im eigenen Land« geworden.[236]

Die meisten Menschen nehmen die Politik ernst. Sie sind aufrichtig in ihren Meinungen und verstehen sie als Teil ihrer Persönlichkeit. Sicher ist ihnen auch bewusst, dass ihre Meinung allein die politische Realität nicht verändern wird. Dennoch ist ihr Engagement von der Vorstellung getragen, gemeinsam mit ihren Mitstreiterinnen und Mitstreitern politischen Einfluss, ja sogar Macht, ausüben können.

An den Rändern des politischen Lebens gibt es jedoch zunehmend eine Gegenbewegung von Menschen, die Politik und politische Haltungen überhaupt nicht ernst nehmen, nicht einmal ihre eigenen. Ihr politischer Stil ist der des Hohns. Sie präsentieren sich als rebellische Querköpfe, und auch als originelle, freie Geister. Sie trauen sich, den etablierten Meinungen und regierenden Mächten entgegenzutreten. Da die Linke in der Regel seltener an den Hebeln der Macht sitzt, kommen die Spötter häufig von der linken Flanke. Doch es gibt auch Hohn von rechts. Heutzutage sind es die Rechten, die zuletzt und am lautesten lachen.

Zugegeben, um das Kopftuch lächerlich zu machen, landet man mit dem Wort »Kopflappen« einen Treffer. Es ist kurz, und es zündet. »Kopflappensteuer«[237] ist noch besser, es hat die Strukturen eines Lachers:

> »Weißt du, was man mit all diesen Muslimas mit so einem Lappen auf ihrem Kopf tun müsste?«
>
> »Nein.«
>
> »Sie auf ihre Kopftücher Steuern bezahlen lassen: die ›Kopflappensteuer‹«.
>
> »Der ist gut, wie kommst du nur darauf: Kopflappensteuer. Haha!«

Ein politischer Witz in vier Silben.

Viele Tweets von Donald Trump haben eine ähnliche Struktur:

> »Weißt du, was sie mit den mexikanischen Kriminellen tun sollten?«
>
> »Nein, sag mal.«

»Festnehmen, abschieben und dann eine ganz hohe Mauer zwischen Mexiko und den USA bauen. Und die lässt man dann von den Mexikanern selbst bezahlen.«

»Super Idee. Das sollten wir tun.«

»Ja, nichts da mit Eintrittsgeld, eine Entsorgungsgebühr.«

»Das trifft es. Ha. Ha. Mit dir kann man lachen. Ha. Ha. Ha.«

Politischer Humor von rechts. Zugegeben, das muss man erstmal sacken lassen, denn in Europa hatte die Linke seit 1945 das Monopol auf Gelächter.

Hitler glaubte, dass er wirklich meinte, was er sagte. Mussolini versuchte, so zu tun, als ob er meinte, was er sagte. Trump macht sich nicht einmal mehr die Mühe, ernsthaft zu erscheinen. Seine Verlautbarungen haben die Struktur eines Witzes. Und genau das ist die verborgene Pointe. Hier ist der Hohn an der Macht. Einmal an der Macht, nimmt der Hohn den Ton des Nihilismus an.

»Der Präsident hat drei Milliarden Dollar und zahlt keine Steuern.«

»Clever!«

»Er ist mit einem Topmodel verheiratet und grapscht den Miezen immer noch an die Muschi.«

»Der traut sich mal was.«

»In den letzten zehn Jahren hat er keine Kirche mehr von innen gesehen, und doch ist er der Held der Christen.«

»Die Herr bedient sich wunderlicher Knechte.« (Kleiner Scherz von Gott).

Mannismus und die Mannosphäre

Die Mannosphäre ist das Inselreich jener Websites, Chatrooms und Hashtags, auf denen Männer noch »echte Männer« sein können. Solche wahren Männer können Frauen auf den Tod nicht ausstehen *und* wollen möglichst viele Frauen verführen. Das scheint offenbar sehr gut zusammenzugehen: der Hass auf selbstbewusste Frauen und die Begierde nach willigen Weibern.

»Why are women such pieces of shit?« (Warum sind Frauen solche Miststücke?)

»Because they rejected you, or you know they would reject you because you're a lonely beta faggot.« (Weil sie dich zurückgewiesen haben, oder weil du weißt, dass sie dich zurückweisen würden, weil du eine einsame Beta-Schwuchtel bist.)

[...]

»Because society does not impose consequences on them until the age of 30.« (Weil die Gesellschaft an Frauen, bis sie 30 sind, keine Forderungen stellt.)

»When they get old their holes get big and saggy.« (Wenn sie alt werden, werden ihre Löcher weit und schlaff.)

»I know what those holes need.« (Ich weiß, was diese Löcher brauchen.)

[...]

»What changes when they are 30?« (Was verändert sich, wenn sie 30 sind?)

[...]

»Nearly all women want kids, and at 30 they start to realize that time is running out. These facts combine to make 30 year old women crazy desperate. [...] Hold out and don't have kids, and you'll be amazed at how good life is for a single guy starting right around 30. [...] Fucking sluts.«[238] (Fast alle Frauen wollen Kinder, und mit 30 wird ihnen langsam bewusst, dass ihre Zeit abläuft. Die Kombination dieser beiden Tatsachen macht eine 30-jährige Frau vor Verzweiflung ganz verrückt. [...] Halte durch und mach keine Kinder, und du wirst erstaunt sein, wie gut das Leben für einen alleinstehenden Mann ab 30 ist. [...] Verdammte Schlampen.)

In dieser letzten Passage spricht jemand, der vorgibt, ein erfahrener Verführer zu sein. Er geriert sich als väterlicher Ratgeber für die unbeholfenen Anfänger, die von ihm lernen können, wie man Frauen bezwingen und flachlegen kann. So ein »Frauenbändiger«, der als Lehrmeister auftritt, ist eine typische Figur auf derartigen Websites. Ansonsten herrscht der Ton, den Kerle anschlagen, wenn sie in der Umkleidekabine oder an der Bar unter sich sind: eine Mischung aus Aufschneiderei und Selbstmitleid. Die Frauenfeindlichkeit, die man miteinander teilt, schafft ein gemeinsames Band. Doch sobald eine Frau in ihre Nähe kommt, werden sie kleinlaut. Das wäre jedenfalls zu hoffen.

Auf diesen Websites bekommt ein junger Mann Instruktionen, wie er eine Frau erobern kann, oder zumindest eine Frau findet, die ihm eine Nacht zu Willen ist. Doch eine Frau, die sich auf diese Weise verführen lässt, ist gerade deshalb auch wertlos, eine »Nutte« oder »Fotze« oder eine *sluturion*, eine Frau, die mit mindestens 100 Männern Sex gehabt hat.[239] Heiraten würde man eine solche Schlampe sicher nicht.

Wenn sich der junge Mann ausgetobt hat, sucht er sich eine unbefleckte Frau, die er heiraten und mit der er Kinder zeugen kann. Aber das kommt später – oder nie. Auf diesen Seiten geht es jedoch speziell darum, wie man Frauen am besten verführen kann. Sozusagen *Alt-Light,* die »moderate«, weniger mörderische, aber immer noch bösartige Richtung innerhalb des Rechtsextremismus, ebenso ärgerlich wie lächerlich: eine giftige Mischung aus Geilheit und Frauenfeindlichkeit. Es ist die Ideologie des Onanismus.

Wie bereits erwähnt, bestehen viele religiös inspirierte Kampfgruppen ausschließlich aus Männern, die intensiv und über lange Zeit miteinander umgehen. In der Mannosphäre entstehen im weltweiten Netz virtuelle Männergemeinschaften, die sich ganz der in ihren Augen bedrohten und umstrittenen Männlichkeit widmen. Vor allem junge Männer fühlen sich dort unter Ihresgleichen offenbar sicher und wüten nach Herzenslust gemeinsam gegen Frauen und alle anderen Menschen, die ihnen nicht gefallen, wie Schwule, Transgender und all jene, die sich nicht passgenau in das binäre Schema einordnen lassen. Die meisten dieser »mannistischen« Websites sind politisch rechts orientiert. Das in allerlei Varianten verhandelte Hauptthema ist die Stellung der echten Männer, die von Frauen allgemein und insbesondere von deren Vorhut, den Feministinnen, bedroht wird. Ihnen sei es gelungen, den Staat auf ihre Seite zu ziehen. So werden Männer Opfer von Zurücksetzung und regelrechter staatlicher Diskriminierung, durch Gesetze und Richter sowie durch die Presse und die öffentliche Meinung. Die mannistischen Websites sind die letzte Front, an der Männer dem vorrückenden Feminismus Paroli bieten.

Dort sitzen diese Männer – nach einem langen Arbeitstag, nach dem Abendessen – sicher in ihrer Dachkammer und surfen auf Hassseiten nur für Männer, auf denen Frauen und Schwule, Lesben und Transgender die volle Wucht ihrer Verachtung und ihres Zorns abbekommen. Wenn es passt, beziehen sie Juden, Latinos, Muslime und Schwarze gleich mit ein. Niemand widerspricht ihnen, niemand ruft sie zur Ordnung. Sie bekommen ausschließlich Beifall von den gleichgesinnten, ebenso wütenden Männern. Hier treffen sie endlich auf Geistesverwandte. Niemand kann ihnen etwas anhaben, denn sie verstecken sich unauffindbar hinter ihren Pseudonymen im Internet. Ob sie das alles wirklich ernst meinen? Was spielt das schon für eine Rolle? Hauptsache, es ist einmal raus. Und es tut gut.

Die Frau als ein immer verfügbares Wesen, allzeit von einem echten Mann verführbar, das ist die Kernfantasie, um die es sich auf diesen Seiten stets dreht. Ein echter Mann ist hochgewachsen und muskulös, gutaussehend, kontrolliert und selbstbewusst. Er beherrscht die Situation und sich selbst. Er lässt sich von niemandem übertrumpfen oder herumkommandieren. Seinen Vorgesetzten gehorcht er allerdings, schließlich stehen sie gesellschaftlich über ihm. Er ist ein Anführer, ein Kämpfer, niemals ängstlich, immer mutig, bereit sich aufzuopfern und sein Leben hinzugeben. Er interessiert sich nicht wirklich für Frauen, er braucht sie höchstens, ein paar Mal in der Woche, so wie er dreimal am Tag essen muss. Es ehrt den echten Mann, den wahren Verführer, dass er seinen Appetit zu zügeln und seine Begierden zu beherrschen weiß. Er darf nicht nach *ihr* gieren, denn das würde ihn nur in eine Abhängigkeit führen. Sie muss *ihn* begehren, sie muss von *ihm* abhängig sein. Das verstärkt seine Macht über sie:

> *Instead of slip-streaming into the void of faceless, nutless beta males that women treat with the same consideration they do houseplants, be one of those exciting jerkboys who prematurely deep sixes a date when the girl is cunting out. I promise, she'll never forget you after that. I also promise that you'll feel an incomparable rush of power.*[240]

(Anstatt in der gesichts- und eierlosen Masse von Betamännern aufzugehen, die von Frauen wie Zimmerpflanzen behandelt werden, sei lieber einer dieser supercoolen Wichser, der die Bitch sofort eiskalt abserviert, wenn sie ihn mal hängen lässt. Ich verspreche dir, sie wird dich danach nie mehr vergessen. Ich verspreche dir auch, du wirst einen unvergleichlichen Machtrausch erleben.)

Männer, die bei Frauen keinen Erfolg haben, erhalten auf diesen Seiten nützliche Tipps von erfolgreicheren Alpha-Männern, die der Vorstellung von echter Männlichkeit entsprechen. Ganz oben in der Hierarchie steht der *pickup artist*, der Anmachkünstler, der über eine wahre Rezeptur an Tricks und Kniffen verfügt. Er kann jede Frau zu jeder Zeit aufreißen und abschleppen, und er ist bereit, das auch zu demonstrieren. Es gibt sogar Tutorials, in denen Anfänger gegen Gebühr lernen können, wie man Frauen verführt. Interessanterweise sind die Frauen selbst auf diesen Seiten völlig abwesend; dabei wäre es doch naheliegend, sie einmal zu fragen, was sie selbst eigentlich angenehm und verführerisch finden, wenn sich ihnen ein Mann nähert. Man spricht zwar *über* Frauen, aber es geht nie um sie, sondern, wie es im Untertitel des Buches *Alpha mâle* von Mélanie Gourarier heißt, darum, »Frauen [zu] verführen, um unter Männern geschätzt zu werden«.[241]

Letztlich dreht sich alles um Macht, nicht um Lust. Denn Männer führen ein bedrohtes Dasein; sie könnten sich in eine Frau verlieben. Dann fallen sie der *One-itis*, der *Ein*-itis, zum Opfer, der gefürchteten Bindung an *eine* Person, schlimmer noch, der Bindung an eine Frau. Frauen müssen jederzeit austauschbar bleiben, so läuft der Mann nicht Gefahr, abhängig zu werden. Sollte es doch dazu kommen, drohen Erniedrigung und Demütigung, die Frau wird ihn um sein Geld bringen und im schmerzhaftesten Moment für jemand anderen verlassen, der in der Hackordnung höher steht. Ist man gar Vater geworden, wird sie ihm mithilfe von Anwälten und Richtern die Kinder wegnehmen und ihn einsam und mittellos zurücklassen. Das ist in den prozessfreudigen Vereinigten Staaten in der Tat ein reales Risiko, doch dazu später mehr.

Allem Anschein nach werden hier eine fast schon krankhafte Bindungsangst und Frauenfeindlichkeit zum Großen Männerrecht hochstilisiert. Schließlich gab es im Leben all dieser Männer, ob nun Alpha oder Beta, eine Frau, von der sie einst völlig abhängig waren: ihre Mutter. Offenbar ist ihnen das im späteren Leben nicht gut bekommen und hat eine panische Todesangst vor Frauen hinterlassen. Diese Angst ist so groß, dass sie sich einer Frau nur in der Manier des Löwenbändigers mit Peitsche und Pistole zu nähern wagen.

In dieser kollektiven Fantasie bleibt den Männern immer noch ein Machtinstrument. Frauen suchen, auch wenn sie anderes vorgeben mögen, nach einem starken, dominanten Mann, der sie zähmen und beschützen kann. Die archetypische Frau unterwirft sich willig dem aggressiven Top-Männchen. Tief in ihrem Inneren sehnt sie sich nach dem Höhlenmenschen mit seiner Keule, der die anderen Männer von ihr fernhalten, sie und ihre Kinder ernähren und beschützen kann. Dies ist der absolute Nullpunkt der Anthropologie. Frauen können in dieser Vorstellung nur mit einem virilen Mann, der sie tief und heftig nimmt, einen wirklichen Höhepunkt erleben. Schließlich will sich jede Frau mit einem solchen echten Mann paaren, seine Gene weitergeben. Fortpflanzung ist Schicksal. Dies ist der absolute Nullpunkt der Biologie. Der Verführer macht sich dieses naturgegebene Verlangen gerne zunutze, um sich eine Nacht mit ihr zu vergnügen. Danach macht er sich aus dem Staub: *bump and dump*, ficken und sich verdrücken.

In der Mannosphäre dominiert der reine Frauenhass, und damit nimmt diese Variante innerhalb des Einzugsgebiets von Alt-Right doch einen Sonderplatz ein. Nazis, *white supremacists*, Identitäre, sie alle betrachten die Familie als den Baustein der Nation und die Frau als Dreh- und Angelpunkt der Familie. Sie muss strahlend weiße Babys zur Welt bringen, um die Flut von volksfremden Kindern einzudämmen, und so die bedrohte arische Rasse retten. Für die Männer der Mannosphäre hingegen spielt die Familie keine Rolle. Die Ehe ist vor allem eine Fallgrube, in die Frauen einen Mann zu locken versuchen. Zum Glück lernt ein Mann auf diesen Websites, darauf nicht hereinzufallen. Aus dieser Perspektive sind Kinder nicht einmal eine Waffe im Rassenkampf, sie sind bestenfalls ein Missgeschick, genau wie eine Geschlechtskrankheit, die durch umsichtige Vorsichtsmaßnahmen leicht zu vermeiden ist.

Eine spezielle Sekte bilden die sogenannten Incels, die *involuntary celibates*, die Junggesellen wider Willen. Sie haben, kurz gesagt, keine Frau abbekommen. Das ist beschämend. Diese jungen Männer haben das Gefühl, zu kurz zu kommen. Das ist nicht neu. Sie meinen auch, dass ihnen damit Unrecht getan wird. Das ist durchaus neu. Sie sind keine Alpha-Männchen. Sie sind nicht einmal Beta-Jüngelchen, die zumindest Verführungstricks von einem Superman ähnlichen Guru lernen können. Die Incels kommen nicht zum Zug. Sie sind *sub 8 males*: Auf der Skala der männlichen Attraktivität erreichen sie weniger als acht von zehn Punkten. Die *Foids* (Femoids), weiblich-humanoide Lebewesen, haben für solche Kerle nichts übrig. Ein Incel ist das glatte Gegenteil von einem Macho. Er präsentiert sich selbst als inkompetenten, abstoßenden Trottel. Keine Frau will von ihm etwas wissen.[242]

> *Only the top 10 % of men do foids have eyes for. A foid would never approach a sub 8 male. It's literally over for subhumans. I can't even begin to comprehend how dating a good looking foid is even possible when her options are literally unlimited.*
>
> (Foids haben nur Augen für die oberen 10 Prozent der Männer. Eine Foid würde niemals einen Sub-8-Typen ansprechen. Für Untermenschen ist es im wahrsten Sinn des Wortes vorbei. Ich kann nicht einmal ansatzweise nachvollziehen, wie es überhaupt möglich sein sollte, mit einer gutaussehenden Foid auszugehen, wenn ihre Möglichkeiten buchstäblich unbegrenzt sind.)

Wenn all diese attraktiven Frauen tatsächlich nur an den 10 Prozent der bestaussehenden Männer Interesse zeigten, wären sie ziemlich limitiert in ihrer Auswahl. Manche müssen sich dann wohl doch mit Geringerem begnügen, mit so einem Unter-8-Jüngelchen.

Es ist nicht so, dass die Incels überhaupt kein Mädchen abbekommen würden. Sie haben nur keine Chance bei den gutaussehenden Mädchen, die, was Aussehen und Beliebtheit angeht, auf der 10-Punkte-Skala ganz oben stehen. Offenbar sind die Incels von dieser Rangordnung geradezu besessen und wollen von anderen Frauen nichts wissen. Entsprechend empört sind sie darüber, dass sie von den Top-Foids ignoriert oder abgewiesen werden. Ihnen widerfährt eine große Ungerechtigkeit. Die echten Kerle, die *Chads* (»Hengste«, »tollen Typen«), schauen auf sie herab, denn als *cucks* sind sie nicht einmal Betas, sie sind fast schon Omegas (der letzte Buchstabe des griechischen Alphabets) und damit auf dem Weg zur tiefsten Finsternis.

Ihre Scham und ihr Selbstmitleid blieben unbemerkt, hätten nicht eine Reihe von Mordanschlägen den Ton gesetzt, bei denen die Täter junge Männer waren, die sich dafür rächen wollten, dass sie sich systematisch von jungen Frauen abgewiesen fühlten und nie zum Zuge gekommen waren. Am 23. Mai 2014 tötete der 22-jährige Elliott Rodger sechs Menschen und verletzte 14. Anschließend erschoss er sich selbst. Er hinterließ ein Manifest, in dem er seine Verzweiflungstat rechtfertigte. Er sei noch immer Jungfrau, kein Mädchen habe je etwas mit ihm anfangen wollen. Jetzt suche er Rache:

> *My War on Women. […] I will attack the very girls who represent everything I hate in the female gender: The hottest sorority of UCSB.*
>
> (Mein Krieg gegen die Frauen. […] Ich werde genau die Mädchen angreifen, die für all das stehen, was ich am weiblichen Geschlecht hasse: Die heißeste Studentinnenverbindung der UCSB [der University of California, Santa Barbara]).[243]

Elliott Rodger wird auf manchen Incel-Websites als Rächer des Unrechts verehrt, das suchenden Männern von unwilligen Frauen angetan wird. Seitdem hat es mehrere tödliche Schießereien gegeben, bei denen der Täter erklärte, aus Wut über die Zurückweisung durch Frauen gehandelt zu haben. Rodger war ihr Vorbild. Am 23. April 2018 wurden in Toronto zehn Menschen von einem Lkw überfahren und 14 weitere verletzt. Der Fahrer, Alek Minassian, hatte zuvor auf Facebook gepostet, dass »die Incel-Revolte begonnen habe«. Auch er rühmte Elliott Rodger.[244] Es fällt nicht schwer, so der britische Kriminologe Simon Cottee, Parallelen zum Dschihadismus zu entdecken, bei dem sich eine ebenso extreme Fixierung auf Frauen und Sex beobachten lässt.[245]

Was zunächst nicht mehr als pubertäres Gekicher und Gequengel zu sein schien, wurde durch diese Anschläge in ein düsteres Licht gerückt. Auf den Incel-Websites ist eine Litanei von Rachsucht,

Frauenhass und Gewaltandrohung zu vernehmen. Und wo alles gesagt werden darf, kommen auch Rassismus, Homophobie und andere rechtsextreme Obsessionen zu Wort. Einige belassen es nicht bei Stoßseufzern, sie morden. Über das wirkliche Leben der übrigen Incels lässt sich nicht viel herausfinden.

Bei diesen Junggesellen wider Willen dreht sich alles um das *entitlement*, das vermeintliche Recht junger Männer auf Sex mit jeder Frau, die ihnen gefällt. Ein solches Recht gibt es nicht, außer in einer Männerfantasie von einer Welt, in der Frauen nicht selbst entscheiden können, mit wem sie Sex haben wollen und mit wem nicht. In der realen neuen Welt, in der die Incels notgedrungen leben, treffen junge Frauen selbst ihre Studienwahl, ihre Berufswahl – und ihre Partnerwahl. Was die Incels zur Raserei treibt, ist nicht der Umstand, dass sie einen Korb bekommen, und sicher mehr als einen, sondern dass junge Frauen ihre eigene Wahl treffen können, genau wie sie selbst.

Ein echter Mann kommt bei vielen eroberbaren Frauen mit großer Regelmäßigkeit reichlich auf seine Kosten, bis, ja bis er die Richtige trifft. Im Gegensatz zu ihren Vorgängerinnen ist sie im besten Falle noch jungfräulich, zumindest aber keusch, und bereit, sich in der Ehe ganz dem Ehemann, den Kindern und dem Haushalt zu widmen. Darüber hinaus lässt sich nicht viel über das Leben des echten Mannes nach der Phase seiner Promiskuität erfahren. Offensichtlich ist dies kein Thema, mit dem sich die Besucher der mannistischen Websites besonders beschäftigen. Ob er dieser untergebenen, devoten Ehefrau immer treu sein muss, bleibt unklar, und ebenso, ob sie ihn nicht vielleicht auf die Dauer langweilt, nach all den vorangegangenen spannenden und erregenden Abenteuern. Fast scheint es, dass es reines Pflichtbewusstsein ist, welches den Mann dazu nötigt, eine respektable Frau zur Gattin zu nehmen. Der wahre Mann wird seine Frau und Kinder vor jeder Bedrohung und vor ihren eigenen Schwächen als irrationales, emotionales Wesen beschützen. Also braucht es eine Bedrohung. Denn wozu wäre ein echter Mann sonst gut?

In der Welt des Mannismus gibt es zwei Arten von Frauen und zwei Arten von Männern. Es gibt die Alpha-Männer, die allen Anforderungen an einen echten Mann entsprechen. So will man sein.

Und es gibt die Beta-Männer, die nicht an dieses Profil heranreichen, die – man sollte es besser gleich sagen – *Schwächen* haben. Sie sind schüchtern, sie haben vielleicht ein fliehendes Kinn, sie haben auch mal keine Erektion, sie sind nicht muskulös (haben kein Sixpack, keinen »Waschbrettbauch«). Kurzum, sie gleichen eigentlich ziemlich Männern, wie sie in Wahrheit nun mal sind – und das sind also gerade keine wahren Männer.

Es gibt auch zwei Arten von Frauen. Das lässt sich kurz fassen: Sie sind Huren oder Madonnen; Schnallen, Schlampen, Bitches oder anständige Frauen.

Sonderlich erregend sind diese anständigen Frauen nicht (man stelle sich das nur mal vor! Die mannistischen Websites präsentieren vor allem erotisch pikante, aufregende Kost: Bilder von »leichten«, willigen Mädchen, mit denen die Männer es treiben wollen, um sich anschließend sofort wieder aus dem Staub zu machen. Diese Mädels haben es auf sie abgesehen, auf ihr Geld, ihre Ehre, ihr Prestige, ihre Potenz. Den Alpha-Männern, die auf diesen Seiten den Ton setzen, gelingt es, ihre Beta-Anhänger gleichzeitig mit Bildern und Geschichten von diesen scharfen Frauen aufzugeilen und sie vor ihnen zu warnen. Sie preisen solche Frauen erotisch an und lehnen sie zugleich moralisch ab.

Alles in dieser Gedankenwelt ist klischeehaft, wobei es sich aber seltsamerweise um Klischees aus einer vergangenen Epoche handelt, mehr Fossilien als Klischees. Für Feministinnen, die diese Stereotypen schon seit Mitte des 20. Jahrhunderts an den Pranger stellen, sind sie Lachnummern. Dennoch werden sie von den Verführungsgurus auf den mannistischen Websites noch immer unverdrossen und unvermindert beschworen. Es handelt sich übrigens um durch und durch kommerzielle Websites, die von Werbung für Telefonsex und Pornovideos überschwemmt sind. Darüber hinaus bieten die professionellen Verführer, auf diesen Websites für teures Geld Vorträge, Kurse und persönliches Coaching an.

Die US-amerikanische Autorin Kay S. Hymowitz bemerkt einen ähnlich kindischen, frotzelnden, unflätigen und ungeniert frauenfeindlichen Ton in Zeitschriften, Websites und Videospielen, die sich an ein viel breiteres Publikum junger Männer richten.[246] Ihr zufolge lässt sich dieser Typ Männer mit Ehe und Karriere noch Zeit, er scheut die Verantwortung, verbringt seine Zeit mit Videospielen, surft im Internet und hängt vor dem Fernseher oder am Tresen ab. Wann immer sich die Gelegenheit bietet, versucht er Mädchen aufzureißen, mit durchwachsenem Erfolg. Diese der Pubertät nicht entwachsenen Männer bemühen sich gar nicht erst, mit gleichaltrigen Frauen in Studium und Beruf Schritt zu halten. Sie unternehmen nichts, was langfristiges Engagement erfordern würde. Kurz: Sie wollen nicht erwachsen werden. Sie sind in eine kindlich männliche Existenz zurückgefallen.

Allerdings rekonstruiert Hymowitz diesen infantilen Typus Mann ausschließlich anhand von Texten und Abbildungen in Zeitschriften, auf Websites und in Videos. Das ist gewagt. Sehr viele Menschen vergnügen sich mit Medien, ohne dass dies viel über ihre Haltung, geschweige denn über ihr Verhalten oder ihre Stellung in der Gesellschaft aussagen würde. Wer sich Liebesromane anschaut, die sich an ein weibliches Publikum richten, würde nach der Methode Hymowitz zu dem Schluss kommen, dass die Frauenemanzipation noch in den Kinderschuhen steckt. Doch eine gewisse Aussagekraft hat das Medienmaterial durchaus. Und das, was es aussagt, verheißt nichts Gutes. Denn auf jeden Fall haben offenbar sehr viele Männer Spaß an Bildern und Geschichten, in denen Frauen herabgesetzt, verhöhnt oder zu Sexobjekten degradiert werden.

Eine ganze Reihe von Websites präsentiert sich als Verteidiger der Männerrechte. Dort dominiert die Vorstellung, dass die Frauenemanzipation inzwischen in ein Matriarchat übergegangen ist. Die Institutionen des Staates würden demnach im Interesse der Frauen heute gegen die Männer in Stellung gebracht. Die Rechtsprechung sei voreingenommen. In der Tat sprechen gerade konservative Richter, vor allem in den USA, bei einer Ehescheidung sehr oft der Mutter die eheliche Wohnung und die Kinder zu. Sie kann dann entscheiden, ob und wie oft der Vater die Kinder sehen darf. Kinder gehörten nun einmal eher zu ihrer Mutter als zu ihrem Vater, und alleinerziehende Mütter könnten nicht selbst für ihren Unterhalt sorgen. Der Vater war schon immer der Ernährer; also, so die Begründung, muss er auch konsequenterweise nach der Trennung Unterhalt für die Ex-Frau und die Kinder zahlen.

Dies kollidiert mit der feministischen Logik, dass sich Mann und Frau die Kinderbetreuung teilen und beide einer Arbeit außer Haus nachgehen können. Richter und Richterinnen sehen das häufig noch nicht so. So kann es vorkommen, dass Männer nach der Scheidung nicht nur das Umgangsrecht mit ihren Kindern und ihr Zuhause verlieren, sondern aufgrund ihrer Unterhaltspflicht auch finanziell in Bedrängnis geraten und sogar obdachlos werden. Solche Fälle sind ein gefundenes Fressen für mannistische Websites, die sich als Verteidiger der Rechte des Mannes aufspielen. Dort lodert eine erbitterte Wut. Der Staat habe sich gegen den Mann und damit gegen die Familie gewandt. Es sei nun an der Zeit, dass die Männer zurückschlagen. Frauen, die ihrem Mann davongelaufen sind, müssen mit Gewalt, notfalls auch mit der Waffe in der Hand, zurückgeholt werden. Ein alles umfassender *Gynozentrismus*, bei dem sich alles um die Frau dreht, beherrscht heute die Gesellschaft: Die Apokalypse der Frau, die *Fempokalypse*, steht bevor!

Hier ertönt der Ruf von »voice4men«, »einer Stimme für Männer«, der meistbesuchten Website dieser Art. Der Animateur dieser Seite ist Paul Elam. In seinen Ratgeberkolumnen versucht er, Männer wehrhafter gegen die anmaßenden und vorwurfsvollen Frauen zu machen, die ihnen offensichtlich das Leben vergällen. Viele von Elams Empfehlungen sind ein Spiegelbild jener Ratschläge, die Feministinnen einst den Frauen gaben, die Missbrauch oder Gewalt erlitten hatten. Die Terminologie ist dem Feminismus entlehnt, aber nun mit umgekehrtem Vorzeichen. Hier ist der Mann das Opfer. Elam verkündet eine *humanist counter theory in the age of misandry:* eine humanistische Gegentheorie im Zeitalter des Männerhasses. Er spricht zu seinem Kundenkreis in einem abgeklärten, leicht belehrenden Tonfall, so wie er sich offenbar einen Psychotherapeuten vorstellt. Elam bietet auch Beratungen per Telefon oder Skype an. Seine Ratgeber können über die Website bestellt werden.

Andernorts auf der Website ist der Ton schon etwas schriller. Männer täten gut daran, überhaupt nicht zu heiraten. Es sei an der Zeit, sich völlig von den Frauen abzuwenden. Paul Elam ist gemeinsam mit Tara Palmatier Begründer einer neuen Bewegung, der MGTOW: *Men Going Their Own Way*: Männer, die ihren eigenen Weg gehen. Diese exklusive Männerwelt baut auf dem Junggesellendasein und einem ausschließlich männlichen Vereinsleben auf, wie wir es aus dem 19. Jahrhundert kennen. Die in solchen Herrenclubs gepflegte Aversion gegen Frauen lässt sich offensichtlich gut in die Gegenwart übertragen.

Auf einer Website, die mit *voice4men* verlinkt ist, https://en.wikimannia.org/Register-her.com, findet eine regelrechte Hexenjagd statt. Dort werden Frauen, die Männer fälschlicherweise des sexuellen Fehlverhaltens beschuldigt haben sollen, mit Foto, Vor- und Nachnamen an den Pranger gestellt. Einige von ihnen wurden vom Richter wegen des Straftatbestandes einer falschen Verdächtigung verurteilt und sitzen im Gefängnis. Andere haben ihre Anzeigen inzwischen fallengelassen, werden aber weiterhin als falsche Verdächtigerinnen präsentiert. Eine solche Galerie von Klarnamen ist lebensgefährlich für die so zur Schau gestellten Frauen. Es laufen zu viele Idioten mit oder ohne Waffen herum, die an einer auf diese Weise gebrandmarkten Frau ultimative Rache üben wollen.

Die Expedition durch die Welt der Rechten ist damit abgeschlossen. Es waren kurze Etappen, die quasi im Vorbeigehen einen Blick auf die Landschaft boten. Bei näherem Hinsehen wird sie sich sicherlich um einiges komplexer darstellen. Die Männer, die hier zu Wort kamen, ließen etwas von ihren tiefsten Regungen erkennen: dem großen Wunsch, die Frauen kleinzuhalten. Die männliche Vormachtstellung entgleitet ihnen, und vorerst haben sie nicht die Absicht, sich damit abzufinden. Sie sind jedoch auch nicht in der Lage, das Blatt zu wenden, so sehr sie sich auch darum bemühen. Manchmal sind die Männer, die einem hier begegnen, fast anrührend in ihrer Empörung und Ohnmacht, meistens aber sind sie dazu doch zu boshaft und oft auch zu obszön. Auf all diesen Seiten findet sich viel Verrücktes, aber selten auch nur *eine* innovative Idee, die auf die Beziehungen zwischen den Geschlechtern in der modernen Gesellschaft eingehen würde. Alles soll so bleiben, wie es ihrer Ansicht nach immer war, und wenn es sich anders entwickelt, muss man sich dem mit allen Kräften entgegenstellen.

Wie viel Einfluss die rechtsextremen und mannistischen Seiten haben, ist völlig unklar. Manchmal ist die Rede von Zehn- oder sogar Hunderttausenden Besuchern pro Monat. Doch selbst diese

Zahl stellt nicht mehr als einen winzigen Bruchteil der Bevölkerung dar. Nur eine kleine Minderheit der Flaneure im Internet sind Anhänger oder auch nur Sympathisanten dieser virtuellen Clubs. Unverkennbar aber ist: die Rechtsextremen sind drauf und dran, sich von ihrer gesellschaftlichen Ächtung zu befreien. Von Zeit zu Zeit kommt es zu Demonstrationen oder Krawallen, die von rechtsgerichteten Websites angestachelte rechtsextreme Aktivisten anziehen. Dort können die Dinge manchmal gehörig außer Kontrolle geraten, mit Gewalttaten, die hin und wieder in Totschlag enden. Mit einer gewissen Regelmäßigkeit richtet ein schwer bewaffneter Fanatiker ein Massaker an. Im Nachhinein stellt sich oftmals heraus, dass er regelmäßiger Besucher und Beiträger einer rechtsextremen Website war.

In den Vereinigten Staaten sind der ehemalige republikanische Präsident Trump und die überwältigende Mehrheit der republikanischen Politiker immer wieder nur allzu bereit, extreme Meinungen und gelegentliche Gewaltakte zu ignorieren oder zu beschönigen. Sie grinsen ein bisschen und lächeln schief zu den Rechtsextremen hinüber. Ab und an übernehmen sie auch einen Begriff oder leihen sich eine Idee von ihnen.

Die Rechte hat offenbar den Wind im Rücken. Und der kann dort manchmal sehr heftig wehen. Mit der Erstürmung des Kapitols am 6. Januar 2021 brach der Sturm los.

Zusammenfassung und Nachbetrachtungen

Gegenwärtig verschieben sich auf der ganzen Welt die Geschlechterverhältnisse. Überall erzeugen diese Veränderungen Spannungen und wecken Widerstand, zurückdrehen lassen sie sich jedoch nicht mehr. Frauen haben größere Entscheidungsfreiheit erlangt und mehr Möglichkeiten, über ihr eigenes Leben zu verfügen. Die treibende Kraft hinter dieser Entwicklung war und ist die Expansion von Bildung. Frauen haben in der Schule Kompetenzen erworben, mit denen sie besser für ihren eigenen Lebensunterhalt sorgen und besser für ihre eigenen Belange eintreten können. Was Frauen einmal gelernt haben, ist ihnen nicht mehr zu nehmen.

Die Stellung der Frauen unterscheidet sich von Land zu Land. In jedem Land hängt einiges davon ab, welcher Generation diese Frauen angehören – die Jüngsten kommen am weitesten. Es spielt auch eine Rolle, aus welcher gesellschaftlichen Schicht sie stammen – die aus der höchsten kommen am weitesten. Es macht einen Unterschied, ob sie aus einem streng religiösen oder aus einem freisinnigen Milieu stammen – die aus einem liberalen Milieu kommen am weitesten. Von Bedeutung ist auch, ob sie auf dem Land oder in der Stadt leben – die Stadtbewohnerinnen kommen am weitesten.

Vor einigen Jahrhunderten herrschte noch fast überall auf der Welt das klassische Patriarchat. Im Westen ist diese Männerherrschaft zusammengebrochen, und außerhalb der westlichen Welt ächzt und kracht es in allen Fugen. Das Regime männlicher Vormachtstellung wird in diesem Buch als eine Schreckensherrschaft charakterisiert. In einer erdrückenden und in sich geschlossenen Kultur kennt eine Frau den ihr zugewiesenen Platz innerhalb des Hauses, und oft kann sie sich gar nichts Anderes vorstellen. Männer sind gleichermaßen von den patriarchalischen Werten durchdrungen. Frauen, die nicht hören wollen, müssen fühlen. Das funktioniert mithilfe alltäglicher häuslicher Gewalt.

In diesen patriarchalischen Gesellschaften werden auch gravierendere Gewaltmittel eingesetzt, um Frauen kleinzuhalten. Das beginnt bei der Geburt oder sogar schon davor. In einer ganzen Reihe von Gesellschaften entledigt man sich der Mädchen schon bei der Geburt. Heute lässt sich das Geschlecht Ungeborener schon früh mittels Ultraschall feststellen, und so kann man sich der Mädchen noch häufiger bereits *vor* der Geburt entledigen. Ein klares Zeichen dafür, dass Mädchen als minderwertig oder sogar wertlos gelten.

Noch im Kindesalter müssen Mädchen in etlichen Gesellschaften eine Genitalverstümmelung ertragen. Diese Inzisionen haben oft dauerhafte und gravierende gesundheitsschädliche Folgen. Offenbar werden junge Frauen als von Grund auf unrein und mit einer unbeherrschbaren Sexualität behaftet angesehen, was solche blutigen Eingriffe als erforderlich erscheinen lässt.

Schon in der Pubertät werden Mädchen zur Heirat gezwungen – nicht selten mit ihrem Vergewaltiger –, und häufig werden sie schon sehr jung schwanger. Diese völlig naiven Kindsbräute sind ihren erwachsenen Ehemännern nicht ebenbürtig. Das macht sie in einer Verbindung, die nichts anderes ist als eine legalisierte Form von Pädophilie, umso wehrloser. Solche Kinderehen werden auch im Westen geschlossen, in den USA sogar regelmäßig.

Junge Mädchen, die mit Jungs flirten und ihnen schöne Augen machen, werden bestraft, indem ihnen ihr Augenlicht geraubt und ihr Gesicht verätzt wird. Nach einer solchen Attacke können sie selbst nicht mehr sehen, und sie sind auch nicht mehr »ansehnlich«. Derartige Säureattacken gehen oft auf das Konto junger Männer, die sich, meistens im Auftrag der Familie, zu Sittenwächtern und Strafvollstreckern aufschwingen. Sehr oft kommen die Täter ungestraft davon; das Signal wird jedoch allerorts gehört: Mädchen müssen sich züchtig und zurückhaltend verhalten, sonst werden sie mit Blendung und Verstümmelung bestraft.

Von frühester Jugend bis ins fortgeschrittene Alter sehen sich Frauen dem Risiko einer Vergewaltigung ausgesetzt. Diese Gewalttat ist nicht selten die Strafe für eine rebellische Frau, die sich nicht an die herrschenden Moralvorstellungen gehalten hat. Die Vergewaltigung ist oft ein Akt, der vor allem ihren Vater oder Ehemann treffen soll: Er kann nicht einmal seine eigene Tochter, seine eigene Frau beschützen, er ist also ebenso macht- und wertlos wie sie. Vergewaltiger kommen nur allzu oft davon, ohne belangt zu werden. Es kommt sogar regelmäßig vor, dass nicht der Täter, sondern das Opfer, also die Frau, für unsittliches Verhalten oder Ehebruch bestraft wird. In größerem Maßstab haben Massenvergewaltigungen durch die siegreichen Truppen in Kriegszeiten eine ähnliche Funktion, sie dienen dazu, die besiegte Bevölkerung zu demütigen und zu paralysieren, indem man sich ihre Frauen »nimmt«.

Die theatralischste Strafe für eine Frau, die gegen den Zwang des Patriarchats aufbegehrt, ist der Ehrenmord. Eine Frau, die sich weigert, einen Mann, der für sie ausgewählt wurde, zu heiraten, die ihrem Mann wegläuft, die ein Verhältnis mit einem anderen hat, die von ihrem Glauben abfällt, oder die einfach nur arbeiten oder studieren will, riskiert in einigen Gesellschaften ihr Leben. Oft ist es die Familie der Frau, die den Stab über sie bricht, weil ihr Fehlverhalten ihrer Familie und ihren Verwandten Schande bereitet hat. Ehrenmorde kommen regelmäßig vor, auch in Immigrantenmilieus westlicher Gesellschaften. Hier gilt ebenfalls: Alle Frauen im weiteren Umkreis werden diese Warnsignale nur allzu gut verstehen.

Die westliche Variante, die darüber hinaus auch in Lateinamerika noch häufiger vorkommt, ist das *crime passionnel,* das Verbrechen aus Leidenschaft durch den eifersüchtigen Ehemann, der seine Frau in einem Anflug blinder Raserei tötet. Hier handelt es sich nicht um einen gemeinsamen vorsätzlichen Racheakt wie beim wohl bedachten Ehrenmord. Es geht um den betrogenen Mann selbst, der aus einem Impuls heraus Rache nimmt. Bis vor Kurzem galt im Strafrecht der eifersüchtige Furor als mildernder Umstand. Auch heute noch kommen in vielen Ländern die Täter bei den Gerichtsherren gnädig davon.

-

Das ist die gewalttätige Kehrseite des Patriarchats. Auf diese Weise werden Frauen, wenn es darauf ankommt, auf ihren Platz verwiesen. Dennoch bröckelt die Männerherrschaft allerorten. Durch die Mechanisierung und Automatisierung der Produktion spielt physische Kraft eine immer geringere Rolle, und entsprechend verliert diese angeborene Überlegenheit der Männer gegenüber den Frauen an Bedeutung. Stattdessen ist die Schulbildung auf dem Arbeitsmarkt und auf dem Heiratsmarkt viel bedeutsamer geworden. Im 20. Jahrhundert sind immer mehr Kinder immer länger zur Schule gegangen; zuerst die Jungen, doch mittlerweile haben die Mädchen sie auf allen Niveaus eingeholt. Im Westen war diese Entwicklung schon seit anderthalb Jahrhunderten im Gange. In der außerwestlichen Welt, in den Ländern, die sich vom westlichen

Kolonialismus befreit haben, setzte sie vor einem halben Jahrhundert ein. Zunehmender Wohlstand trug dazu bei, dass sich Bildung weiter verbreitete und sich die Bildungszeit verlängerte. Die Schule ist der große Gleichmacher der Geschlechter.

Heute nehmen nahezu überall auf der Welt fast ebenso viele Frauen wie Männer Bildungsangebote – von der Grundschule bis zur Universität – wahr. Hier ist der Gender-Gap, die Kluft zwischen den Geschlechtern, weitgehend geschlossen. Auch was die Gesundheitsversorgung betrifft, unterscheiden sich die Indexzahlen für beide Geschlechter nur wenig (Frauen haben allerdings eine um einige Jahre höhere Lebenserwartung). Gekämpft wird heute vor allem um das Recht der Frau, selbst zu entscheiden, ob sie schwanger werden will und ob sie eine Schwangerschaft austragen will: um den Zugang zu Verhütungsmitteln und einen sicheren Schwangerschaftsabbruch.

In der Arbeitswelt stehen Frauen heute zwar so gut wie alle Berufe offen. Gleichwohl erhalten sie immer noch nicht den gleichen Lohn für gleiche Arbeit: Selbst unter Berücksichtigung aller Faktoren bleibt eine Differenz, die sich allein aus der Geschlechterdifferenz herleiten lässt. Frauen steigen auch nicht so leicht in höhere Positionen auf. Trotz großer nationaler Unterschiede lässt sich dieses Muster weltweit erkennen. Es wird besser, aber diese Verbesserung geht nur sehr langsam vonstatten.

Frauen ist es in den vergangenen 50 Jahren fast überall gelungen, Machtpositionen in Regierungen und staatlichen Behörden einzunehmen. Doch allzu oft stießen sie dabei auf überraschend heftige Widerstände. Das Streben nach Macht in der Politik und Verwaltung wird Frauen allerorts und immer wieder – von Männern wie von Frauen – übelgenommen, während die gleichen Ambitionen einem Mann zum Vorteil ausgelegt werden. Alle Menschen, aber vor allem Männer, tun sich noch immer schwer mit Frauen als Führungspersönlichkeiten.

Wir leben unverkennbar im Zeitalter der Frauenemanzipation. Im Verhältnis zwischen den Geschlechtern vollzieht sich ein zwar langsamer, aber tiefgreifender und weltweiter Umbruch zu mehr Gleichheit. Das ruft Widerstand hervor. Dieser ist in linken und nichtreligiösen Kreisen etwas geringer. Doch auch dort gärt die Ablehnung – in aller Regel unterschwellig. In extrem rechten und orthodox-religiösen Milieus hingegen wütet der Widerstand gegen den Siegeszug der Frauen viel heftiger. Das extremste Beispiel für den Kampf gegen die Frauen bietet der gewaltsame Dschihadismus des Islamischen Staates und anderer militanter Islamisten. Der IS kämpft für ein Weltkalifat, das alle Muslime unter einer Herrschaft vereint. In diesem Kalifat soll die Scharia, die Gesamtheit der islamischen Verhaltensregeln, uneingeschränkt gelten. Die Dschihadisten verwenden sie als eine Art Gesetzbuch, in ihrer strengsten und reaktionärsten Auslegung. In ihrer Interpretation der islamischen Traditionen kommen die Frauen schlecht weg. Gegen weibliche Kriegsgefangene gehen die Kämpfer des IS mit äußerster und obszöner Gewalt vor. Die Dschihadisten degradieren den Islam zu einer Art religiöser Pornographie. Hier wütet der Krieg gegen die Frauen um die Wiedergewinnung des Patriachats in seiner reinsten Form.

Ähnliche patriarchalische Züge sind unverkennbar auch in den orthodoxen Ausprägungen anderer Religionen zu beobachten, wenn auch in etwas weniger extremer und gewalttätiger Form. Wo sie Gelegenheit dazu erhält, führt die katholische Kirche in Lateinamerika – und nicht nur dort – den Kampf gegen Verhütung und Schwangerschaftsabbruch, gegen Ehescheidungen und Homosexualität. Der Macho-Marianimus der Kirche erlegt den Frauen eine extreme Duldsamkeit und Keuschheit auf, den Männern hingegen gesteht sie alle Eskapaden zu.

Die evangelikalen Kirchen in den USA erleben seit den 1950er Jahren des vergangenen Jahrhunderts eine Blütezeit. Dank ihrer intensiven Missionstätigkeit wächst ihre Anhängerschaft in Lateinamerika und Afrika. Ihre Auffassungen über Sexualität und Fortpflanzung, die früher vergleichsweise liberal waren, haben sich inzwischen sehr verengt. Gegen Schwangerschaftsabbruch und Homosexualität wettern die evangelikalen Prediger noch vehementer als die katholischen Priester. Auch in den evangelikalen Kirchen geht es unverkennbar um den Erhalt oder die Wiederherstellung patriarchalischer Verhältnisse.

Der Kampf gegen Frauen ist zwar ohne Religion möglich, aber nicht mehr ohne das Internet. In ihm tummelt sich heute die Rechte. In der neuen Welt des Rechtsextremismus ist der höchste

Wert das Volk: Dieses Volk wird vor allem über die Personengruppen definiert, die nicht dazu zählen: Schwarze, Indigene, Latinos, Juden, Muslime, Immigranten oder wer sonst dieser oder jener Splittergruppe nicht passt. Auf dem extrem rechten Flügel finden sich alte und neue Nazis sowie weiße Suprematisten, die allesamt zu strikter Rassentrennung und weißer Vorherrschaft zurückwollen. Eine Reihe kleiner gewaltbereiter Schlägertrupps sucht die gewalttätige Auseinandersetzung auch tatsächlich auf der Straße, bei Demonstrationen und Zusammenkünften. Weniger gewalttätig und etwas verhohlener in ihrem Rassismus und Antisemitismus ist die weiße identitäre Bewegung, die sich mit dem Argument, den westlichen Ländern drohe eine »Umvolkung«, um das Überleben der weißen Rasse sorgt.

Direkt unter dem Rassismus und der Verherrlichung der weißen Nation liegt der Widerstand gegen die Emanzipation der Frauen, schließlich setzt sich das Volk aus weißen Kernfamilien zusammen, in denen der Mann den Lebensunterhalt verdient. Er muss seine Familie *und* sein Volk gegen Bedrohungen von außen beschützen. Sie bleibt im Haus und sorgt für Mann und Kinder. Zum Fortbestand des Volkes gebiert sie weiße Babys. Es ist ihre Berufung, ihren Mann im Kampf zu unterstützen, indem sie für ihn sorgt und ihm gehorcht.[247]

Freiheraus und unverhohlen gegen Frauen gerichtet ist die virtuelle *Mannosphäre*, in der sich junge Männer gegenseitig darin überbieten, Frauen zu verhöhnen, zu beleidigen und wie den letzten Dreck zu behandeln. Auf diesen Websites können sie von Verführungsexperten lernen, wie sie eine Frau ins Bett bekommen. Ein Mann muss knallhart sein, sie immer wieder demütigen und sich niemals an eine einzige Frau binden. Das kommt – wenn überhaupt – viel später, wenn die Zeit für eine anständige, traditionelle Familie gekommen ist, in der eine keusche Ehefrau ihren Platz kennt.

Im weltweiten Netz sind auch die Incels unterwegs, unfreiwillige Singles, denen es ihren eigenen Aussagen zufolge nicht gelingt, eine Frau zu kriegen, zumindest nicht die »heißen Bräute«, auf die sie ein Anrecht zu haben glauben. Darüber sind sie sehr entrüstet, schließlich steht es ihnen zu, dass eine Frau, eine attraktive Frau, auf ihre Annäherungsversuche eingeht. Einer dieser Incels hat aus Wut über seine Zurückweisung ein Blutbad unter zufälligen Passanten angerichtet. Seine Tat wurde auf diesen Sites verherrlicht, was wiederum andere zu ähnlichen Gemetzeln inspiriert hat. Geschiedene Männer finden sich auf speziellen Websites in ihrem Groll über Scheidungen zusammen, die für sie sehr unglücklich verlaufen sind. Sie wollen es fortan ohne Frauen schaffen, als »Männer, die ihren eigenen Weg gehen«.

Diese bunte Unterwelt der Frauenhasser, die sich nach willigen und gefügigen Frauen zurücksehnen, existiert fast ausschließlich virtuell, auf Websites und in Chatrooms. Der harte Kern ist oft nicht groß, er umfasst ein paar Tausende, vielleicht Zehntausende. Kurzfristige oder einmalige Besucher dieser Seiten kommen und gehen zu Hunderttausenden. Diese Flaneure sind wahrscheinlich nur zu einem geringen Teil Anhänger. Die meisten surfen als Voyeure oder Gaffer munter weiter zu anderen obszönen oder völlig überdrehten Treffpunkten.

Doch es existiert auch noch die wirkliche Welt, in der echte Menschen leben und Worte manchmal reale Folgen haben können. Von Zeit zu Zeit ziehen rechtsextreme Milizen auf der Straße gegen die »Antifas« in den Kampf. Dann fließt Blut, und manchmal gibt es sogar Tote. Ein einzelner Wirrkopf nimmt das konfuse Zeug im Internet wörtlich, zieht los und richtet ein Gemetzel unter real existierenden Menschen an.

Extreme Auffassungen, die noch vor fünf oder zehn Jahren lediglich Randerscheinungen waren, auf Websites, die regelmäßig blockiert wurden, sind in den vergangenen Jahren im Mainstream der öffentlichen Meinungsbildung angekommen. Auch dank Politikern, die am rechten Rand mit dem Rechtextremismus im Internet kokettieren, ohne diesen rundheraus zu unterstützen: Politiker wie Donald Trump in den USA oder Thierry Baudet in den Niederlanden sind Beispiele für solche unverbindlichen Flirts mit Sexisten, Rassisten und Faschisten, die sich dadurch zunehmend im politischen Mainstream repräsentiert sehen.[248]

Warum ruft die Frauenemanzipation so viel Widerstand hervor? Woher kommt der Hass auf Frauen? Um die Psychodynamik des Frauenhasses zu verstehen, bedarf es mehr als nur ein paar Ergüsse im Netz. Auffassungen und Verhaltensweisen von politischen Gegnern zu erklären, ist an sich schon bedenklich. Linke Intellektuelle verspüren selten die Neigung, tiefenpsychologische Erklärungen für ihre eigenen Überzeugungen und ihr eigenes Auftreten zu suchen. Was sie denken, bedarf aus ihrer Sicht keiner Erklärung, schließlich steht ihre Gedankenwelt in Einklang mit der Realität, ist »wirklichkeitsadäquat«.[249] Dass ihren progressiven Ideen und Praktiken vielleicht ein narzisstischer Größenwahn zugrunde liegen könnte, würden sie als pseudopsychologische Spinnerei entrüstet von sich weisen. Und das in den meisten Fällen wahrscheinlich sogar zu Recht. Das Deuten des politisch »Anderen« stellt also schon per se einen Akt subtiler verbaler Aggression dar. Es ist eine überhebliche Art und Weise, die Meinungen eines Anderen nicht ernst zu nehmen.

Manche Äußerungen sind allerdings so extrem, so fanatisch, so bar jeglichen Realitätssinns, dass sie tatsächlich nicht ernst zu nehmen sind. Der Verdacht, dass dabei noch etwas anderes eine Rolle spielt, drängt sich förmlich auf. Es ist der extreme Charakter dieser Äußerungen, der eine Erklärung erfordert. Eine solche Erklärung verweist häufig auf soziale Bedingungen und psychische Beweggründe, die der Fanatiker selbst nicht durchschaut, wohl aber derjenige, der ihn erklärt. Das ist eine prekäre und prätentiöse Stellungnahme, aber eine, die für den Versuch besseren Verständnisses unvermeidlich ist.

Der Widerstand gegen die Frauenemanzipation fügt sich nahtlos in ein »Allgemein Menschliches Muster«. Keine herrschende Gruppierung gibt ihre überlegene Position widerstandslos auf. Die Sklaverei wurde in den USA erst nach einem verheerenden Bürgerkrieg abgeschafft. Die Arbeiterbewegung führte einen Klassenkampf, der immer wieder zu tödlichen Konfrontationen und sogar regelrechten Revolutionen führte. Kolonialisierte Völker erlangten ihre Unabhängigkeit in der Regel erst nach einem blutigen Befreiungskampf. Im Vergleich verläuft die Emanzipation der Frauen noch ziemlich friedlich, Gleiches gilt für die Emanzipation der Homosexuellen. In den Ländern, in denen das Patriarchat noch besteht, fallen jedoch jährlich viele Tausende, wenn nicht gar Zehntausende Frauen der Unterdrückung zum Opfer, und auch viele Homosexuelle müssen dort ihre sexuelle Orientierung mit ihrem Leben bezahlen.

Männer, die ihre Herrschaft über Frauen allmählich schwinden sehen, erleben das als herben Ehrverlust, ganz abgesehen von all den praktischen Vorteilen und Privilegien, die sie damit aufgeben müssen. Wer seine Überlegenheit einbüßt, sieht sich, auch und vor allem gegenüber anderen Männern, in seiner Ehre verletzt. Es ist beschämend, nicht länger die Oberhand über seine Frau zu haben, umso mehr in Familien, in denen Väter und Onkel dazu durchaus in der Lage waren, und in denen das bis vor Kurzem noch selbstverständlich erschien. Dieser Statusverlust erklärt schon zu einem guten Teil, warum es viele Männer als Kränkung erleben, wenn Frauen ihre Position in der Gesellschaft verbessern.

Es gibt noch andere, tiefer gehende Erklärungen, die vor allem auf psychoanalytische Vorstellungen zurückgehen. Dabei geht es um unbewusste Ängste. Wenn ein Mann eine Frau nicht zu zähmen weiß oder sie nicht auf Distanz halten kann, wenn sie ihm also zu nahe kommt, wird sie ihn weich, schwach, weibisch machen. Sie wird ihn seiner Männlichkeit berauben. Oder, in der Symbolsprache der Psychoanalyse gesprochen: Sie wird ihn kastrieren.[250] Diese Erkenntnis erscheint mir plausibel zu sein.

Aber wenn sich dieser Mann seiner Ängste schon selbst nicht bewusst ist, wie sollte dann ein Beobachter von außen dieser gewahr werden? Die mannistischen Websites, auf denen sich Männer in der Gewissheit ihrer Anonymität so hemmungslos gehen lassen, geben einen gewissen Einblick in Männerfantasien und -ängste. Die Warnungen vor *One-itis* offenbaren eine Angst, einer Frau zu nahe zu kommen: eine Bindungsangst. Es ist die Furcht davor, dass eine Frau diesem Mann alles nehmen wird: sein Geld, sein Ansehen, seine Kinder. Kurzum, sie wird ihn entmannen. Solange man darüber in Gesellschaft anderer Männer gehässig herzieht, beruhigt man sich selbst, dass es noch nicht so weit gekommen ist. Man ist noch ein Mann, sicher unter Männern.

Mögen viele Männer auch noch so ängstlich und wütend darüber sein, dass Frauen ihnen gleichberechtigt sein sollen, dieser Aufstieg ist auf Dauer nicht aufzuhalten. Frauen werden immer häufiger auf Spitzenpositionen in Wirtschaft und Machtpositionen in Politik und Verwaltung vordringen. Die meisten Frauen werden wie die Männer den Großteil ihres Lebens außer Haus arbeiten. Damit wird es für Männer und Frauen unvermeidlich, eine Lösung für die Aufgabenverteilung innerhalb der Familie zu finden. Das ist viel verlangt und fordert vielleicht die größte Anpassungsleistung. Die Rollenverteilung in der traditionellen bürgerlichen Familie hatte den Vorteil einer klaren Zuschreibung: Männer wirkten außer Haus, Frauen im Haus. Männer waren die Überlegenen, Frauen die Unterlegenen, die Kinder galten am wenigsten. Für das Familienleben lag ein vollständig durchgeschriebenes gesellschaftliches Drehbuch bereit, mit Regieanweisungen für jede denkbare häusliche Szene. Im Gegensatz zu diesem »Befehlshaushalt« hat sich in westlichen Gesellschaften, wie oben ausgeführt, ein »Verhandlungshaushalt« entwickelt, in dem die Rollenverteilung weniger festgefügt ist.[251] Es gibt eine große Bandbreite möglicher Aufgaben- und Positionsverteilungen. Doch jede Regelung bedarf der Zustimmung aller Parteien. In heutigen westlichen Gesellschaften hat sich dieses Prinzip eines *mutual consent* überall als Grundregel für die Gestaltung intimer Beziehungen durchgesetzt, ob es sich nun um homosexuelle Beziehungen oder erotische Annäherungsversuche, sadomasochistische Inszenierungen (in denen einander vorgespielt wird, dass es diese Zustimmung nicht gibt) oder alltägliche Absprachen zwischen Ehepaaren handelt.

Die Verschiebung vom Befehlshaushalt zum Verhandlungshaushalt zeigt sich auch in anderen Kontexten, zum Beispiel zwischen Vorgesetzten und Untergebenen in Organisationen oder zwischen Amtsinhabern und Bürgern in der örtlichen Politik. Das Spektrum sozial akzeptabler Lösungen nimmt zu. Aber diese gesteigerte Akzeptanz geht auch immer mit einer Begrenzung einher: Um zu beidseitiger Zustimmung zu gelangen, muss den Wünschen des Anderen Rechnung getragen werden. Für Männer, die früher die Überlegenen waren, überwiegt in diesen Beziehungen die Einschränkung, die ihnen die Verhandlungseinstellung auferlegt. Für Frauen, die früher die Unterlegenen waren, überwiegt der Gewinn an Freiheit.

In den meisten westlichen Ländern dürfen und können Frauen heute deutlich mehr als früher – und auch viel mehr als Frauen in vielen außerwestlichen Gesellschaften. Das bleibt bei Frauen, die in traditionellen Verhältnissen leben, nicht unbemerkt. Jedes Mal, wenn diese Frauen im Internet oder im Fernsehen sehen, dass Frauen anderswo unbegleitet auf die Straße, zur Schule oder zur Arbeit gehen können, ein Café oder Kino besuchen, Motorradfahren oder Judo lernen oder gemischte Schwimmbäder besuchen, ist damit der Beweis erbracht, dass all dies möglich ist. Wenn eine Frau Astronautin wird, als bildende Künstlerin Weltruhm erwirbt, den Nobelpreis für Wirtschaft verliehen bekommt, einen Weltkonzern leitet oder als einzige den 200-Meilen-Lauf absolviert, dann hören junge Frauen überall auf der Welt in den sozialen Medien und den Nachrichten davon. Und jedes Mal ist damit das Narrativ vom Unvermögen der Frauen widerlegt und ein neuer Beweis dafür erbracht, zu welchen Leistungen Frauen fähig sind. Doch wenn Frauen in Island und Nicaragua das können, dann können Frauen in Mali und Saudi-Arabien das auch. Und dann werden sie es versuchen. Daher ist die Emanzipation der Frauen, davon bin ich überzeugt, weltweit nirgendwo mehr aufzuhalten.

Anmerkungen

Einleitung

1 Für eine Begriffsbestimmung: Malise Rutven, Fundamentalism. The search for Meaning, Oxford 2004, S. 52-73.
2 Marja Pruis, in: De Groene Amsterdammer, Nr. 24, 13.6.2018.
3 De botsing der beschavingen und der strijd der geslachten [Der Clash der Kulturen und der Kampf der Geschlechter]. Wissenschaftlicher Rat für Regierungspolitik (WRR)/Forumsvortrag 29. September 2005, Forum, Utrecht 2006.

Das Patriarchat als Schreckensherrschaft

4 Valerie M. Hudson u. a., Sex and World Peace, New York (NY) 2012, S. 4.
5 Mary Beard, Frauen und Macht, Frankfurt a. M. 2018, befasst sich mit dem unentrinnbaren Patriarchat in der Antike. Siehe auch: Howard Bloch, Medieval Misogyny and the Invention of Western Romantic Love, Chicago (IL) 1991; Marianna G. Muravyeva und Raisa Maria Toivo (Hg.), Gender in Late Medieval and Early Modern Europe, New York/London 2013.
6 Jan Romein, Aera van Europa. De Europese geschiedenis als afwijking van het algemeen menselijk patroon [Die Ära Europas. Die europäische Geschichte als Abweichung vom allgemein menschlichen Muster], Leiden 1954. Zur Begriffsbildung von »Allgemein Menschlichem Muster« siehe auch: Jan Romein, Über den Konservatismus als historische Kategorie. Ein Versuch, in: Klaus Ziegler (Hg.), Wesen und Wirklichkeit des Menschen. Festschrift für Helmuth Plessner, Göttingen 1957, S. 215-244, besonders Anm. 2, S. 217. Romein wollte mit seinem »Allgemein Menschlichen Muster« über die nationale und auch die eurozentrische Geschichtsschreibung hinausgehen. Siehe: Jo Tollebeek, »Romein's Algemeen Menselijk Patroon«, De Uil van Minerva [»Romeins Allgemein Menschliches Muster«, Die Eule der Minerva], 3, 1986-87, S. 129-144. Für Kritik an Romains »Allgemein Menschlichem Muster« aus anthropologischer Sicht: André Köbben, Het A. M. P en de Volkenkundige [Das Allgemein Menschliche Muster und der Völkerkundler], Amsterdam 1957.
7 Siehe zum Beispiel für die Niederlande: Riet Schenkeveld-van der Dussen (Hg.), Met en Zonder Lauwerkrans. Schrijvende vrouwen uit de vroegmoderne tijd 1550-1850: van Anna Bijns tot Elise van Calcar [Mit und ohne Lorbeerkranz. Schreibende Frauen in der frühen Neuzeit 1550-1850: von Anna Bijns bis Elise van Calcar.], Amsterdam 1997; und Electa Arenal und Stacey Schlau, Untold Sisters. Hispanic Nuns in Their Own Words, Albuquerque 1989.

8 Siehe Global and Regional Estimates of Violence Against Women. Prevalence and Health Effects of Intimate Partner Violence and Non-partner Sexual Violence, Genf 2013, S. 2.

9 Gewalt gegen Frauen: eine EU-weite Erhebung, Wien 2014, S. 9f.

10 Siehe National Intimate Partner and Sexual Violence Survey. Summary Report, Atlanta (GA) 2010, S. 44.

Der kleine Unterschied und seine großen Folgen (oder: die Unterschiede in den Unterschieden)

11 Russell Jacoby, Bloodlust. On the Roots of Violence from Cain and Abel to the Present, New York (NY) 2011, S. 128.

12 Raewyn Connell, Der gemachte Mann. Konstruktion und Krise von Männlichkeiten. 4. Auflage 2015, Wiesbaden 2015, S. 42ff.

13 Vgl. Johan Goudsblom, »Het raadsel van de mannenmacht« [Das Rätsel der männlichen Macht], in: Het regiem van de tijd [Das Regime der Zeit], Amsterdam 1997, S. 97-107.

14 Siehe Arenal und Schlau, op. cit.

Vor und *bei* der Geburt: Abtreibung und Mädchenmord

15 Siehe beispielsweise die von der Weltbank angegebenen Zahlen zum Geschlechterverhältnis bei der Geburt: https://datacatalog.worldbank.org, »Sex ratio at birth« (Abruf: 4.1.2019).

16 Anmerkung der Übersetzerin: Der niederländische Begriff »Midden Oosten« bezeichnet ähnlich wie der englische Begriff »middle east« das Gebiet der arabischen Staaten Vorderasiens und Israels, häufig auch unter Einschluss von Ägypten, der Türkei, Zypern und Iran. Dieser Begrifflichkeit entspricht im Deutschen weitgehend die Bezeichnung »Naher Osten«. Entsprechend wurde in der deutschen Übersetzung »Midden Oosten« durch »Naher Osten« ersetzt.

17 Xue Xinran, Wolkentöchter. Aus dem Englischen von Ulrike Wasel u. Klaus Timmermann, München 2011.

18 Wenn 105 Jungen auf 100 Mädchen kommen, sind das 95 Mädchen auf 100 Jungen, das »normale Geschlechterverhältnis« bei der Geburt. Ein Verhältnis von 120:100 bedeutet, dass auf 100 Jungen 83 Mädchen geboren werden, also zwölf Mädchen weniger, als ohne Intervention zu erwarten wären.

19 Amartya Sen, »More Than 100 Million Women Are Missing«, in: New York Review of Books 20 (37), 20.12.1990.

20 »Gendercide. The worldwide war on baby girls«, in: Economist, 4.3.2010. Siehe auch: Claus C. Pörtner, Sex Selective Abortion, Fertility, and Birth Spacing. World Bank Policy Research Working Paper, Nr. 7189, 2015.

21 »Sex-selective abortion persists in India«, in: The New York Times, 21.7.2017.

22 Monica Das Gupta, Woojin Chung und Li Shuzhuo, Is There an Incipient Turnaround in Asia's »Missing Girls« Phenomenon?, World Bank Policy Research Working Paper, Nr. 4846, 2016.

Präpubertät: Genitalverstümmelung bei Mädchen

23 Siehe zum Beispiel https://www.who.int/news-room/fact-sheets/detail/female-genital-mutilation (Abruf: 12. 12. 2018). Für Statistiken über die Verbreitung und die Häufigkeit weiblicher Genitalverstümmelungen siehe https://www.womanstats.org unter »INFIB« (Abruf: 10. 12. 2018).
24 »Female Genital Cutting Entrenched in Africa«, in: International Herald Tribune, 23. 7. 2015.
25 »African women with fistulas from genital mutilation«, in: New York Times, 21. 3. 2016.
26 https://www.unicef.org/protection/57929_58002.html (Abruf: 11. 11. 2018).
27 Zum Beispiel im Senegal (pers. Gespräch mit Mme Fall Sow, 22. 5. 2018).
28 Kandiatu Kanneh, Feminism and the Colonial Body, in: Bill Ashcroft u. a. (Hg.), The Postcolonial Studies Reader, Routledge 1995, S. 346-348, S. 347.
29 Egypt.unfpa.org.en.node/22544 (UNFPA – United Nations Population Fund, Abruf: 1. 2. 2023).
30 Kandiatu Kanneh, Feminism and the Colonial Body, in: Bill Ashcroft u. a. (Hg.), The Postcolonial Studies Reader, Routledge 1995, S. 348.
31 »Anti-israelische-Begeisterung« ist ein Begriff, den ich für die heftige Kritik an Israel geprägt habe, insofern darin auch eine Erleichterung durchscheint, dass es endlich möglich ist, Kritik an Juden zu üben, solange man sie nur mit dem anti-israelischen Knüppel schlägt: »Anti-Israëlische Enthousiasmes en de Tragedie van het Blind Proces« [Anti-Israel-Begeisterung und die Tragödie des blinden Prozesses], in: De Gids, 168, Nr. 5, Mai 2005, S. 349-368.
32 Saba Mahmood, Politics of Piety. The Islamic Revival and the Feminist Subject, Princeton (NJ) 2012, S. 189, 197.
33 Jacoby, op. cit., S. 135, passim.

Pubertät: Kinderheirat

34 In dem Werk *Een ander woord* [Ein anderes Wort) (Den Haag 1945) des Chronisten und niederländischen Sprachexperten Gerard Nolst Trenité (Pseudonym: Charivarius) liefert das Schlagwort »meisjesachtig« [mädchenhaft] die oben genannten Synonyme *verwijfd, wekelijk, zwakkelijk, overgevoelig* [weibisch, weichlich, schwächlich, überempfindlich].
35 Nicholas Kristof, »11 Years Old, a Mom, and Pushed to Marry Her Rapist in Florida«, in: The New York Times, 2. 5. 2017.
36 Eine sorgfältige Übersicht der verfügbaren Statistiken mit fundierten Schätzungen der fehlenden Zahlen für die Vereinigten Staaten bietet Fraidy Reiss, »Child marriage in the United States: Prevalence and implications«, in: Journal of adolescent Health. 69.6 Suppl. Dezember

2011, S. s8-s10. Zwischen 2000 und 2018 sind etwa 300.000 Minderjährige eine Ehe eingegangen. 80 Prozent von ihnen waren Mädchen, und 96 Prozent waren 16 oder 17 Jahre alt. Deren Anzahl ist drastisch zurückgegangen, von mehr als 75.000 im Jahr 2000 auf knapp 2500 im Jahr 2018. Bei einer kleinen Minderheit (4 Prozent) handelte es sich um echte Kinderehen, in denen ein Ehepartner oder eine Ehepartnerin 15 Jahre oder (viel) jünger war: bei etwa 12.000 Ehen im gesamten Zeitraum, in dem jedoch die Zahl der Kinderehen pro Jahr höchst wahrscheinlich schnell abgenommen hat.

37 Wall Street Journal, 14.8.2015.

38 »Paraguayan rape victim, 14, dies giving birth«, in: Siehe The Guardian, 22.3.2018.

39 The New York Times, 28/29.4.2018; NRC Handelsblad, 14.12.2018.

40 2016 betrug die Zahl der Morde 83 pro 100.000 Einwohner; worldbank.org: »International homicides per 100,000 people« (Abruf: 18.12.2018).

41 »Malaysia. 11 years old and married«, in: The New York Times, 1.8.2018.

42 Dina Siddiqi, »Child marriage in the feminist imagination«, in: Symposium: Reframing Gendered Violence and Religion. Beyond the Muslim Question (chair: Lila Abu-Lughod), New York, 3.11.2016.

43 Siehe https://womanstats.org (Abruf: 3.10.2018). In den zentralafrikanischen Ländern Tschad, Mali und Niger heiraten mehr als 70 Prozent der Frauen, bevor sie 18 sind, siehe »child marriage« auf https://en.wikipedia.org (Abruf: 3.10.2018). Die Länder sind bettelarm und erzkonservativ.

44 Noch 1983 setzte die katholische Kirche das Heiratsalter für Mädchen auf 14 Jahre fest.

45 Yann Le Strat, Caroline Dubertret, Bernard Le Foll, »Child marriage in the United States and Its association with mental health in women«, in: Pediatrics, 2011 (September) 128.3.

Adoleszenz: Gesichtsverätzung

46 »Mama, he's making eyes at me«, Text und Musik: Sidney Clare & Con Conrad, 1921; vgl. Marie Adams (1958), The Extended Play Collection, Singapore etc.: Cherished records (2014), ist die beste Vertonung der puren Erregtheit im Spiel der Blicke unter Teenagern.

47 Kamel Daoud, »The sexual misery in the Arab world«, in: The New York Times, 12.2.2016, http://nytimes/1KKR9wD (Abruf: 12.7.2017).

48 Siehe Erika Friedl, »Ideal womanhood in postrevolutionary Iran«, in: Judy Brink und Joan Mencher (Hg.), Mixed Blessings. Gender and Religious Fundamentalism Cross Culturally, New York 1997, S. 143-158.

49 »Voor de vijfde keer overgoten met zuur« [Fünf mal mit Säure übergossen], in: NRC Handelsblad, 4.7.2015; »Royaume Uni. Les ravages des attaques à l'acide« [Vereinigtes Königreich. Die Verwüstung durch Säureattentate], in: Le Monde, 12.5.2017; »Iran, vrouwen aangevallen met zoutzuur« [Iranische Frauen mit Salzsäure attackiert], in: NRC Handelsblad, 22.10.2014, www.asti.org.uk (Abruf: 12.7.2017). Siehe

auch den sehr gut belegten Artikel »Säureattentat« auf Wikipedia, https://de.wikipedia.org/wiki/Säureattentat.

Junges Erwachsenenalter: Vergewaltigung

50 Alexander Solschenizyn, Ostpreußische Nächte. Eine Dichtung in Versen, aus dem Russischen übertragen von Nikolaus Ehlert, Darmstadt/Neuwied 1976, S. 35.

51 Vgl. »New Delhi young women learn self-defense against railroad harassment«, in: The New York Times, 18. 4. 2018; »Groepsverkrachting in bus in India deel van een patroon« [Gruppenvergewaltigung im Bus in Indien Teil eines Musters], in: NRC Handelsblad, 5. 1. 2013.

52 Eine gute Übersicht und eine kritische Sichtung der Literatur bieten: Maria Eriksson Baaz und Maria Stern, »Curious erasures. The sexual in wartime violence«, in: International Feminist Journal of Politics, 20. 3. 2018, S. 295-314.

53 Siehe zum Beispiel Lucy Ash, »The Rape of Berlin«, in: BBC News Magazine, 2. 5. 2015 (bbc.com, Abruf: 1. 6. 2018).

54 Auf diesen »Furor des Siegers« bin ich in *Compartimenten van Vernietiging. Over genocidale regiems en hun daders* [Kompartimente der Vernichtung. Über genozidale Regime und ihre Täter], Amsterdam 2015, eingegangen.

55 Die Bestrafung der Frauen kann auch von der anderen Seite kommen. Nach der Befreiung von einer fremden Besatzung wurden Mädchen, die sich mit dem Feind eingelassen hatten, häufig öffentlich gedemütigt, indem man sie kahl schor oder sogar brandmarkte. Letzteres geschah beispielsweise in Belgien nach Abzug der deutschen Besatzer gegen Ende des Ersten Weltkriegs. Vgl. Sophie de Schaepdrijver, Gabrielle Petit. The Death and Life of a Female Spy in the First World War, London 2015, S. 6.

Junges Erwachsenenalter: Ehrenverbrechen

56 Siehe Nicole Pope, Honor Killings in the Twenty-First Century, New York (NY) 2012, S. 18, die das Zitat von Shirkat Gah, einer Frauenrechtsorganisation in Pakistan, entlehnt hat.

57 Pieter Verrest, »Le crime passionnel«, Ars Aequi: juridisch studentenblad, Februar 2016, S. 74f. Siehe dort auch die französische Originalversion des Textes.

58 Annemiek Nieuwenhuis und Henk Ferwerda, Tot de dood ons scheidt. Een onderzoek naar de omvang en kenmerken van moord en doodslag in huiselijke kring [Bis dass der Tod uns scheidet. Eine Untersuchung zum Umfang und den Merkmalen von Mord und Todschlag im häuslichen Umfeld], Arnheim 2010, S. 42.

59 Tahir Abbas, »Honour-related violence towards South Asian Muslim Women in the UK. A crisis of masculinity and cultural relativism in the context of Islamophpobia and the ›war on terror‹«, in: Mohammad Mazher Idriss und Tahir Abbas (Hg.), Honor, Violence, Women and Islam, London/New York 2011, S. 16-28.

60 Veena Meetoo und Heidi Safia Mirza, »There is nothing ›honourable‹ about honour killings«, in: Idriss und Abbas (Hg.), op. cit., S. 42-66.

61 Mark Cooney, »Death by Family: Honor violence as punishment«, in: Punishment and Society 16.4, 2014, S. 406-427, S. 407.

62 Andrzej Kulczycki und Sarah Windle, »Honor killings in the Middle East and North Africa. A systematic review of the literature«, in: Violence Against Women, 17.11.2011, S. 1442-1464, bietet einen ausgezeichneten Überblick über die verfügbaren Informationen.

63 Cooney, op. cit., S. 407, zitiert eine Schätzung der Vereinten Nationen: Jährlich werden weltweit 5000 Ehrenmorde an Frauen begangen. Sehr viele Fälle kommen nie ans Licht und tauchen daher auch nicht in offiziellen Berichten über Ehrenmorde auf: »Many NGOS working in the Middle East and Southwest Asia suspect that the numbers are at least four times higher.« Brando Fryman, »Honor killings«, in: Laura L. Finley (Hg.), Encyclopedia of Domestic Violence and Abuse. Bd. 1, Santa Barbara (CA) 2013, S. 216-221.

64 2013 starben in den Niederlanden 17 Menschen infolge von Ehrenmorden. Die meisten von ihnen waren übrigens Männer! Die etwa 500 Ehrenverbrechen, zu denen es Gerichtsverfahren gab, nahmen also nur sehr selten einen tödlichen Ausgang. Siehe Sheila Kamerman und Renate van der Zee, NRC Handelsblad, 28.4.2014.

65 Cf. E. R. Sheeley, Reclaiming Honor in Jordan. A National Public Opinion Survey on »Honor« Killings, Amman/Jordan 2007, zitiert in: Kulczicky & Windle, S. 1447.

66 Mujib Mashal & Zahra Nader, in: New York Times, 10.7.2017, cf. NRC Handelsblad, 28.5.2018.

67 Saba Imtiaz in: The New York Times, 13.5.2016.

68 »In other words, the injured party or the victim here is not viewed as the girl or woman, but the man who needed to follow a code to ›eliminate the woman so the family honour can be restored‹.« Leylâ Pervizat, »Lack of due diligence. Judgements of crimes of honour in Turkey«, in: Mohammad Mazher Idriss und Tahir Abbas (Hg.), Honour, Violence, Women and Islam, Abingdon (UK)/New York (NY) 2011, S. 142-152, S. 144.

69 Nicole Pope, Honor Killings in the Twenty-First Century, New York (NY) 2012, S. 170.

70 Idriss, »Introduction«, in: Idriss und Abbas, op. cit., S. 4.

71 Rosa-Linda Fregoso und Cynthia Bejarano (Hg.), Terrorizing Women. Feminicide in the Américas, Durham/London 2010.

Der unaufhaltsame Aufstieg der Frauen

72 Von den Schülern der Sekundarstufe waren 1954 knapp 55 Prozent Jungen und gut 45 Prozent Mädchen. Spezielle Angaben für Gymnasien fehlen. Es ist wahrscheinlich, dass der Anteil der Mädchen dort etwas höher lag. CBS, Statline (opendata.cbs.nl; leerlingen, onderwijssoort, vanaf 1900; Abruf 17.12.2018).

73 1959 waren 82 Prozent der Studierenden an Universitäten männlich (ibidem).

74 Rathenau Instituut (https://www.rathenau.nl, wetenschap in cijfers, ontwikkeling aantallen gepromoveerden, Abruf: 16.12.2018).

75 Es gibt einige ausgezeichnete Websites mit Zahlen zur Emanzipation der Frauen weltweit: »Human Development Report« der UN, https://hdr.undp.org (erscheint jährlich); »Global Education Monitoring Report« der UNESCO, https://www.unesco.org/gem-report/en (erscheint jährlich); »Global Gap Report« des World Economic Forums, https://www.weforum.org (erscheint jährlich); Gapminder, https://www.gapminder.org, Statistiken in interaktiven Blasendiagrammen; Global Change Data Lab, https://ourworldindata.org, zu aktuellen Fragen in zeitlicher Perspektive; The WomanStats Project, https://womanstats.org, bietet eine umfassende Dokumentation über alles, was Frauen und ihre Emanzipation betrifft; arrow, https://arrow.org.my, setzt sich für Frauenrechte, insbesondere in Asien, ein.

Der lange Marsch durch die Schulen

76 Kay S. Hymowitz, Manning Up. How the Rise of Women Has Turned Men Into Boys, New York 2011, S. 58.

77 Cf. Aaron Benavot und Phyllis Riddle, »The expansion of primary education, 1870-1940: trends and issues«, in: Sociology of Education 1, Juli 1988, S. 191-210.

78 Robert J. Barro und Jong Wha Lee, »A new data set of educational attainment in the world, 1950-2010«, in: Journal of Development Economics, 104.C, 2013, S. 184-198.

79 Statistics Netherlands (CBS): https://opendata.cbs.nl, ›doctoraal, masters 1975, 2016, geslacht‹ [Hochschulabschluss, Master, 1975 u. 2016] (Abruf: 18.12.2018).

80 National Center for Education Statistics: https://nces.ed.gov (Abruf: 12.9.2017), Table 302.60 percentage of 18-24-year olds enrolled in degree-granting institutions, by sex, 1970 through 2015.

81 Association of American Medical Colleges: https://www.aamc.org/news-insights/medical-schools-are-becoming-more-diverse (Abruf: 7.12.2018).

82 Southern Methodist University: https://blog.smu.edu/research/2010/11/01/veterianary-medicine-shifts-to-more-women-fewer-men-pattern-will-repeat-in-medicine-law-fields/ (Abruf: 2.1.2018).

83 World Economic Forum: https://www3.weforum.org/docs/WEF-GGGR_2018.pdf (Abruf: 31.8.2018), The Global Gender Gap Report 2018, educational attainment; data.uis.unesco.org educational attainment by country, population 25 years or older 2018 (uis.unesco.org/en/topic/educational-attainment, Abruf: 12.9.2018).

84 Bildungsstatistiken werden in den einzelnen Ländern und von Einrichtungen wie der UNESCO recht gut geführt. Siehe zum Beispiel: Education for All. The Quality Imperative. Paris: UNESCO, 2004; Global Education Digest. Comparing Education Statistics Across the World;

Montreal: UNESCO Institute for Statistics, 2005, auch (mit noch viel zusätzlichem Material) aufzurufen von der höchst informativen Website www.uis.unesco.org. Siehe auch Robert J. Barro und Jong-Wha Lee, »International data on educational attainment. Updates and implications« (CID Working Paper No. 42, April 2000), aufzurufen von der mindestens ebenso lehrreichen Website des Centre for International Development der Harvard University: https://www.hks.harvard.edu/cid/centers/publications/faculty-working-papers/ (Abruf: 3.5.2017).

85 Arab Human Development Report 2003. Barro und Lee liefern Zeitreihen für einzelne Länder nach 1955. In vielen islamischen Ländern waren in der Zeit um dieses Jahr 80 bis 90 Prozent der Mädchen unter 15, die keine Schule besucht hatten und nicht alphabetisiert waren. Um die Jahrhundertwende lag der Prozentsatz der Mädchen unter 15 Jahren, die keine Schule besucht hatten, zwischen 40 und 50 Prozent.

86 World Economic Forum, The Global Gender Gap Report 2018: https://www3.weforum.org/docs/WEF_GGGR_2018.pdf (Abruf: 27.7.2018).

87 Teresa Castro Martín, »Women's education and fertility. Results from 2 demographic and health surveys«, in: Studies in Family Planning, Vol. 26, Issue 4, Juli-August 1995, S. 187-202: »By enhancing women's position within the family authority structure, education also improves women's control over reproductive choices«, S. 194.

88 Um die geschlechtsspezifischen Unterschiede zu verringern, müsste man also den rechenstärksten Mädchen und den leseschwächsten Jungen besondere Aufmerksamkeit schenken.

89 Der UN Human Development Report veröffentlicht den Gender Development Index; das World Economic Forum erstellt den Global Gender Gap-Index.

90 Siehe auch Suzy Pinker, »Why aren't there more women in science and technology?«, in: Wall Street Journal, 1.3.2018.

Frauen erobern die Universität

91 Lisa Wade, American Hookup. The New Culture of Sex on Campus, New York 2017; Jon Krakauer, Die Schande von Missoula, München 2016. Eine sehr präzise Sittenschilderung findet sich in dem Roman von Tom Wolfe *Ich bin Charlotte Simmons* (München 2007); siehe von Tom Wolfe auch: Hooking Up. Neuigkeiten aus dem Weltdorf, München 2001.

92 Wade, op. cit., S. 202-223.

93 The Hunting Ground, CNN-Dokumentation, 2015.

Gesundheitsversorgung: Rund um Schwangerschaft und Entbindung

94 Frei nach Loretta Lynn, »The Pill, Back to the Country«, MCA, 1975. Lynn war für ihre frommen Gospels im Countrystil bekannt.

95 CIA, The World Factbook, »Life expectancy at birth«, https://www.cia.gov (Abruf: 25.12.2018).

96 »Documentation for data on maternal mortality«, https://www.gapminder.org (Abruf: 25.12.2018).

97 P.E. Treffers, »Teenage pregnancy, a worldwide problem«, in: Nederlands Tijdschrift voor Geneeskunde, (147), 47, 2003, S, 2320-2325.

98 »... dass Abtreibung im Prinzip von allen offenbarten heiligen Büchern als verboten erklärt wurde«, https://www.icimleiden.nl (Abruf: 12.8.2018), Website des Islamitisch Centrum Imam Malik.

99 Wikipedia: list of sovereign states. In der gleichen Zeit wurden fast 80 Länder Mitglied der UN; https://www.un.org »member states« (Abruf: 23.12.2018).

100 United Nations Dept. of Economic and Social Affairs, Trends in Contraceptive Use Worldwide 2015, New York (NY) 2015 (verfügbar auf https://www.un.org, Abruf: 12.7.2018).

101 »Babies per woman in the world«, https://www.gapminder.org (Abruf: 27.1.2023).

Bezahlte Arbeit und unbezahltes Arbeiten

102 »Marine Corps Study Find no Detriment to Moral in Mixed Gender Combat Units«, in: The New York Times, 16.10.2015.

103 »Aber ist das für immer und ewig?«, fragte eine Journalistin Papst Franziskus. Er antwortete: »Wenn wir die Erklärung des Heiligen Johannes Paul II. sorgfältig lesen, geht es schon in diese Richtung.«, in: NOS Nieuws, 1.11.2016, https://nos.nl/artikel/2140893-paus-vrouwen-zullen-nooit-priester-worden (Abruf: 16.8.2018).

104 1. Timotheus 2:11-14. Die Bibel (Katholische Einheitsübersetzung, https://www.uibk.ac.at/theol/leseraum/bibel/1tim2.html). Siehe hierzu auch: Mieke Bal, Lethal Love. Feminist Literary Readings of Biblical Love Stories, Bloomington (IN) 1987.

105 Es gibt Ausnahmen: Seit der ersten Olympiasiegerin im Dressurreiten im Jahr 1972 hat nur einmal (1984) ein Mann in der olympischen Dressur gesiegt. Noch bemerkenswerter ist, dass gerade in extremen Ausdauersportarten wie dem Triathlon und dem 200-Meilen-Lauf Frauen mit den Männern mithalten oder sie sogar übertreffen; »The Woman Who Outruns the Men, 200 Miles at a Time«, in: The New York Times, 5.12.2018. Im Schach hingegen, einer Sportart, die keinerlei Körperkraft oder Schnelligkeit erfordert, bleiben die Spielerinnen immer noch weit hinter den Männern zurück.

106 Esther D. Rothblum, in: Rachel Connelly und Ebru Kongar, Gender and Time Use in a Global Context. The Economics of Employment and Unpaid Labor, New York (NY) 2017, S. 2.

107 Siehe Abram de Swaan: »Uitgaansbeperking en uitgaansangst. Over de verschuiving van bevelshuishouding naar onderhandelingshuishouding« [Ausgangsbeschränkung und Ausgangsangst. Über die Verschiebung vom Befehlshaushalt zum Verhandlungshaushalt], in: Johan Heilbron und Geert de Vries (Hg.), De draagbare De Swaan [Der De Swaan für die Tasche], Amsterdam 1999, S. 175-208.

108 Über Vorurteile von Männern gegenüber Frauen am Arbeitsplatz: Stefanie Ernst, »From blame gossip to praise gossip? Gender leadership and organizational change«, in: European Journal of Women's Studies, 10.3, 2003, S. 277-299.
109 »A Barrier for Women Endures«, in: The New York Times, 7. 8. 2018.

Politische Machtbildung

110 Chimamanda Ngozi Adichie am 21. 6. 2018 auf der Chatham House London Konferenz.
111 Als Tammy Duckworth im April 2018 als erstes Mitglied des US-Senats ein Baby zur Welt brachte, war dies in den Medien eine kleine Sensation. So ungewöhnlich sollte das doch eigentlich nicht mehr sein. (Washington Post, 9. 4. 2018).
112 Anton Blok, »Female Rulers and their consorts«, in: Honour and Violence, Cambridge (UK) 2001, S. 227.
113 Idem, S. 225.
114 Ann Douglas, The Feminization of American Culture, New York (NY) 1977.
115 Leslie McCall und Ann Shola Orloff, »The multidimensional politics of inequality. Taking stock of identity politics in the US Presidential election of 2016«, in: The British Journal of Sociology. 68, Suppl. 1, 2017, S. 34-56.
116 Inter-Parliamentary Union, Women in Politics, Global Map, 2017, https://www.ipu.org/resources/publications/infographics/2017-03/women-in-politics-2017 (Abruf: 12. 6. 2018).
117 Inter-Parliamentary Union; Women in National Parliaments, https://data.ipu.org/women-ranking. Die Zahlen werden monatlich aktualisiert. Der Abruf erfolgte für den November 2022.
118 Valerie M. Hudson u. a., Sex and World Peace, New York 2012, S. 42.
119 Panashe Chigumadzi, »Fearfulness of women in Zimbabwe«, in: The New York Times, 2. 7. 2018.
120 Peter Beinart, »Fear of a female president«, in: The Atlantic, Oktober 2016; siehe auch Jill Filipovic, »The men who cost Clinton the election«, in: The New York Times, 1. 12. 2017.
121 Victoria Brescoll und Tyler Okimoto, »The Price of power: Power seeking and backlash against female politicians«, in: Personality and Social Psychology Bulletin, 36 (7), 2010, S. 923-937.
122 Peter Beinart, »The Nancy Pelosi problem«, in: The Atlantic, 15. April 2018.

Der Rückstoß: Ressentiments unter Männern

123 Tom Wolfe, Ich bin Charlotte Simmons, op. cit., S. 342.
124 Dieser populäre Aufschrei wurde am 15. Oktober 2015 während einer Versammlung gegenüber einer Frau ausgestoßen, die sich gegen die Ablehnung eines Vorschlags zur Aufnahme von Asylsuchenden in der

Gemeinde Steenbergen in den Niederlanden aussprach; auch die Medien berichteten davon. Quelle: NOS Nieuws, 30. Juli 2016; https://nos.nl/nieuwsuur/artikel/2122272-steenbergen-het-protest-dat-de-toon-zette-voor-azc-debat (Abruf: 4.2.2018).

125 Norbert Elias, Studien über die Deutschen. Machtkämpfe und Habitusentwicklung im 19. und 20. Jahrhundert, Frankfurt a. M. 1989, S. 462.

126 Noam Gidron und Peter A. Hall, The politics of social status. Economic and cultural roots of the populist right, in: British Journal of Sociology, 68, Suppl. 1, November 2017, S. 57-84; über das Wahlverhalten von Frauen in Großbritannien: Leslie McCall und Ann Shola Orloff, The multidimensional politics of inequality. Taking stock of identity politics in the US presidential election of 2016, in: British Journal of Sociology, 68, Suppl. 1, November 2017, S. 34-56.

Der Krieg der Dschihadisten und Rechten gegen die Frauen

127 Günter Hole, »Fundamentalism, Dogmatism, Fanaticism: Psychotric Perspectives«, in: Hans Küng und Jürgen Moltmann (Hg.), Fundamentalism as an Ecumenical Challenge, London Concilium, 3/1992, S. 23-35, S. 28.

128 Wikipedia: Mohammed Hasan Khalil al-Hakim, alias Abu Jihad al-Masri, alias Abu Bakr Naji.

129 Siehe Åsne Seierstad, Einer von uns. Die Geschichte eines Massenmörders, Zürich/Berlin 2016.

130 Naji, op. cit., S. 33.

131 Breivik während eines Verhörs in seinem Prozess, Seierstad, S. 464.

132 Zie B. Klandermans und J. van Stekelenburg, Bedreigde Identiteiten. De wisselwerking tussen anti-islambeweging en de radicale islam [Bedrohte Identitäten. Die Wechselwirkung zwischen der Anti-Islambewegung und dem radikalen Islam], Amsterdam 2017.

Fanatisierung

133 Dominique Moïsi, Kampf der Emotionen: wie Kulturen der Angst, Demütigung und Hoffnung die Weltpolitik bestimmen, München 2009, S. 90.

134 Maleeha Aslam, Gender-based Explosions. The Nexus Between Muslim Masculinities, Jihadist Islamism and Terrorism, Tokio 2012, S. 261.

135 Coen Verbraak, Interview mit Louis Tas, in: Vrij Nederland, 18.4.2011.

136 Gilligan, op. cit.

137 Thomas Scheff, Alienation, and Hidden Shame: Social-emotional Causes of Conflict; https://www.soc.ucsb.edu/faculty/scheff/88.pdf (Abruf: 13.3.2019).

138 Mark Juergensmeyer, Terror im Namen Gottes. Ein Blick hinter die Kulissen des gewalttätigen Fundamentalismus, Freiburg i. Br./Basel/Wien 2004, S. 270.

139 Michael Kimmel, Healing from Hate. How Young Men Get Into – and Out of – Violent Extremism, Oakland (CA) 2018.

140 Vgl. Günter Hole, op. cit.

141 Dieses Wort gab es noch nicht. Dem niederländischen Soziologen Johan Goudsblom war seinerzeit aufgefallen, dass es den Begriff »Religiösierung« nicht gibt, das Gegenteil, die »Säkularisierung«, hingegen schon. Johan Goudsblom, »Levensbeschouwing en sociologie«, in: Amsterdam Journal of Sociology, 1985, 12.1, S. 3-21.

142 Vgl. zum Wesen der Perversionen im Lichte der zeitgenössischen psychoanalytischen Ansichten Hendrika C. Halberstadt-Freud, Freud, Proust, Perversion and Love, Amsterdam/Berwyn 1991; und zu den sozialen Funktionen der »Panerotisierung«, Scham und sozialen Isolierung bei Perversen: mein Vorwort zu diesem Buch.

143 James Gilligan, Can psychoanalysis help us to understand the causes and prevention of violence?, in: Psychoanalytic Psychotherapy, 30.2, 2016, S. 125-137, S. 139.

Dschihad: Die Vernichtung von Frauen durch den IS und Gleichgesinnte

144 Charles Krauthammer, »Abu Ghraib as Symbol«, in: Washington Post, 7. Mai 2004, https://www.washingtonpost.com/archive/opinions/2004 05/07/abu-ghraib-as-symbol/f2e62cc1-1c66-4ed9-8e4e-d40d78bc8827/.

145 Corpus Coranicum, Sure 4, Vers 34: https://corpuscoranicum.de/de/verse-navigator/sura/4/verse/34/print (Abruf: 13.9.2018).

146 Das geschieht auch. In der niederländischen Übersetzung dieses Verses von Eduard Verhoef ist »schlagt sie« übersetzt als »klopft ihr auf die Finger«. Fred Verhoef (Hg.), De Koran. Heilig boek van de islam, Maartensdijk 2015.

147 Jan Michiel Otto (Hg.), Sharia Incorporated. A Comparative Overview of the Legal Systems of Twelve Muslim Countries in Past and Present, Leiden 2010.

148 Jean Birnbaum, Un silence religieux. La gauche face au jihadisme, Paris 2016.

149 So beispielsweise Zineb El-Rhazoui, Détruire le fascisme islamique, Paris 2016. El-Rhazoui war Redakteurin bei Charlie Hebdo. Beispielsweise: »[…] was man Islamismus nennt, ist nichts anders als eine strikte Anwendung des Islam«, S. 30.

150 Hind Aleryani, »Why don't men cover their faces?«, https://yourmiddleeast.com, 29.4.2013 (Abruf: 23.10.2018).

151 Zineb El-Rhazoui, op. cit., S. 48-49

152 Eine moderne liberale Interpretation des Islam findet sich bei: Mustfa Akyol, Islam Without Extremes. A Muslim Case for Liberty, New York/London 2011.

153 Michiel Leezenberg, De minaret van Bagdad. Seks en politiek in de islam [Das Minarett von Bagdad. Sex und Politik im Islam], Amsterdam 2017.
154 Leezenberg, op. cit.
155 Idem.
156 Die Zahlen für anerkannte Patente nach Ländern und Regionen stammen von der WIPO, der World Intellectual Property Organization, wipo.int. Seit 1983 wurden etwa 18.300 Patente an Antragsteller aus arabischsprachigen Ländern mit 381 Millionen Einwohner erteilt, 58.500 Patente an Antragsteller aus dem Iran mit etwa 82 Millionen Einwohnern und 71.500 Patente an Antragsteller aus Israel mit über acht Millionen Einwohnern.
157 So zum Beispiel der ägyptisch-amerikanische Chemiker Ahmed Zewail (1946-2016), Nobelpreisträger für Chemie im Jahr 1999, der sein gesamtes Arbeitsleben in den USA verbrachte.
158 Vgl. »›They set the classrooms on fire‹: Attacks on Education in Northeast Nigeria«, Human Rights Watch, 2016, S. 47.
159 Kamel Daoud, »Paradise, the new Muslim utopia«, in: The New York Times, 2. 8. 2017. Die Alternative zum Paradies als Wunschtraum ist …, in den Westen zu gehen: als Einwanderer oder als Verwüstung stiftender Märtyrer.
160 »[…] the lower female participation rate is a tragic waste of resources.« Arab Human Development Report, 2016, § 3.2.
161 Siehe auch: African Commission on Human and People's Rights, Beyond Trousers. The Public Order Regime and the Human Rights of Women and Girls in the Sudan, Banjul 2009.
162 »She cannot fulfil this role if she is illiterate and ignorant.« Women of the Islamic State. A Manifesto on Women by the Al-Khansaa Brigade. Übersetzt von Charlie Winter für die Quilliam Foundation (UK), S. 18.
163 Idem., S. 22.
164 Idem., S. 21.
165 Zitiert auf der Website des Middle East Media Report Instituts, Special Dispatch 966, 22. August 2005; https://www.memri.org/reports/al-jazeera-special-female-suicide-bomber-hanadi-jaradat (Abruf: 27. 10. 2018).
166 William F. McCants, The Isis Apocalypse. The History, Strategy and Doomsday Vision of the Islamic State, New York (NY) 2015, S. 113.
167 Annelies Moors, »Chatting about marriage with female migrants to Syria. Agency beyond the victim versus activist paradigm«, in: Anthropology Today, 32.2, April 2016, S. 115-125.
168 McCants, op. cit., S. 114.
169 Fethin Benslama und Farhad Khosrokhavar, L'islamisme des femmes. Pourquoi ont-elles choisi Daesh?, Paris 2017, S. 15.
170 Vgl. Rik Coolsaet, Anticipating the Post-Daesh Landscape, in: Egmont Paper 97, Oktober 2017.
171 Patrick Desbois und Costel Nastasie, La fabrique des terroristes. Dans les secrets de Daesh, Paris 2016.
172 »The group considers abducted women and children to be part of the spoils of war to which its members are entitled.« »›They set the class-

rooms on fire‹. Attacks on Education in Northeast Nigeria«, USA, Human Rights Watch, 2016, S. 30 (https://www.hrw.org/sites/default/files/report_pdf/nigeria0416web.pdf, Abruf: 1.9.2018); Kyari Mohammed, »The message and methods of Boko Haram«, in: Marc-Antoine Pérouse de Montclos (Hg.), Boko Haram. Islamism, Politics, Security and the State in Nigeria, Leiden/Ibadan 2014. Für einen umfassenden sachlichen und erklärenden Überblick über die Boko Haram-Affäre siehe: National Human Development Report. Achieving Human Development in North East Nigeria des UNDP (United Nations Development Programme), Garki, Abuja FCT, Nigeria, 2018; https://www.hdr.undp.org (Abruf: 1.9.2018).

173 Für eine ganze Reihe von Quellen siehe: Wikipedia: »Sklaverei im Islam«, https://de.wikipedia.org/wiki/Sklaverei_im_Islam (Abruf: 16.2.2023).

174 The New York Times, 14.8.2015, »ISIS enshrines a theology of rape«.

175 Desbois, op. cit., S. 127.

176 Erich Fromm erzählt, dass der spanische Denker und Schriftsteller Miguel de Unamuno diesen Schlachtruf des faschistischen Generals Millán Astray als »Nekrophilie« bezeichnete. Fromm erörtert den Zusammenhang zwischen der perversen erotischen Faszination von Leichen und dem Drang, zu zerstören und zu töten. Erich Fromm, »Die bösartige Aggression: Die Nekrophilie« und »Bösartige Aggression: Adolf Hitler, ein klinischer Fall von Nekrophilie« (Kap. 12 und 13), in: Anatomie der menschlichen Destruktivität, Stuttgart 1977, S. 295-394.

177 Michiel Leezenberg, op. cit.

178 Christoph Luxenberg, Die syro-aramäische Leseart des Koran. Ein Beitrag zur Entschlüsselung der Koransprache, Berlin 2000. Siehe auch Christoph Burgmer, Streit um den Koran. Die Luxenberg-Debatte, Berlin 2007. Siehe zu den 72 Jungfrauen und der Frage, ob Huri wirklich Jungfrau bedeutet: Raphael Israeli, Islamikaze. Manifestations of Islamic Martyrology, London 2003.

179 Katherine Zoepf, Excellent Daughters. The Secret Lives of Young Women Who Are Transforming the Arab World, New York (NY) 2016.

180 Zu den historischen Verbindungen zwischen Faschismus und Islamismus siehe Hamed Abdel-Samad, Der islamische Faschismus, München 2014; vgl. auch das Pamphlet von Zineb El-Rhazoui, Détruire le fascisme islamique, Paris 2016. Aber die Islamisten und ihre Vorgänger im arabischen Terrorismus haben auch viel von Linksextremisten übernommen, die sich vom Leninismus inspirieren ließen. Vgl. John Gray, »The Atheist Delusion«, in: The Guardian, 14.3.2008.

181 David L. Johnston, »Allal al-Fasi: Shari'a as a blueprint for righteous global citizenship?«, in: Abbas Amanat en Frank Griffel (Hg.), Shari'a. Islamic Law in Contemporary Context, Stanford (CA) 2007, S. 83-103, S. 219, Anm. 91.

182 Dominique Moïsi, Kampf der Emotionen: wie Kulturen der Angst, Demütigung und Hoffnung die Weltpolitik bestimmen, München 2009, S. 110. Siehe auch Raphael Liogier, Le mythe de l'islamisation. Essai sur une obsession collective, Paris 2016, S. 177-180.

Die Alte und Neue Rechte im Westen

183 Mit Dank an Brian Burgoon, Politikwissenschaftler an der Universität Amsterdam, der die Beziehung zwischen diesen Variablen in seinem Datenbestand untersucht hat.

Marianismo und Machismo im katholischen Lateinamerika

184 Siehe »Woman as Imams«, https://en.wikipedia.org/wiki/Women_as_imams (Abruf: 2. 10. 2018).
185 Cf. Timothy Matovina, »Marianism in Latin America«, in: Virginia Garrard-Burnett u. a. (Hg.), Cambridge History of Religions in Latin America, Cambridge (UK) 2016.
186 Geoffrey E. Fox, »Honor, shame, and women's liberation in Cuba. Views of working-class emigré men«, S. 277, in: Ann Pescatello (Hg.), Female and Male in Latin America. Essays, Pittsburgh (PA) 1973, S. 273-290.
187 Sieh Fox, op. cit., S. 277.
188 Evelyn Stevens, »Marianismo. The other face of machismo in Latin America«, in: Pescatello, op. cit., S. 89-102. Neudruck in: Gertrude M. Yaeger, Confronting Change, Challenging Tradition. Women in Latin American History, Wilmington 1994, S. 3-17, S. 90.
189 Stevens in Pescatello, op. cit., S. 96.
190 M. B. Rondon, »From marianism to terrorism. The many faces of violence against women in Latin America«, in: Archives of Women's Health 6, 2003, S. 157-163, S. 158.
191 Rondon, ibidem.
192 Stevens, op. cit.
193 Fox, op. cit., S. 280.
194 Siehe Jaris Mujica und Mauricio Cerna, »An overview of fundamentalist groups in Peru«, The Association for Women's Rights in Development (AWID), https://issuu.com/awid/docs/an_overview_of_fundamentalist_groups_in_peru Abruf: 2. 10. 2018).
195 Jelke Boesten, Sexual Violence During War and Peace. Gender, Power, and Post-conflict Justice in Peru, New York 2014, S. 133.

Evangelikale Bewegungen

196 John Coleman, »Global Fundamentalism. Sociological Perspectives«, in: Küng und Moltmann (Hg.), op. cit., S. 37-48, S. 40.
197 Eine detaillierte Umfrage zu den Glaubensauffassungen der Amerikaner stellt das Pew Research Center zur Verfügung: https://www.pewforum.org/2018/04/25, »When Americans say they believe in god, what do they mean?« (Abruf: 28. 1. 2019).
198 Siehe Nancy T. Ammerman, »Re-awakening a sleeping giant. Christian fundamentalists in late twentieth-century US society«, in: Gerrie ter Haar und James J. Busuttil, in: The Freedom to Do God's Will, London/New York 2003, S. 89-110.

199 Der Begriff »evangelical« bezeichnet in den Vereinigten Staaten protestantische Konfessionen, die konservativer sind als der Mainstream-Protestantismus. In den Niederlanden wird der Begriff »Evangelikale« für diejenigen zeitgenössischen protestantischen Konfessionen verwendet, die den Schwerpunkt auf persönliche Bekehrung und intensive Glaubenserfahrungen legen, wie z. B. Baptisten- und Pfingstkirchen. Ähnlich wie im Deutschen bezieht sich der in den Niederlanden verwendete Begriff »evangelisch« auf etablierte christliche Konfessionen, die sich auf das Evangelium stützen.

200 Vgl. Kevin M. Kruse, One Nation Under God. How Corporate America Invented Christian America, New York (NY) 2015.

201 Wikipedia, »Billy Graham«, https://de.wikipedia.org/wiki/Billy_Graham (Abruf: 28. 1. 2019).

202 Kevin Phillips, American Theocracy. The Peril and Politics of Radical Religion, Oil, and Borrowed Money in the 21st Century, New York (NY) 2006, S. 252-254.

203 »Prosperity theology«, Wohlstandstheologie, vom Fernsehprediger Jim Bakker, Eight Keys to Success. PTL Television Network, 1980 (siehe Wikipedia »Jim Bakker«, https://en.wikipedia.org/wiki/Jim_Bakker Abruf: 8. 1. 2018).

204 »Christian wives are both powerful and powerless [...] [A] delicate balance of submission and influence«, Nancy T. Ammerman, »Husbands and wives«, in Bible Believers. Fundamentalists in the Modern World, New Brunswick 1987, S. 124-46, S. 139-140. Vgl. John P. Bartkovsi, »Debating patriarchy. Discursive disputes over spousal authority among Evangelical family com mentators«, in: Journal for the Scientific Study of Religion, 36,3, September 1997, S. 393-410.

205 Genesis 1:26-27. Dann muss Gott also geschlechtslos oder zweigeschlechtlich sein in 1. Timotheus 2:8-15 und 1. Korinther 14:33-35. Siehe auch Mieke Bal, op. cit., S. 112-114.

206 Mark Setzler und Alixandra B. Yanus, »Evangelical Protestantism and bias against female political leaders«, in: Social Science Quarterly, 98.2, 2017, S. 766-778, S. 776. http://dx.doi.org/10.1111/ssqu.12315.

207 Andrew R. Lewis, The Rights Turn in Conservative Politics. How Abortion Transformed the Culture Wars, Cambridge (UK) 2017, S. 34 ff.

208 Kruse, op. cit., S. 109.

209 Vgl. Elisabeth Brusco, »The peace that passes all understanding. Violence, the family and fundamentalist knowledge in Bolivia«, sowie Nancy L. Eiesland, »A strange road home. Adult female converts to classical pentecostalism«, in: Judy Brink und Joan Mencher (Hg.), op cit., resp. S. 11-24 und 91-116. Siehe auch: Carol Ann Drogus, »Religious change and women's status in Latin America. A comparison of catholic base communities and pentecostal churches«, working paper #205, Kellogg Institute for International Studies, März 1994.

210 Javier Corrales, »A perfect marriage. Evangelicals and conservatives in Latin America«, in: The New York Times, 17. 1. 2018.

211 Vgl. Thomas Frank, What is the Matter with Kansas? How Conservatives Won the Heart of America, New York (NY) 2004; Arlie Russell

Hochschild, Strangers in Their Own Land. Anger and Mourning on the American Right, New York (NY) 2016. Deutsche Übersetzung: Fremd in ihrem Land. Eine Reise ins Herz der amerikanischen Rechten. Übersetzt von Ulrike Bischoff, Frankfurt a. M./New York 2017.

Ultra-orthodoxe Juden

212 Elana M. Sztokman, The War on Women in Israel. A story of Religious Radicalism and the Women Fighting for Freedom, Naperville 2015, S. 30.

213 Robert Alan Dahl, A Preface to Democratic Theory, Chicago 1956, S. 90-120. Vorstufen zur Demokratie-Theorie. Aus dem Amerikanischen von Günter Seib, nach einem Entwurf von Renate Chestnut, Tübingen 1976, S. 85-118.

214 Wikipedia: Religionen in Israel, https://de.wikipedia.org/wiki/Religionen_in_Israel (Abruf: 11. 11. 2018), verweist auf *Haaretz (Daily Newspaper):* https://www.haaretz.com, 1. 4. 2015.

215 »In Israel, abusive men are given the ultimate power over their wives.« Sztokman, op. cit., S. 197. Siehe auch die Netflix-Dokumentation *One of Us* von Heidi Ewing und Rachel Grady (2017) über eine Frau, die einer chassidischen Gemeinschaft in der Bronx (New York) zu entfliehen versucht und das Sorgerecht für ihre Kinder verliert.

216 Sztokman, op. cit.

217 Auch die große Mehrheit der Terroristen unter den Siedlern auf dem Westufer sind amerikanische Immigranten. Vgl. Sara Yael Hirschhorn, in: The New York Times, 6. 9. 2015.

218 In einer gewissen Regelmäßigkeit berichten westliche Zeitungen über sexuelle Belästigungen in öffentlichen Verkehrsmitteln in asiatischen Metropolen. Es geht dabei um die gleichen Grapschereien von Männern wie in westlichen Bussen, Straßenbahnen und U-Bahnen, aber dort sind sie häufiger. Man experimentiert mit gesonderten Frauenabteilen (The New York Times, 10. 3. 2018) und Selbstverteidigungskursen gegen sexuelle Aggression (NRC Handelsblad, 3. 2. 2018).

Die Welt der weltlichen Rechten

219 George L. Mosse, Faschismus und Sexualität. Bürgerliche Moral und sexuelle Normen. Übersetzt von Jörg Trobitius, München/Wien 1985, S. 212.

220 Eine ausführliche Beschreibung der Gruppen, die eine weiße Vorherrschaft anstreben, und ihrer Aktivitäten im Internet findet sich in: Pete Simi und Robert Futrell, American Swastika. Inside the White Power Movement's Hidden Spaces of Hate American Swastika. 2. überarb. Aufl., Lanham (MD) 2015. Über den blinden Fleck der Sicherheitsbehörden für den rasanten Aufstieg der extremen Rechten in den USA: Janet Reitman, in: The New York Times, 4. 11. 2018.

221 Siehe *de Volkskrant*, Hassan Bahara und Annieke Kranenberg, Hoe de extreemrechtse groepering Erkenbrand zich opmaakt voor de strijd om een blanke natie [Wie die extremrechte Gruppierung Erkenbrand sich in den Kampf für eine weiße Nation begibt], 19.11.2017.

222 Einer der Reaktionen auf »the paranormies present the ahnenerbe hour«, auf der Website *The right stuff* (Abruf: 3.9.2017). Dieser Chat wurde wiederholt blockiertund tauchte dann an anderer Stelle wieder auf. Gegenwärtig wird der Name von einer Dating-Website für Konservative verwendet.

223 Die weit verbreitete »Meme« der roten Pille stammt aus dem Film *The Matrix* (1999), in dem der Protagonist Neo die Wahl hat zwischen einer roten Pille, die ihn die harte Realität sehen lehrt, und der blauen Pille, die ihn in einer glückseligen Illusion weiterleben lässt.

224 Richard Hofstadter, The Paranoid Style in American Politics and Other Essays, New York (NY) 1965.

225 Vgl. Rogers Brubaker, »Between Nationalism and Civilizationism. The European populist movement in comparative perspective«, in: Ethnic and Racial Studies, 40.8, März 2017, S. 1191-1226.

226 Das sagt der Vorsitzende und Abgeordnete der niederländischen Partei *Forum voor Democratie* [Forum für Demokratie], Thierry Baudet, der diese Aussage inzwischen widerwillig zurückgenommen hat, aber weiterhin kokett mit der extremen Rechten flirtet.

227 Angela Nagle, Die digitale Gegenrevolution. Online-Kulturkämpfe der Neuen Rechten von 4chan und Tumblr bis zur Alt-Right und Trump. Übersetzung von Demian Niehaus, Bielefeld 2018.

228 Siehe beispielsweise Amelia Tait, »First they came for Pepe. How ›ironic‹ Nazism is taking over the internet«, in: New Statesman, 16.2.2017; Jason Wilson, »Hiding in plain sight. How the ›alt-right‹ is weaponizing irony to spread fascism«, in: The Guardian, 23.5.2017.

229 https://boards.4chan.org/pol/ (Abruf: 25.11.2018).

230 Stormfront, 12.10.2018. Inzwischen durch ähnliche Texte ersetzt.

231 Daily Stormer (Abruf: 7.10.2018). Auch diese Website musste mehrmals umziehen. Aktuelle URL: dailystormer.in

232 Kristin Haltinner, »Minutewomen, Victims, and Parasites: The discursive and performative construction of women by the Minutemen Civil Defense Corps«, in: Sociological Inquiry, 86.4, November 2016, S. 593-617.

233 Nicholas Farrell, »Feminists don't care about gang rape«, veröffentlicht auf *American Renaissance* 14.9.2017 (Abruf: 2.10.2018). In den Niederlanden ist das Verschweigen oder Beschönigen von Vergewaltigungen weißer Mädchen durch farbige Übeltäter ein zentrales Thema in den Blogs von Joost Niemöller.

234 In einem Artikel für die *New York Post* vom 24. Mai 2018, der von *American Renaissance* übernommen wurde. Es gibt durchaus Feministen und Feministinnen, die die islamische Gewalt gegen Frauen verharmlosen. Siehe z.B. Lila Abu-Lughod, Do Muslim Women Need Saving?, Cambridge (MA)/London 2013. Sie erinnert zu Recht an den Kontext des historischen westlichen Kolonialismus und der gegen-

wärtigen Interventionen in Nordafrika und im Nahen Osten, in dem derartige Vorwürfe von Frauenfeindlichkeit gegen Muslime erhoben werden. Doch Abu-Lughod schweigt über die Ermordung von Frauen durch Dschihadisten und tut die Aussagen der Opfer von Frauenunterdrückung im Islam als »prikkellectuur« *(pulp non-fiction', Schund-Lektüre)* ab, S. 104-107. Siehe auch Anna Sauerbrey, »The German feminist's dilemma«, in: The New York Times, 12. 6. 2018, über das Zögern, Vergewaltigungen von muslimischen Migranten zu verurteilen, aus Furcht, damit den Islamophoben in die Hände zu arbeiten.

235 »Alt-right«, https://de.wikipedia.org/wiki/Alt-Right (Abruf: 31. 12. 2018).

236 Hochschild, op. cit.

Zur Ernsthaftigkeit in der Politik

237 Siehe etwa: https://www.faz.net/aktuell/feuilleton/niederlande-projekt-wilders-revolte-von-rechts-1655584.html (Abruf: 19. 2. 2023).

Mannismus und die Mannosphäre

238 Hollaforums.com; miscellaneous forum; thread: »Why are women ...« (Abruf: 4. 10. 2018).

239 Zusammensetzung aus »slut« und »centurion« (dem Kommandanten einer Hundertschaft im römischen Heer).

240 https://Returnofkings.com; »for masculine men«; blockiert am 1. 10. 2018. Das ist die Website von Autor und Verführungskünstler Roossh Vali Zadeh. Siehe auch Verführungsguru James C. Weidman alias Roissy (Chateau Heartiste), Antifeminist Mike Cernovich (YouTube), Medienpersönlichkeit und Provokateur Milo Yiannopoulos und weißer Supremacist und Antifeminist Alpin MacLaren (»The chauvinist corner« auf der Website love.flawlesslogic.com/corner).

241 Mélanie Gourarier, Alpha mâle. Séduire les femmes pour s'apprecier entre hommes, Paris 2017.

242 Website Incels.me, thread »blackpill: 90 procent of males are literally invisible to femoids« (Abruf: 11. 10. 2018).

243 Siehe https://de.wikipedia.org/wiki/Amoklauf_von_Isla_Vista (Abruf: 13. 10. 2018); »Manifesto. My Twisted World. The Story of Elliot Rodger«, https://www.documentcloud.org/documents/1173808-elliot-rodger-manifesto (Abruf: 13. 10. 2018).

244 Siehe https://en.wikipedia.org/wiki/2018_Toronto_van_attack (Abruf: 4. 1. 2018).

245 Simon Cottee, »Sex and shame. What Incels and jihadists have in common«, in: The New York Times, 30. 4. 2018. https://www.nytimes.com/2018/04/30/opinion/sex-shame-incels-jihadists-minassian.html (Abruf:2. 5. 2018).

246 Kay S. Hymowitz, Manning up. How the Rise of Women Has Turned Men Into Boys, New York (NY) 2011.

247 Vgl. Simi und Futrell, op. cit., S. 34f. Die Autoren haben auch einen blinden Fleck für die Bedeutung des *Genders* in den überwiegend männlichen *White-Power*-Gruppierungen und ignorieren daher deren Widerstand gegen die Emanzipation der Frauen.

248 Siehe beispielsweise Kevin Roose und Ali Winston, »Far right sees approval from Trump«, in: The New York Times, 4. 11. 2018.

249 Der Begriff stammt von Norbert Elias, »Sociology of Knowledge. New perspectives: part one«, in: Sociology, 5.3, 1971: S. 355-370, S. 358.

250 Sigmund Freud, »Das Tabu der Virginität« (1918), Studienausgabe. Band V, Frankfurt a. M. 1972, S. 211-228, S. 219: »Von der Begründung der narzisstischen, reichlich mit Geringschätzung versetzten Ablehnung des Weibes durch den Mann glaubt die Psychoanalyse ein Hauptstück erraten zu haben, indem sie auf den Kastrationskomplex und dessen Einfluss auf die Beurteilung des Weibes verweist.« Vgl. auch Jacobi, op. cit., S. 119-158.

251 Sie Abram de Swaan, »Uitgaansbeperking en uitgaansangst« [Ausgangsbeschränkung und Ausgangsangst], op. cit.

Personenregister